高等学校交通运输类核心课程教材

交通工程学原理与应用

主编 刘晓波 孙湛博

高等教育出版社·北京

内容简介

本书定位为交通工程学的入门读物。全书共 8 章，内容涵盖了交通工程学介绍、道路使用者和车辆的特性、道路和道路的几何特性、交通调查与数据采集、交通流和排队论基础、道路通行能力与服务水平、交通管理与控制、交通需求分析和预测等内容。教材侧重于讲述交通工程学中的基本原理，并通过相关应用的介绍帮助读者更好地理解这些原理。在突出专业性的同时，兼顾了交通工程学综合性的学科特点。

本书可作为交通运输类专业的必修课教材，也可供交通规划、设计、运营管理、投资等单位及工程技术人员参考，同时也适合刚接触交通工程专业的从业人员和成人自学使用。

图书在版编目（CIP）数据

交通工程学原理与应用／刘晓波，孙湛博主编．--北京：高等教育出版社，2019.6（2022.12 重印）

ISBN 978-7-04-051461-2

Ⅰ. ①交… Ⅱ. ①刘… ②孙… Ⅲ. ①交通工程学-高等学校-教材 Ⅳ. ①U491

中国版本图书馆 CIP 数据核字(2019)第 038025 号

策划编辑 葛 心　　责任编辑 葛 心　　封面设计 王 琰　　版式设计 徐艳妮
插图绘制 于 博　　责任校对 高 歌　　责任印制 耿 轩

出版发行 高等教育出版社
社　　址 北京市西城区德外大街 4 号
邮政编码 100120
印　　刷 固安县铭成印刷有限公司
开　　本 787 mm×960 mm 1/16
印　　张 15
字　　数 250 千字
购书热线 010-58581118
咨询电话 400-810-0598
网　　址 http://www.hep.edu.cn
　　　　 http://www.hep.com.cn
网上订购 http://www.hepmall.com.cn
　　　　 http://www.hepmall.com
　　　　 http://www.hepmall.cn
版　　次 2019 年 6 月第 1 版
印　　次 2022 年 12 月第 2 次印刷
定　　价 32.00 元

物 料 号 51461-00

交通工程学
原理与应用

1 计算机访问http://abook.hep.com.cn/1252841，或手机扫描二维码、下载并安装Abook应用。

2 注册并登录，进入“我的课程”。

3 输入封底数字课程账号（20位密码，刮开涂层可见），或通过Abook应用扫描封底数字课程账号二维码，完成课程绑定。

4 单击“进入课程”按钮，开始本数字课程的学习。

交通工程学
原理与应用

数字课程与纸质教材一体化设计，紧密配合。数字课程涵盖教学课件、习题解答等内容，充分运用多种形式媒体资源，极大丰富了知识的呈现形式，拓展了教材内容。在提升课程教学效果同时，为学生学习提供思维与探索的空间。

课程绑定后一年为数字课程使用有效期。受硬件限制，部分内容无法在手机端显示，请按提示通过计算机访问学习。

如有使用问题，请发邮件至abook@hep.com.cn。

http://abook.hep.com.cn/1252841

前　言

交通工程学是一门年轻的学科。从1930年美国交通工程师协会提出交通工程学这一名称算起，其发展历史还不足100年。虽然起步较晚，但随着科技的发展和人们交通需求的增加，交通工程学也与时俱进，得到了快速的发展。交通工程学将人、车、路、环境及能源等与交通有关的几个方面综合在交通运动系统这个统一体中进行研究，通过把握其活动规律及特性，寻求出行效率最大、交通事故最少、通行速度最快、运输费用最省、环境影响最小、能源消耗最低的交通系统规划、设计、管理与控制方案，从而达到安全、经济、高效、环保、可持续发展的目标。

交通工程学内容丰富，学科交叉性、综合性强，学科知识更新发展迅速。很多人在入门学习的过程中，觉得专业涉及面太广，千头万绪无从下手。针对这种情况，本书通过对交通工程学原理的教学，让初学者能够迅速了解交通工程学的学科基本结构，掌握其中的基本概念、基本原理及其关联性，并且通过相关应用的介绍加深对这些基本内容的理解，使得学生在之后的进阶学习中，能够做到举一反三，自主地发掘新问题、加深知识结构。

本书的特色在于：

1. 侧重于介绍交通工程学中的基础理论。具体包括人、车、路特性，交通统计学，道路工程学，交通流原理，交通规划与管理理论。兼顾了专业性与综合性。

2. 本书编写过程中考虑教学量的安排（按30~40学时的教学计划编写），适合一个学期的教学任务。

3. 本书的风格通俗易懂、简洁明快，便于读者自学。

本书的第一章、第七章由刘澜编写；第二、三、六、八章由孙湛博编写；第四章由郑芳芳编写；曹鹏编写了第五章，并参与了第三章的编写。全书由刘晓波和孙湛博制定编写框架并统稿。本书承青岛科技大学王晓原教授审阅，并提出了宝贵意见，在此表示衷心的感谢。

本书可作为交通运输、土木工程等相关专业的必修课或选修课教材，也可供交通规划、设计、运营管理、投资等单位及工程技术人员参考，亦可作为其他工程类、人文类专业学生的选修课教材使用。

编者深知入门类教材不易写好，并且编者水平有限，不足之处在所难免，敬请读者批评指正，多提宝贵意见。

编　者

2018 年 10 月于四川成都

目　　录

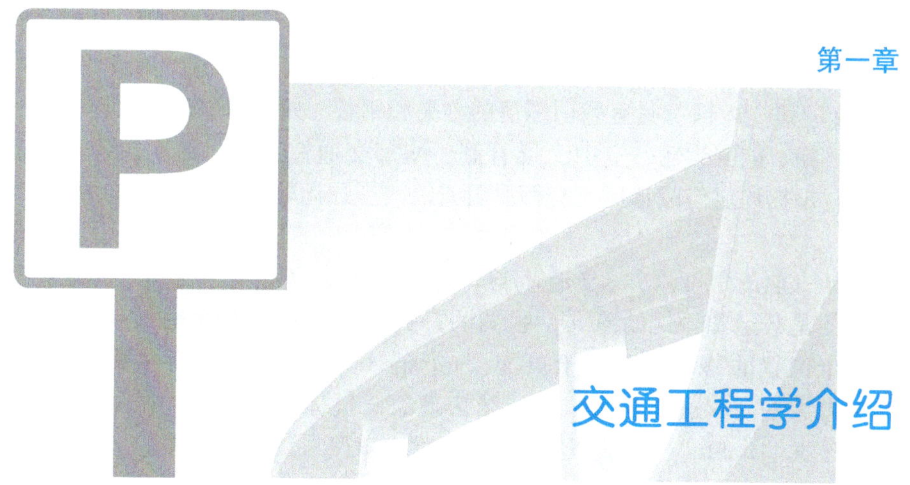

第一章

交通工程学介绍

1.1 交通及其系统认识

课件 1

1.1.1 交通的含义

“交通”一说自古有之，东晋诗人陶渊明《桃花源记》中“阡陌交通，鸡犬相闻”，《史记·魏其武安侯列传》中“诸所与交通，无非豪杰大猾”等典故都有交接、相通、往来之意，这已有一定的现代交通术语的核心含义。

在现代科学和工程技术中，“交通”对应于英文“traffic”一词，意指人员、货物来往和交换的运动现象、过程和事项，也包含了这种动态和活动的数量概念，进一步地还延伸到关于语言、通信及社会性交流的意义。因此，“traffic”一词也多见于计算机、通信、信息、电力、邮政等多个行业和专业应用和研究中。

所以，在一般意义上，“交通”是指各种运输和邮电通信的总称，也就是包括了人和物的转运输送，语言、文字、图像、符号等的传播输送；而交通运输工程学科中，“交通”被定义为人员、货物及运载工具在运输网络上的流动；进一步地，在交通工程学中，“交通（traffic）”具有特指这种流动的运动动态、状态、事项、业务、行为及数量规模的含义。

1.1.2 交通与运输

在中国，“运输”在一定程度上含有方式的意义，人们一般将其作为

“铁路运输”方式的代称，而将道路、航空、水运等归入“交通”的范畴，这与我国的行业管理及行政管理体系划分的影响密不可分，由此形成了“交通”和“运输”具有我国国情的含义和用法，如道路交通、水路交通、铁路运输、航空运输、空中交通管制、城市交通控制等。在实际应用中，也常常根据约定俗成选用、交替混用或以“交通运输”这个大概念来统一指称。

从专业的角度看，“交通”与“运输”的含义是有区分的。“运输”表达的是载运和输送的意义，强调的是完成人和物从空间的某一位置到另一个位置的移动，对应于英文“transportation”一词；而“交通”表达的意义是完成这种空间位移的往来现象、过程和对象事件的总称，一般以英文“traffic”一词表达。所以，对于道路、铁路、航空、水运、管道等各种方式而言，“交通”与“运输”的运用没有方式上的专有性和区分性。“交通”与“运输”之间的联系和区分，可以理解为：交通就是通过运输系统运送旅客和货物的现象、活动、过程或业务，所以在专业研究和应用中“transportation”与“traffic”既有区分性，又有关联性和交叉性，特别是在专业文献中，“traffic”不具有“运输”的含义，而“transportation”往往具有中文“交通”之意，还常用于表达“交通运输”的总体概念。

因此，交通与运输既有本质的区别，又有交叉和联系。交通运输则是指一个统一的整体，包含了运动、过程、方式、对象、统称等系统性含义，表达了综合性的概念，所以常常用来统称涉及交通问题和运输问题的综合性行业、集成应用、系统理论和技术。当然，在严格的学术层面，交通、运输和交通运输这三者各有特定的内涵，在专业理论研究、技术开发、学术交流、学科建设和工程实践中，应根据具体情况、不同环境和条件，对其加以正确运用。

1.1.3 交通与物流

交通运输是物流和供应链管理中的重要环节，也是其中的关键问题之一。交通运输系统中的物质分配和调运活动即所谓物流，是一个根据客户需求，对物质、服务及相关信息的流动和存储进行规划、实施和有效控制的过程，涵盖了从生产源头到完成消费的全过程。以供应链管理的思想来看，这种交通过程也是产品、信息和现金流的协同过程，其目标是实现消费满意度的最大化和作业组织成本的最小化。

交通与运输连接仓储、包装、装卸等其他物流环节，在很大程度上决定着其他物流环节乃至整个物流系统的效率。例如，物流中服务功能中的仓储活动，只有统筹考虑与运输方式及运输计划的合理选择和制定后，其进、补、出货计划和合理库存的确定才能实现；在包装活动中，装卸搬运则是在实现货物的发送、到达、中转，以及实现运输与仓储、仓储与配送等活动的相互衔接过程中产生的配套物流活动；配送实质上也是一种运输活动，是一种运距较短、覆盖范围较小、客户多而分散、小批量、高频度、时效性强、交通管制严格的特殊性交通与运输活动。因此在物流系统的所有环节中，运输与相应的交通过程处于非常突出的位置。运输成本是物流总成本的最主要组成部分，据统计，2011 年我国全社会物流总成本中运输成本占的比例达 52.8%。提高运输效率、降低运输成本是降低物流成本的一个重要途径。

从不同类型的运载客体看，运输包括旅客运输和货物运输两项内容。如果将运输和物流分别视作两个集合，那么二者的交集就是货物运输。运输和物流的关系如图 1.1 所示。

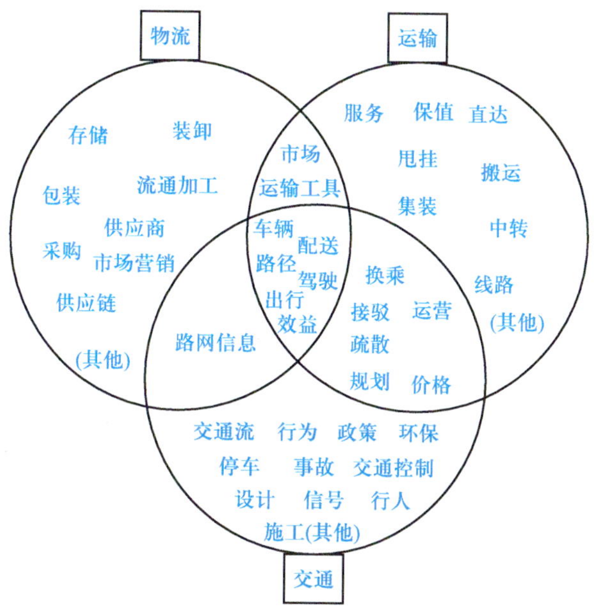

图 1.1　交通运输与物流的关系

1.1.4　交通与安全

交通信号的出现最初就是为保障道路通行安全而设置的，安全始终是交通工程理论与实践中的核心问题。

自1886年第一辆汽车问世以来，全世界已有6 000多万人死于交通事故，超过了第一次世界大战的死亡人数。美国的统计资料表明，美国从立国至1987年为止，交通事故中死亡人数比历次战争中死亡人数之和还要多；另一项从1941年到2006年间的统计数据，美国公路事故死亡246.69万人，为朝鲜战争中死亡人数51.9万人的4倍还要多。中国交通事故中的死亡人数，自1980以来，在2002年达到峰值，为109 381人。之后逐渐回落，但整体数据一直居高不下。截至2015年交通事故统计数据，事故起数为18.77万，死亡人数5.8万人，受伤19.99万人，直接财产损失近10.37亿元，死伤人数几乎相当于一座城市的人口。

交通事故危害性不仅反映在伤亡人数上，它在经济方面所造成的损失也是巨大的。据权威部门统计，交通事故总的损失约占国民经济的1%左右。以年经济损失计，美国1993年为800亿美元，法国1978年为100亿法郎，日本为9 000亿日元。有研究资料表明，交通事故给发展中国家每年带来的经济损失为530亿美元，差不多相当于一些发展中国家每年所获得的援助总额。虽然中国采取低赔偿法计算的经济损失偏低，但2003年直接经济损失仍达到33.69亿元，2015年降至10.37亿元。如果按人口计，美国每人每年交通事故损失约为200美元。

道路交通系统是由人—车—道路—环境等要素构成的动态复杂系统。道路交通系统中每个要素自成子系统又相互作用，交通事故是由于各个子系统自身出现问题或相互间作用失调或发生冲突而导致的。因此，要从根本上减少交通事故的发生量和降低交通事故的严重程度，首先必须客观、全面、科学地审视引发交通事故的原因，剖析交通系统结构及有关要素的特性，探究交通参与者、车辆、道路环境、事故救援等子系统各项风险因素与交通事故的关系，把握交通运输过程的规律，才能够提出相应的干预手段或改善措施，并实现针对性的安全管理，以达到降低事故风险和减轻事故伤害严重程度的目的。

1.1.5 交通的重要性

无论对于一个国家或区域，还是对于某个团体或个人，交通的活力和发展水平是至关重要的。

交通是连接城市的重要纽带，是为城市发展运送人流、物流的重要通道，作为城市发展的主要动力，交通对生产要素的流动、城镇体系的发展有着决定性的影响。德国人文地理学家F. 拉采尔曾指出“交通是城市形成的作用力”。纵观古今中外城市发展的历史，无数实例都证明了交通对城市发展有着重要的作用，特别是在狭义的城市内部交通之外的大交通，对城市发展及城市群的形成和演变，更是具有深刻的影响。

首先，交通主要是通过改变产业布局、推动经济发展、促进人口迁移影响和决定了城市发展的结构、形态、规模和方向，这蕴含了交通对社会经济发展影响的内在机制。经典的产业布局理论表明，运输条件是产业区位选择和产业布局调整的重要影响因素，运输条件的改变往往直接导致产业布局的形成与改变；交通运输具有较强的正外部性，即交通运输系统的建设对国民经济其他部门的生产和服务需求有较大的支撑和带动作用，这是其他任何行业都无法企及的，加大交通投资力度，对经济增长和扩大就业机会将产生积极作用。据测算，1985—2006 年交通运输投资带动 GDP 每年增加 248 亿元，其中 196 亿元来自投资的直接贡献，另外 52 亿元为交通运输的正外部效益。而不论在农村人口向城市集聚的现代化经济发展的初始阶段，还是城市化进程中郊区化的形成直至城市群的出现，交通问题对人口迁移方向的影响始终是其中一个关键因素。

具体到城市的产生和发展过程，则处处留下了交通的印记。

在古代，内河航运引导了城市布局。水运是古代大规模运输最为有效的方式，这些河流无疑都是最早的交通要道，交通运输能实现互通有无，平均所余物资，交通不同地区特有物资的职能，促进了市场的形成，而市场本身正是城市生活安定性及规律性的产物。在历史上较有影响的城市也大都分布在河流的沿岸，例如，底比斯城位于埃及南部尼罗河畔；巴比伦城位于幼发拉底河下游右岸；隋唐大运河修成后，成为中国主要商品流通通道和经济发展的命脉，沿岸的楚州（淮安）、扬州、苏州、杭州在当时并称四大都市。

近代的铁路交通促进了城镇迅速崛起。工业革命后，铁路交通开始发展，使得大宗货物在陆地上远距离运输成为可能，此时，在铁路交通发达的地区迅速发展起来了一批新型的城市，如河北省石家庄市就是凭借优越的铁路交通条件而迅速兴起发展的。

现代高速公路进一步推进了沿线地区城市化。国内外的实践经验表明，一条高速公路，特别是大城市之间的高速公路建成后，就会使两端的大城市沿高速公路逐渐延伸发展，形成以高速公路为轴线的城市群，在各处出口或立交桥附近形成一系列卫星城镇，这些卫星城镇是对中心城市功能的有益补充。如贯穿安大略省和魁北克省的被称为“加拿大的主要街道”的高速公路，这一地区为全加拿大城市化水平最高的地区。

综合交通系统则带动了城市群的发展。长江三角洲被称为世界第六大城市群，其城市空间格局的形成和演变体现出明显的交通导向性。明清时期，长江三角洲基本形成了沿长江和沿运河的两条城市发展轴；随着1904—1911年沪宁、沪杭铁路，1912—1949年沪杭甬铁路修建，长江三角洲铁路沿线城市带开始形成；改革开放后，公路已成为长江三角洲人员和货物流动的主要通道，构成了长江三角洲城市空间格局的主要框架；特别是进入21世纪，长江三角洲的高速公路和城际轨道交通快速发展，目前的主要交通方式有汽车、火车、轮船、飞机，是世界上港口和机场密度较高的地区之一。随着交通条件的革命性变化，城市空间格局将随之发生重大变动，产业竞争力和城市竞争力将进一步增强。

1.2　交通工程学的产生与发展

交通工程学的产生虽然本质上是交通运输系统逐渐进化的结果，但实质上它与早期的交通活动及运输技术并无直接的关系，其直接的动因是进入20世纪后汽车保有量的大幅增加和道路交通的迅猛发展。

以美国为例，其交通运输历史历经300年，跨越了一些重要的阶段。

（1）早期道路建设与规划

在18世纪，出行的方式主要是骑马或依靠其他类型的畜力车。随着美国向西扩大，建成道路，以适应不同的定居者。在1794年，兰开斯特收费公路是第一条收费公路，是连接宾夕法尼亚州兰开斯特市和费城的城市。19世纪美国领土进一步扩大，人口从三百万增加到七千六百万，国家交通不断发展扩大。19世纪，美国大规模兴建交通设施，特别是在运河和铁路建设方面。

（2）兴建运河时期

运河建设始于19世纪初。但从19世纪30年代开始，运河运输货物方式逐渐被兴起的铁路运输代替。到1840年，运河和铁路的里程几乎相当(3200英里①)，但铁路的可达性明显高于运河。因美国的地势限制且火车较为低廉的运输成本，火车便代替了运河成为城际交通的主要形式。因此，经过短暂活跃的时期，运河建设时代很快便结束。

① 1英里（mile）= 1.609344千米（km）。

（3）铁路时代的来临

铁路在美国从19世纪开始逐渐兴起。从19世纪末至20世纪20年代，铁路主导了城际客运和货运。到1915年，铁路里程有了进一步的提升，约为265 000英里。铁路客运在第二次世界大战期间复苏，但由于汽车的高速发展，铁路的竞争力便开始直线下滑。

（4）城市交通的发展

城市人口持续增长，城市交通系统的改善需求也有所增加。城市交通开始于城市街道上的马车，后来逐渐被缆车、路面电车、地铁和公共汽车运输所取代。20世纪70年代以来，许多大中城市已经建成了快速公交和轻轨系统。

（5）汽车和高速公路的发展

20世纪，汽车的发明和发展在美国创造了一场交通运输革命。汽车（与飞机一起）改变了城市之间旅行的方式。1895年仅生产了四部汽车；到1901年，共有8000辆登记车辆；到1910年，有45万辆私家汽车和卡车。在1900年至1910年间，美国建造了五万英里的普通公路，但主要的高速公路建设项目直到20世纪20年代才逐渐开始。到1920年，私家车比铁路运输更多。到1930年，共有2300万辆轿车和300万辆卡车登记在册。截至2016年年底，美国汽车保有量超过了2.2亿辆，道路交通也是最重要的交通运输方式。

（6）航空事业的发展

莱特兄弟在1903年发明了飞机，使航空事业有了质的飞跃。第一次世界大战和第二次世界大战都是航空运输发展的催化剂。空运邮件为政府支持这一新兴产业提供了理由。商业航空客运服务开始增长，到20世纪30年代中期，美国东海岸至西海岸的航空服务便已开始。第二次世界大战后，航空业的扩张是惊人的。战争期间取得的技术突破（加上飞行员培训）创造了一个新的行业，并在很大程度上取代了远洋轮船和客运铁路，航空客运服务便已开始。

所以，以美国为代表的发达国家在建成高速公路系统后，如何实现交通安全、高效运行和出行便利，成为了一个超越单纯的土木工程建设而涉及驾驶员、车辆、道路、相关设施和环境的综合性工程技术问题。为解决这一问题，交通工程学应运而生。1930年美国交通工程师协会成立后正式提出了交通工程学的名称，一般将美国交通工程师协会的成立，看作交通工程学作为一门独立学科诞生的标志。

1.3　交通工程学的内容

1.3.1　交通工程学的定义

从近代交通工程起源到现代交通工程学的形成，人们对交通工程学的认识始终在不断变化和发展，在世界范围内也没有公认的统一定义。

苏联学者把交通工程学定义为：研究交通运行的规律和对交通、道路结构、人工构造物影响的科学。

英国学者则认为：道路工程中研究交通用途与控制、交通规划、线形设计的内容称为交通工程学。

日本学者的定义：交通工程学考虑客、货运输的安全性、便利性与经济性，综合探讨公路、城市道路及相邻地带的整体用地规划、几何线形设计及运营管理等问题，属于工程上的分支学科。

我国交通工程领域的许多著名学者对交通工程学也有着自己的定义。

王炜教授提出的定义："研究交通发生（过去及现在）、发展（将来），时空分布规律，道路交通调查、路网规划、设计、营运、管理控制、安全的理论与方法以及与道路相关的法规、工程、教育、能源、环境等问题的综合性学科。"

徐吉谦教授提出的定义："交通工程学是研究交通发生、发展、分布、运行与停驻规律，探讨交通调查、规划、设计、监控、营运、管理、安全的理论、方法以及有关设施、装备、法律和法规，协调道路交通中人、车、路与环境之间的相互关系，使道路交通更加安全、高效、快捷、舒适美观、方便、经济的一门工程技术科学"。

姜桂艳教授提出的定义："交通工程学是研究道路交通的规律及应用的一门技术科学"。

我国《交通工程手册》提出如下定义："交通工程学是研究道路交通中人、车、路、环境之间的关系，探讨道路交通规律，建立交通规划、设计、控制和管理的理论和方法以及有关的设施、装备、法律和法规等，使道路交通更加安全、高效、快捷、舒适的一门技术科学。"

各种各样的定义反映了不同社会背景、不同历史阶段的交通运输基础设施、载运工具和出行活动的特点，以及在此基础上专家学者对交通工程学的认识的不同角度和研究方法。由于交通工程学起源于道路交通，在形成专门学科以来，其研究内容和对象主体也在这一领域。特别是交通工程学引入我国后，受国内行政管理体制和行业划分的特殊性以及语言习惯的影响，在涉及专业和行业之类的概念时，人们往往习惯性地将“交通”对应于道路和汽车，而将“运输”对应于铁路方式，形成了类似“道路交通”和“铁路运输”这种带方式区分的理解。加之在我国大部制改革前，在机构设置和管理制度上存在与此一致的行业和方式区分（交通部与铁道部），即使在大部制改革后（成立交通运输部），实践中大多仍然沿袭了之前的这些行业和方式区分，真正的融合尚有待时日。

结合 1.1.2 节关于交通、运输、交通运输这三个概念的辨析，交通工程学的定义应该明确其本质上的特性，即：交通工程学研究的核心是交通运动或交通活动；与此相对照的是，交通运输工程学研究的核心是运输设施设备的建设与运用，是基于交通运动或交通活动的需要。可见，交通工程学与交通运输工程学既有联系，又有区别，而且内容上互有交集。由此也不难理解，以美国交通工程师协会（Institute of Transport Engineers，ITE）的观点为代表的一类定义，把交通工程学视为交通运输工程学的一个分支。

综上所述，我们把交通工程学定义为：交通工程学是研究交通参与者交通活动的现象、规律及其运作管理与控制，以及支持交通活动的有关系统要素规划、设计、运营、安全保障理论和方法的技术学科。

可见，交通工程学是把人、车、路、环境及能源等与交通有关的几个方面综合在交通运动系统这个统一体中进行研究，通过把握其活动规律及特性，寻求出行效率最大、交通事故最少、通行速度最快、运输费用最省、环境影响最小、能源消耗最低的交通系统规划、建设、管理与控制方案，从而达到安全、经济、高效、环保、可持续发展之目标。

1.3.2 交通工程学的特性

（1）系统性

交通与整个社会经济系统密切相关，与社会经济系统中的其他子系统相互影响与制约。例如，区域城镇布局及城镇经济发展直接影响区域公路网系统的交通需求与空间分布，城市形态、人口分布、土地开发也直接影响城市交通系统的交通需求总量及其空间分布。同时，交通系统本身又是由许多相互影响、相互制约的子系统所组成，不仅是城市交通需求受城市道路网络及综合交通系统水平的制约，反过来城市道路网络及综合交通系统的规划和建设又必须以城市交通需求的发展为依据。从系统科学的角度来认识交通问题，以系统工程的方法来解决交通问题，是交通工程学科发展的必由之路，也是现代交通工程学的一个显著特点。

（2）综合性

交通工程学科的研究往往从五个方面展开：① 工程（Engineering）研究满足交通需求的交通基础设施，包括这些交通基础设施的规划与设计。② 执法（Enforcement）由于交通系统的综合性及其复杂性，完善的交通法规及其有效实施，是保障交通系统正常运转的必要条件。③ 教育（Education）社会经济大系统中的所有成员都是交通系统的直接或间接参与者，对交通参与者（特别是少年儿童）进行现代交通意识教育，形成文明出行的良好风尚，是保障交通安全和效率的治本之策。④ 能源（Energy）交通工具是能源消耗大户，发展低能耗和清洁能源的交通工具一直是交通行业的研究热点。⑤ 环境（Environment）国内外实践表明，城市环境的噪声污染及废气污染很大程度是由汽车交通造成的，因此，交通组织、交通结构优化及道路环境保护设计是保障交通系统可持续发展的重要措施。由于工程、执法、教育、能源、环境的英文单词的开头都是“E”，因而人们通常称交通工程学科为“五 E”学科。

（3）交叉性

交通工程学与多种其他学科有着非常密切的联系。随着科学技术的发展，这种学科交叉性更加明显，一个典型的例子就是智能运输系统（ITS），它就是交通工程学科、电子工程学科、信息工程学科、自动控制学科、计算机工程学科、汽车工程学科等在交通运行管控中的综合应用而形成的一个多学科交叉领域。

（4）社会性

交通系统是社会经济系统中的一个子系统，其规划、建设和管理水平与全社会各部门正常运行及各成员个体的日常活动息息相关，直接关系城市、区域经济发展及人民生活水平，具有高度的社会性。

（5）超前性

交通系统是区域及城市发展的载体，是社会经济活动的支撑体系，服务于社会经济发展和人民生活水平的提高。交通基础设施的建设周期与使用年限很长，一条地铁往往要服务上百年，一条高速公路也要服务 50 年左右，在德国还有使用近百年的高速公路，大型桥梁都是以百年为设计寿命。因此，在进行交通系统规划建设时，必须考虑以后几十年、甚至上百年的交通需求及社会经济状况。社会经济要发展，交通必须先行，社会上流传的“要想富，先修路”、“快路快富、大路大富、小路小富”的说法，也朴素地反映了这种道理。

（6）动态性

交通工程的动态特性主要表现在两个方面。一是系统规划建设的动态特点，伴随社会经济发展状况的变化，交通需求预测与实际情况通常存在差异，所以，交通系统的规划建设必须采用动态滚动的方式，根据需求和外部环境不断进行动态调整；二是交通状况的实时动态特点，交通流具有典型的随机性，它在路网上的时空分布是随机变化的，对交通系统规律和特性的描述，特别是用于交通管理与控制时，也须充分考虑交通的动态性特点。

1.3.3 交通工程学的体系

随着时代的发展与进步，交通工程学迅速与其他各个学科互相交叉融合，研究内容日益丰富，逐步发展为由核心内容及延伸性内容组成的一个不断发展的动态体系。

一、核心内容

1. 交通流理论

通过数学、物理等分析方法，研究交通流各参数间的作用关系和变化规律，辨识交通现象及其运动机理，包括交通流参数（流量、速度、密度），交通流动力学特征，车辆跟驰理论，概率论、排队论、流体力学方法在交通流分析中的应用。

2. 交通规划

根据社会经济系统发展的总体战略部署，解决交通运输系统的发展方向、原则、规模、速度、布局和多种交通方式协调发展等问题，已达到交通供需平衡，实现交通运输系统应用的安全、畅通、节能和环保。主要内容包括交通规划的基础理论与技术、各专项规划的基本理论与方法、现代交通规划技术等。

3. 交通管理与控制

以道路交通系统为主要对象，研究交通管理与交通控制的理论概念、技术方法和系统应用。一般而言，交通管理是指对道路上的行车、停车、行人和道路使用，执行交通法规的“执法管理”，包括与应用交通工程技术措施保障交通高质量、高效率运行的“交通治理”，又称静态交通管理；而交通控制则是指由交通警察或交通信号等控制设备，针对动态的交通运动，对车辆与行人通行的指挥，亦称之为动态交通管理。交通管理与交通控制互有交叉，互有替代。宏观意义的交通管理包含了交通控制的内容，所谓交通控制实质上是交通管理的具体表现方式和技术实现途径；且交通控制的实施也整合了交通管理设施的要素（例如交通标志标线）、交通组织的模式及交通规制的环境。

4. 交通设计

是指基于功能考虑，面向实际需求与问题，对交通运动管控方案进行优化设计的中间技术环节和相应的一类方法与技术。杨晓光教授将这些技术方法和作业过程的内涵界定为：上承交通规划，下接交通设施工程设计与交通管控，是基于城市与交通规划的理念和成果，运用交通工程学、系统工程学与工业设计的基本理论和原理，以安全、畅通、便利、效率与环境和谐为目标，以交通系统的“资源”为约束条件，对现有和未来建设的交通系统及设施加以优化设计，寻求改善交通的最佳方案，精细化确定交通系统及其构成要素，特别是确定通行权、通行时间与空间、设施布局方案等。

二、延伸性内容

上述四个部分的内容构成了交通工程学的核心理论与技术。这些理论技术不是孤立发挥作用的，其运用不仅需要数据、政策、工具等系统要素的支持，而且根据目标和对象问题的不同，这些核心理论技术在交通要素、作业过程、特性技术和效益目标等交通工程系统应用的不同方面（图 1.2），结合科学发展和技术进步不断进行拓展和深化，形成了交通工程学的一系列重要组成部分，包括：

1. 交通调查

包括交通流量、交通速度、交通密度、交通延误调查方法，居民出行、车辆出行调查方法，交通事故、交通污染调查方法等。

2. 道路通行能力分析

包括城市道路、一般公路、高速公路的路段通行能力的分析方法，交叉口（无控制交叉口、环形交叉口、信号交叉口、立体交叉口）的通行能力及线网运输能力的分析方法，服务水平的分析与评价标准。

3. 交通安全

包括交通事故发生机理、交通事故调查、交通事故分析与管理、事故预测及预防、交通安全设施、交通安全评价等方面的原理、技术方法和应用。

4. 交通环境

包括交通噪声、振动和废气等污染物排放的检测、评价和防治理论与技术的研究和应用。

5. 交通景观

包括对交通景观的系统分析、定义，介绍交通景观设计的基本原理、

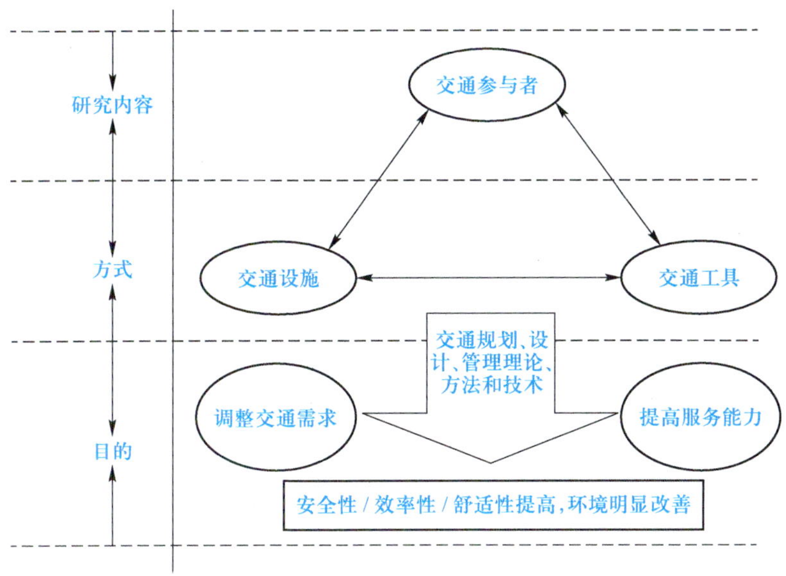

图 1.2　交通工程研究体系架构

技术和主要应用。

6. 交通工程的新理论、新方法、新技术

随着科学技术的发展而发展，交通工程的新理论、新方法、新技术目前主要集中在智能交通系统（ITS）方面，包括现代通信技术、计算机技术、信息技术、管理技术、控制技术在交通管理的应用，以及新型交通工具和交通模式等方面。

1.3.4　交通工程学的发展与未来

交通工程的定义随着时代的前进也在发生变迁，这一方面是因为用户需求的提升、新型道路形式的出现、车辆性能的提升、驾驶行为的改变等，尤其是交通新技术的发展，日后无人驾驶汽车和车联网的应用必将促使交通工程出现革命性的变化；另一方面，社会经济系统本身的演进也在促使交通工程学科的发展，比如产业的兴衰和商业的变革将推动城市规模、城市功能和城市布局发生改变，进而对城市的交通功能提出更新的需求。就中国而言，城市的规模、格局和形态近 50 年来发生了翻天覆地的变化，城市（区域）之间的交通往来也更加频繁和紧密，这些因素持续促进着交通工程学科的变革。

当前我国城市和城市交通的发展处于挑战和机遇并存的关键阶段。一方面，随着城镇化、机动化的持续快速发展，城市交通拥堵加剧、污染严重、事故频发，面临着严峻挑战；另一方面，我国城市处在老城改造、新城建设的城市大发展时期，是实现生态城市、绿色交通的最佳时机。从交通需求和交通供给两个方面加大力度，按照绿色交通系统的发展目标，基于交通发展的先进理念，科学制定城市综合交通系统规划并付诸实施，有望实现我国城市绿色交通系统建设的跨越式发展。

在交通供给方面，通过智能公交系统、智能交通管理系统、智能车辆运行管理系统、交通监控系统等技术的实施，可以提高现有交通基础设施的运行效率和交通供给能力。在交通需求方面，通过交通信息服务、交通拥堵收费等系统，可以改善交通需求的时空分布特性，“削峰填谷”，使交通需求与交通供给的矛盾得到缓解。

在国家的“十三五”规划中，已经将“完善现代综合交通运输体系”等内容列入其中，并要求“建设现代高效的城际城市交通、打造一体衔接的综合交通枢纽、推动运输服务低碳智能安全发展”，“加强城市道路、停车场、交通安全等设施建设，加强城市步行和自行车交通设施建设。”在21世纪，随着移动互联、大数据、智能感知、模式识别、人工智能、高精度定位与导航、机器视觉与图像处理等新技术与智能移动终端的继续深度融合，交通工程学科将更加生机盎然、蓬勃发展，科技的力量将有机会得以充分显现，为道路使用者提供更加多样化和人性化的选择。

1.4　中国交通工程学的变迁

中国现代交通工程学的研究始于20世纪70年代初，以美籍华人交通工程专家张秋先生为代表的美、日、英、加等国的交通工程领域的专家学者，先后在上海、北京、西安、南京、哈尔滨等城市讲学，系统介绍西方发达国家在交通规划、交通管理、交通控制及交通安全方面的建设与管理经验，这是我国交通工程学的发端。

其后，我国交通工程学的发展从内涵上反映出三个阶段特性。

1. 以基础设施能力建设为主的阶段

伴随改革开放后国家经济实力的大幅提升，交通基础设施建设高速发展，汽车拥有量也呈现井喷态势。在这一时期进行了大规模的交通基础设施建设，其中包括城市交通基础建设及区域高等级公路网建设，这也是一般所称的“造路”阶段。受我国特殊的国土面积及地理条件、经济发展和城市建设水平的影响，交通基础设施，包括有关技术装备的建设开发，一直是我国交通工程的主要研究内容和建设的重点，直至进入 21 世纪及未来一段时期，仍将保持这一态势。

在这个时期，大规模的基础设施和技术装备的建设仍然无法根治交通问题。交通工程领域的学者们开始关注工程项目建设的可行性、停车问题、道路通行能力问题等。

2. 关注系统管理和需求管理等理论技术的系统管控阶段

随着汽车化所带来的交通需求无序增长，交通工程学者提出“交通需求管理（TDM）”概念，交通领域的解决问题的措施由大规模建设交通基础设施逐渐转移到现代化交通管理与控制层面，通过交通区域控制系统对交通系统运行进行管控。

3. 以现代信息技术为主的智能化阶段

现代信息技术的加入，使交通工程领域进入了智能交通时代。智能交通系统（Intelligent Transport System）成为解决交通问题的科学途径，先后涌现了各种典型系统和技术，例如：先进的汽车控制系统（Advanced Vehicle Control System，AVCS）、先进的交通管理系统（Advanced Traffic Management System，ATMS）、先进的驾驶员信息系统（Advanced Driver Information System，ADIS）等。

我国交通工程学从无到有、发展迅速，1980 年上海市成立了国内第一家交通工程学会，1981 年中国交通工程学会成立。至今，全国已经有上百所高校设立了交通工程专业，国外顶尖交通运输学术期刊上也频频出现中国人的著作。我国已经在交通规划、交通设计、交通管理、交通监控、交通安全等领域得到较大的发展，形成了一个完整的体系，开展了大规模的基础数据调查，初步形成并逐渐完善了城市交通规划和公路网规划理论，制定了交通法规，研制开发了智能交通管理与控制技术，特别是互联网、大数据、人工智能、云计算、高精度定位、便携移动终端等新技术不断涌现并与交通工程有机融合，服务于自驾出行、公交出行和步行等各种出行方式。用户体验至上的理念也从未像今天这样得到淋漓尽致的体现，从网络约车、路径搜索与规划、路线导航、目的地停车引导，到快捷电子付费，全程提供细致入微的人性化服务。现代多学科的新理论、新技术与交通工程理论不断融合，使交通工程学进一步发展和完善。

1.5 本教材的定位

本书定位为交通工程学的入门读物。全书共8章，内容涵盖了交通工程学介绍、交通系统构成（人、车、路）、交通调查、交通流原理、道路通行能力与服务水平、交通管理与控制、交通需求分析和预测等内容。教材侧重于讲述交通工程学中的基本原理，并通过相关应用的介绍帮助读者更好地理解这些原理。在突出专业性的同时，兼顾了交通工程学综合性的学科特点。

本书可以作为交通运输工程、土木工程等专业的教材和参考书，适合一个学期的教学量，同时也适合刚接触交通工程专业的从业人员和成人自学使用。

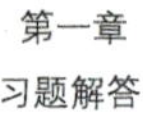

第一章
习题解答

习题

1.1 请阐述共享经济对传统交通的影响以及带来的挑战。

1.2 从交通需求层面解决道路交通拥挤问题的措施有哪些？

1.3 何谓交通工程学？其核心技术有哪些？

1.4 请对交通工程技术的发展方向提出自己的构想。

1.5 分析“交通”“运输”“交通运输”概念的内涵，并辨析三者之间的联系与区别。

1.6 讨论交通运输活动与物流活动之间的关系。

参考文献

[1] 胡学忠，孙一挥，杨俊玲．交通工程学历史发展状况分析［J］．山西建筑，2007，33(21)：218-219.

[2] 王炜，过秀成．交通工程学［M］．2版．南京：东南大学出版社，2011.

[3] 徐吉谦，陈学武．交通工程总论［M］．4版．北京：人民交通出版社，2015.

[4] 姜桂艳，丁同强．交通工程学［M］．北京：国防工业出版社，2007.

[5]《中国公路学报》编辑部．中国交通工程学术研究综述．2016［J］．中国公路学报，2016，29(6)：1-161.

[6] 陆化普，李瑞敏．城市智能交通系统的发展现状与趋势［J］．工程研究——跨学科视野中的工程，2014，(01)：6-19.

[7] 李昕，赖平仲，徐婧，等．发展现代交通运输业与发展现代物流的关系［J］．物流技术与应用，2011，(12)：116-119.

[8] 任福田．新编交通工程学导论［M］．北京：中国建筑工业出版社，2011.

[9] MCSHANE W R，ROESS R P，PRASSAS E S. Traffic Engineerin [M]. 2nd ed. New York：Prentice Hall，1998.

[10] ROESS R P，PRASSAS E S，MCSHANE W R. Traffic Engineering [M]. 4th ed. New York：Pearson/Prentice Hall，2011.

[11] MANNERING F L，WASHBURN S S. Principles of Highway Engineering and Traffic Analysis [M]. 5th ed. New Jersey：John Wiley & Sons，2013.

[12] GARBER N J，HOEL L A. Traffic and Highway Engineering [M]. 5th ed. Boston：Cengage Learning Int，2014.

第二章

道路使用者和车辆的特性

课件 2

驾驶员、行人、车辆和道路是道路交通的要素。为了保证公路运输的高效性、安全性与可持续性，在了解各个要素特点的同时，也需要了解这些要素间的相互关系，从而确定它们之间是否存在相互影响。比如行人过街、行车速度会影响红绿灯时长。仅了解这些要素的平均值还不够，有时，可能还需要知道这些要素的分布或限值。例如，驾驶员年龄分布广泛，通常从成年开始，上限甚至超过 80 岁。不同年龄段间的视力、听力、反应时间、行动能力存在不同程度的差异。即使在同年龄段的人中，以上能力水平也会有所不同。再如，机动车交通流既包括摩托车、轿车，也包括重型、铰接式卡车等多种车型，不同车型的最大加速度、转弯半径和爬坡能力差别显著。因此，合理的道路与交通设计必须适应各种车辆的特性，同时满足各类驾驶员及行人的多种生理和心理特征。

本章对道路交通中各要素的特性进行论述，并通过相关应用阐述这些要素在道路设计和交通管控中的重要性。

2.1 驾驶员特性

交通设计过程中，需要考虑驾驶员的异质特性。驾驶员在道路上的技能和感知能力各有不同，其听力、视力及对信息的判断和反应能力也存在较大差异。研究表明，同一个驾驶员在不同状态下，如受酒精或药物的影响、疲劳、一天中的不同时间等，其驾驶能力也会存在差异。因此，交通设计的标准应与道路上大部分驾驶员的驾驶能力相匹配。采用平均反应时间这类均值指标对于很大一部分的驾驶员来说可能并不适用。因此，在道路设计标准中，经常采用第 85 百分位数（85th percentile）等指标。例如，采集某路段车速时，数据可能较为分散，采用平均值并不能很好地代表数据的分布特性。此时，就需要采用该路段车速的累积频率曲线，并选取第 85 百分位车速来表征该地点车速，即 85%的车辆处于该车速或该车速以下。一般来说，所选择的百分位数越高，其所涵盖的范围越广，安全性越高，例如第 95 百分位数较之第 85 百分位数安全性更高，但也需视具体应用而定。对于某一些指标来说，采用第 85 百分位数的方法并不适用。比如在考虑行人速度时，为了确保行人安全，通常参考行人的第 15 百分位速度值（即 15%的行人速度在该值或该值以下），而非第 85 百分位值或平均值。

驾驶员在驾驶过程中通过视觉与听觉受到的刺激而获取信息，因此驾驶员的视觉能力与听觉能力至关重要。这里对视觉感知与听觉感知的基本知识做简单介绍。

视力是观察事物细节的能力。它可以用视角来表示，由公式（2.1）描述。标准视力通常是指用 5 分弧度（5/60 弧度）的视力分辨图案的能力。

$$\varphi = 2\arctan\left(\frac{H}{2D}\right) \tag{2.1}$$

式中：H——目标字母或符号的高度；

D——眼睛与目标间的距离，与 H 单位一致；

φ——视角。

例 2.1　视力可分辨目标高度计算

如果刚好能以 5 分弧度的视力分辨 6 m 以外的物体，该物体的高度是多少？

解： 5 分弧度的视力对应的圆弧角为 $5' = 0.0833°$，由题干可知 D 等于 6.0 m，则

$$0.0833 = 2\arctan\left(\frac{H}{2\times 6\ \text{m}}\right)$$

$$\tan(0.0833/2) = H/12$$

$$H = 8.7\times 10^{-3}\ \text{m} \approx 0.9\ \text{cm}$$

驾驶员的两种视力是非常重要的：**静态视力**和**动态视力**。当目标物处于相对静止状态时，驾驶员分辨物体的能力取决于他的静态视力。影响静态视力的因素包括背景亮度、对比度和时间。静态视力随着背景亮度的增加而增加，当背景亮度达到一定程度时，静态视力不再随亮度的变化而变

化。当其他视觉因素保持在可接受的水平时，识别无相对运动的物体所需的最佳时间是 0.5~1.0 s。

驾驶员能够感知到相对运动的物体，这取决于驾驶员的动态视力。大多数人在 3°~10°的圆锥角内具有清晰的视觉，在 10°~12°的圆锥角内有相对清晰的视觉，而超出这个范围的视觉通常是模糊的，见图 2.1。在确定交通信息显示设备（如信号灯、道路标志、可变信息板）的安装位置时，这一点尤为重要。

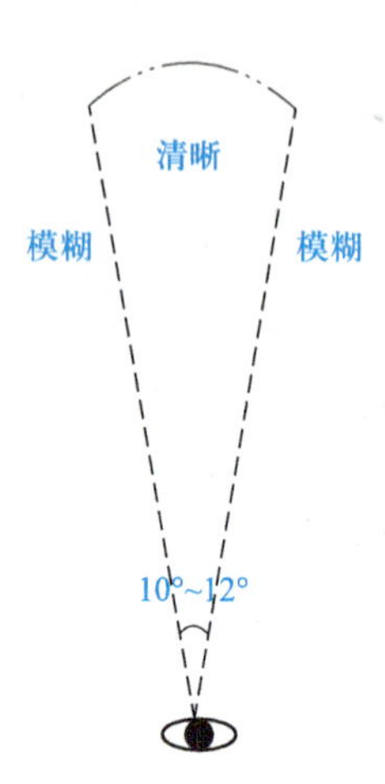

图 2.1　视线范围示意图

周边视力是人们看到清晰视野以外物体的能力。在这个区域内人们可以感知到相对运动的物体（如对向驶来的车辆），但并不能分辨清楚物体的细节；对于相对静止的物体，周边视力通常不能很好地感知。周边视力最大可达瞳孔中轴线左右 90°，上 60°，下 70°的范围。这个范围受到车辆速度的影响，车速越高，周边视力范围越小。此外，年龄也会对周边视力产生影响，通常 60 岁左右人的周边视力会开始显著下降。

色觉是区分不同颜色的能力。而这种能力不足的人群，通常被称为色弱或色盲。虽然不是最重要的视觉缺陷，但是色盲或色弱还是会影响驾驶安全，如对红灯、绿灯的辨识。在交通设计中注意使用不同的标志形状来反映不同的交通信息，从而降低色觉缺陷所造成的影响。

眩光视觉有两种类型：直接眩光和镜面眩光。当较亮的光出现在视野中会发生直接眩光（如车头灯光晃眼），而当较亮的光通过光泽表面反射进入视野中会发生镜面眩光（如挡风玻璃反射太阳光）。这两种类型的眩光都会造成能见度的下降和眼睛的不适。年龄对眩光的敏感度有显著影响，40 岁以上的人群对眩光的敏感度会显著增加。眩光对于老年人的夜间驾驶的影响很大。为了更好地服务在夜间视力更差的老年人，在街道照明的设计时有如下要点：

① 增加照明的安装高度；

② 将照明支撑物定位在远离道路的地方；

③ 限制光源的亮度。

深度知觉是指通过视觉估测速度和距离的能力。对于双车道公路来说，在超车过程中深度知觉尤为重要，这是因为对速度和距离的误判可能会导致车辆迎面相撞而产生严重后果。由于人眼并不能很好地估测大小、距离、速度和加速度的绝对值。这就要求交通控制设备的尺寸、形状和颜色都需采用统一标准。统一标准不仅有助于估测距离，而且能够帮助色盲的驾驶员识别标志。

听觉感知是指人耳感知声音刺激的能力。当车辆发出警告声时，能够利用耳朵接受声音的刺激对于驾驶员来说非常重要。对于听力部分受损的驾驶员可以通过助听器进行辅助。

2.2 感知-反应过程

驾驶员或行人对刺激的感知和反应过程可分为感知、辨识、决策、反应四个子过程。

① 感知　观测到控制设备，警告标志或其他物体；

② 辨识　辨识事物或控制设备，从而明确受到的刺激；

③ 决策　决定对刺激采取何种动作，如踩刹车踏板、通过、转向，改变车道等；

④ 反应　动作的执行。

完成每个子过程都会花费一定的时间。从感知开始到反应结束所经历的总时间通常被称作感知-反应时间，或被简单称作反应时间。反应时间是决定刹车距离的重要因素，同时决定了道路上所需的最小视距和信号交叉口处的黄灯相位时长。感知反应时间因人而异，事实上，在不同情况下，一个人的感知反应时间也会变化。感知反应时间取决于情况的复杂程度、路况熟悉程度、年龄、性别、疲倦程度、是否受到药物和酒精的影响，也取决于受到的刺激是预料到的还是突发的。

美国国家公路与运输协会（AASHTO）规定将 2.5 s 的反应时间用于大多数情况下停车视距的计算，该规定考虑了大多数公路条件下第 90 百分位的驾驶员反应时间。与 AASHTO 的规定相似，我国在工程实践中也一般取 2.5 s 的反应时间。针对交叉口信号配时的相关计算，美国交通工程师协会（ITE）推荐使用 1.0 s 的反应时间，这是因为信号灯所产生的刺激相对简单且驾驶员对信号灯变化通常有心理预期，该推荐值同样考虑了第 85 百分位的驾驶员对交通信号的反应时间。

例 2.2　反应时间内车辆通过的距离

一名驾驶员以 100 km/h 的速度行驶，观测到前方发生事故造成了道路的堵塞。假定 2.5 s 的感知-反应时间，试确定驾驶员开始制动之前车辆通过的距离。

解：$100\ \text{km/h}=\dfrac{100\times1\ 000\ \text{m}}{3\ 600\ \text{s}}=27.78\ \text{m/s}$

$$D=v\times t=27.78\ \text{m/s}\times2.5\ \text{s}=69.45\ \text{m}$$

驾驶员开始制动之前车辆通过的距离为 69.45 m。

2.3 老年驾驶员特性

我国人口老龄化速度较快，到 2038 年，我国 60 岁以上的老年驾驶员预计将超过 10%。未来，老年驾驶员对小汽车出行的依赖性更强。随着年龄的增长，人体各项机能下降，导致老年驾驶员在驾驶时比年轻驾驶员更不安全，在经历交通事故时更易受伤。因此交通工程从业者在交通设计与运营时应充分考虑到老年驾驶员的特性。老年驾驶员的机能退化包括视力和夜间视力下降，动作灵活性降低、范围缩小。此外，老年人群还具有视野变窄，眩光敏感性增强，反应时间增长和肌肉力量减弱等特性。这些特性可能导致老年驾驶员的交通事故风险增加。视力的下降使老年驾驶员难以识别道路标志，而眩光敏感性的增强使老年驾驶员花费更长的时间从眩光中恢复，因此可能无法对道路标志或道路障碍物进行反应。

2.4 行人特性

除了本章前面提到的特性以外，行人也会影响交通设计。在设计交叉口的行人专用信号、安全岛、行人地下通道、高架人行道和人行横道等交通设施时，行人特性在其中起着重要作用。例如，行人信号相位的“闪红灯”设计①，允许已进入交叉口的行人通过交叉口，需要了解行人的步行速度。国内外实测数据表明，行人行走速度通常在 0.9~2.4 m/s 之间变化。其中，男女的行走速度存在着一定差异。在交叉口处，男性平均行走速度可达到 1.5 m/s，而女性为 1.4 m/s。在相关交通设计时通常使用 1.2 m/s 的保守值，当老年行人比例较高时（如高于 20%），设计速度可下调至 1.0 m/s。如需考虑残疾人通行，通常会视情况采用更低的平均行走速度。此外，在设计交叉口行人信号时，还应考虑到盲人等残疾人的特性。研究表明，通过安装特殊信号可以降低盲人行人的事故率。美国的很多州都在使用无障碍行人信号灯，这类信号灯可以通过声音、震动等非视觉方式传

① “闪红灯”期间允许已进入交叉口的行人通过交叉口。

递信号信息。另外，很多交叉路口还设置了坡道，方便乘坐轮椅的行人通过交叉口。

2.5 骑行者与自行车特性

自行车是道路交通的重要组成部分，尤其是对我国城市交通具有重要意义。前文讨论的机动车驾驶员的特性也适用于骑行者。与机动车驾驶员不同的是，骑行者不仅是自行车的驾驶员，同时还提供自行车前进的动力。因此，自行车和骑行者形成了一个系统，应将两者共同考虑。

目前我国对于自行车骑行者还没有明确的分类。美国国家公路与运输协会（AASHTO）在“自行车设备发展指南”中定义了三类骑行者。有经验的骑行者属于 A 类，经验较少的骑行者属于 B 类，自行或与父母一起的儿童骑行者属于 C 类。美国交通研究委员会（TRB）基于骑行者的技术与心理舒适程度建议将骑行者分为两类，即经验丰富骑行者与非经常性的骑行者。前者能够在绝大多数（非禁行）交通环境下舒适地骑行，例如通勤出行者、长途骑行者、骑行者协会成员等；而后者通常只在低流量、路况相对简单的交通环境下才能舒适地骑行。由于我国骑行者的异质性更强，上述的分类不一定完全适用我国的情况。在城市道路设施规划与设计过程中，应结合自行车交通需求，依托既有的路网与交通设施，构建独立的、层次分明的自行车路网，在有条件的路段上采用实体的、专用的自行车道，提高机非分离程度，以满足各类骑行者的出行需求。

和机动车一样，自行车也有自身的特性。根据国内外的研究结果，水平道路上自行车（包括电动自行车）的设计速度是 30 km/h，下坡速度可以达到 48 km/h，上坡速度可以低至 12 km/h。从停车位置处通过交叉口时，自行车的平均速度为 10~15 km/h。此外，在自行车道的设计过程中还需考虑自行车的爬坡能力。通常认为自行车道的最大纵坡不宜超过 5%；坡度小于 2.5%时对骑行者影响不大；超过 3.5%时上坡困难，下坡时危险性增加，因此有必要在坡长方面予以限制。

2.6 车辆特性

道路几何设计需要考虑车辆的静态特性、运动特性与动力学特性。静态特性包括车辆的重量和尺寸；运动特性涉及车辆的运动如加速度、低速转弯；动力学特性涉及车辆运动过程中的动力学分析。由于道路承载着客车和货车的交通，所以设计时须考虑到不同类型车辆的特点。设计一条道路时通常需指定一种**设计车辆**，设计车辆的特性应涵盖几乎所有使用这条道路的车辆特性，也是保证所有可能使用这条道路车辆安全、顺利通行的依据。设计车辆的特性将用于确定公路的几何设计、交叉口设计和视距需求的标准。深入了解这些特性将有助于道路与交通控制系统的设计，保证车辆在行车、停车和转弯等操作过程中的平稳与安全。

2.6.1　静态特性

设计车辆的尺寸是确定道路几何尺寸的重要因素，比如设计车辆尺寸通常用来确定车道宽度，路肩宽度，高架或道路标志的净高，停车位的长度、宽度，以及竖曲线的长度。此外，设计车辆的质量（轴荷）与路基、路面深度、道路坡度等设计元素也密切相关。

我国对于路面上行驶的车辆有着大小限制和质量限制。参考《城市道路工程设计规范》(CJJ 37—2012）与《汽车、挂车及汽车列车外廓尺寸、轴荷及质量限值》(GB 1589—2016)，表 2. 1 给出了我国城市道路设计车辆静态特性的一些限制范围，同时给出各特性所允许的最大值。

表 2. 1　不同车辆类型的长度和质量限制

车辆种类	总长/m	总宽/m	总高/m	前悬/m	轴距/m	后悬/m
小客车	6	1. 8	2	0. 8	3. 8	1. 4
大型客车	13. 7	2. 55	4	2. 6	6. 5+1. 5	3. 1
铰接客车	18	2. 5	4	1. 7	5. 8+6. 7	3. 8
载重汽车	12	2. 5	4	1. 5	6. 5	4

车辆类型	允许质量/kg
单轴	
每侧单轮胎	6 000
每侧双轮胎	10 000
单轴轴荷最大不超过	13 000
双联轴	18 000

轴荷的大小直接关系到路面结构的设计承载力与结构强度，各个国家均对轴荷的最大限度有明确的规定。我国公路与城市道路设计规范中均以 10 t 作为标准轴荷。目前我国公路上行驶的车辆，后轴轴荷一般在 6 ~ 13 t 范围内。

如前文所述，公路设计受设计车辆静态特性的影响。因此，有必要对车辆进行分类，了解某特定类别的所有车辆所具有的代表性静态特性，以供设计之用。《机动车辆及挂车分类》(GB/T 15089—2001) 中规定了四种主要的机动车车辆类别，包括两轮或三轮机动车辆、四轮及四轮以上载客车辆、四轮及四轮以上载货车辆、挂车（包括半挂车），并在每一类别下进行了细分。美国国家公路与运输协会（AASHTO）规定了四大类通用的车辆类别：乘用车（Passenger Cars）、公共汽车（Buses）、卡车（Trucks）和休闲类车（Recreational Vehicles），这四类通用车辆可细分为 19 种设计车辆。此外，在美国还有另外一种较常用的 13 种车型的分类办法，由美国联邦公路局提出，车型示例如图 2.2 所示。

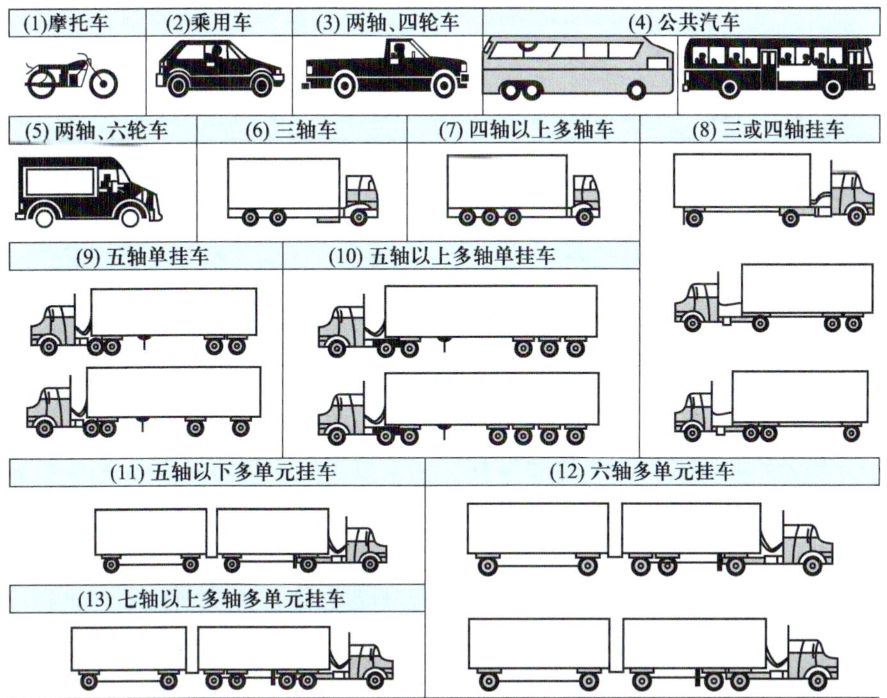

图 2.2 美国联邦公路局的 13 种车型分类示例

2.6.2 运动特性

车辆的加速性能是最重要的运动特性之一。高速公路匝道与超车车道长度等设计要素往往受到加速度的影响。此外，车辆的加速性能还决定了静止车辆通过交叉口与车辆变道、汇流的可接受间隙。

值得注意的是，不同类型车辆的加速性能也不尽相同。机动车加速性能由车辆**比功率**决定，即车辆发动机功率（kW）除以汽车的质量（t），单位为 kW/t，表明动力越强或者质量越轻的车辆可获得的最大加速度越高。与重型卡车相比，小汽车的比功率通常要大，能够获得的最大加速度也高。因此，在工程应用中，也有通过车辆轨迹提取的加速度特征进行车辆类型分类的方法。

加速性能最直观的影响，就是车辆加速到一定速度所用的距离。通常可以认为车辆的加速度是速度的函数。由简单的物理知识可知，速度越低，加速所需的功越低，可获得的最大加速度就越高。表 2.2 给出了一辆比功率为 60 kW/t 的小汽车与一辆比功率为 8 kW/t 的卡车在不同速度区间的最大加速度与在该区间加速所用的距离。通过该表可以发现货车加速过程所需的距离比小汽车要大很多。

表 2.2 不同速度区间的最大加速度与在该区间加速所用的距离

速度区间/(km/h)	区间最大加速度/(m/s^2)		加速所用的距离/m	
	小汽车(60 kW/t)	货车(8 kW/t)	小汽车	货车
0~30	2.5	0.5	13.9	69.5
30~60	1.8	0.3	57.9	347.4
60~90	1.5	0.15	115.8	1 158

例 2.3 小汽车与货车加速过程所需距离的计算

某小汽车与货车区间加速度如表 2.2 所示，两车的速度从 0 加速至 30 km/h过程中所需的加速距离分别是多少？

解： 车辆加速过程所需距离可由下式计算：

$$D_a=\frac{0.278(v_1+v_2)}{2}\times\frac{0.278(v_2-v_1)}{a}=0.038\,6\left(\frac{v_2^2-v_1^2}{a}\right)$$

式中：D_a——加速所需距离（m）；

v_1——加速开始时的速度（km/h）；

v_2——加速结束时的速度（km/h）；

a——加速度（m/s^2）。

套用上述公式，速度从 0 加速至 30 km/h 的小汽车和货车所需的加速距离分别为：

$$D_a^{car}=0.038\,6\left(\frac{30^2-0^2}{2.5}\right)\text{m}=13.9\text{ m}$$

$$D_a^{\text{truck}}=0.0386\left(\frac{30^2-0^2}{0.5}\right)\text{m}=69.5\text{ m}$$

车辆的另外一个重要的运动特性是其在转弯过程中所需的转弯半径。各类车辆的最小转弯半径有很大差异，转弯半径越小，车辆的机动性能越好。《车库建筑设计规范》(JGJ 100—2015）给出了各类车辆最小转弯半径，如表 2.3 所示。

表 2.3　各类车辆最小转弯半径　　m

微型车	小型车	轻型车	中型车	大型车
4.5	6.0	6.0~7.2	7.2~9.0	9.0~10.5

转弯半径常用于平面交叉口的几何设计。我国的《城市道路交叉口设计规程》(CJJ 152—2010）规定了不同设计速度下的路缘石转弯半径，见表 2.4。虽然该规定忽略了车型的影响因素，但是基本能够满足实际使用需求。

表 2.4　路缘石转弯半径

右转弯设计速度/(km/h)	30	25	20	15
无非机动车道路缘石推荐半径/m	25	20	15	10

美国国家公路与运输协会（AASHTO）将车辆转弯分为低速转弯与高速转弯两种情况。低速转弯情况下（车速在 15 km/h 以下）车辆的转弯半径主要取决于车辆的尺寸。在设计过程中需选定设计车辆，其转弯半径要求可通过查阅该车辆尺寸模版直接得到。例如 SU-30 型单体卡车的最小转弯半径为 12.73 m；WB-67 型半挂车的最小转弯半径为 13.66 m。感兴趣的读者可以参考美国国家公路与运输协会（AASHTO）的 *A Policy on Geometric Design of Highways and Streets* 一书。AASHTO 还给出了选择设计车辆时的一些原则：

① 对于停车场设计，可以选乘用车作为设计车辆；

② 对于住宅区街道交叉口，可以考虑使用单体卡车作为设计车辆；

③ 对于服务公共交通，大卡车相对较少的城市道路交叉口，可以使用城市公共汽车作为设计车辆；

④ 对于高速公路匝道和主干路的交叉口，以及交通流量较大的次干公路或工业区街道的交叉口，或是大卡车进出的支路交叉口，可使用挂车作为设计车辆。

车辆高速转弯情况下（速度大于 15 km/h），转弯曲线的长度会增加，所需要的转弯半径将会大于最小转弯半径。这时转弯半径主要受道路与轮胎间的侧向摩擦力与道路超高（即横断面坡度）限制。车辆高速转弯的情况，在第三章中会进行详细介绍。

2.6.3　动力学特性

车辆运行过程中受到多种力的作用。除了车辆发动机所产生的牵引力（作用于轮胎与道路的接触面）以外，还包括空气阻力、坡度阻力、滚动阻力等。本小节将重点讨论这些力对车辆运行的影响。

2.6.3.1　空气阻力

空气阻力对于车辆的动力学特性有重要影响。在车辆高速行驶的状态下，空气阻力会成二次型增长。空气阻力来源于几个方面：主要来源包括车体周围的扰动气流（约占空气阻力的 85%），空气与车体间的摩擦力（约占 12%），以及气流穿过散热片、排气口等车辆零件所产生的阻力（约占 3%）。其中气流扰动与车身形状（尤其是车体后部的形状）密切相关。因此空气动力学设计对于高速列车、赛车尤为重要。车辆行驶状态下的空气阻力可由下式计算。

$$R_a=\frac{\rho}{2}C_D A_f v^2 \tag{2.2}$$

式中：R_a——空气阻力（N）；

ρ——空气密度（kg/m^3）；海平面空气密度为 1.225 kg/m^3，且随海拔增高而减小；

C_D——空气阻力系数；轿车的空气阻力系数在 0.25 左右，卡车的空气阻力系数通常在 0.5 以上；

A_f——车辆前部的横截面积（m^2）；

v——车辆速度与风速的相对速度（m/s）。

例 2.4　空气阻力的计算

一辆重 900 kg 的汽车在海拔为 1 524 m 的平直路面（$\rho=1.054\ kg/m^3$）上以 115 km/h 的速度行驶，$C_D=0.4$，$A_f=1.9\ m^2$。试计算该汽车空气阻力。

解： $115\ km/h=\frac{115\times1\,000\ m}{3\,600\ s}=31.94\ m/s$①

$$R_a=\frac{\rho}{2}C_D A_f v^2=\frac{1.054}{2}\times0.4\times1.9\times31.94^2\ N=408.71\ N$$

---

① 计算结果保留小数点后 2 位有效数字，计算过程以实际数值代入计算。

2.6.3.2 坡度阻力

当车辆在有坡度的道路上行驶时，车辆重力会产生一个与路面平行向下的分量，即坡度阻力，如图 2.3 所示。坡度阻力可由下式计算。

$$R_g = W\sin\theta_g \tag{2.3}$$

式中：R_g——坡度阻力（N）；

W——车辆总重力（N）；

θ_g——坡面角度。

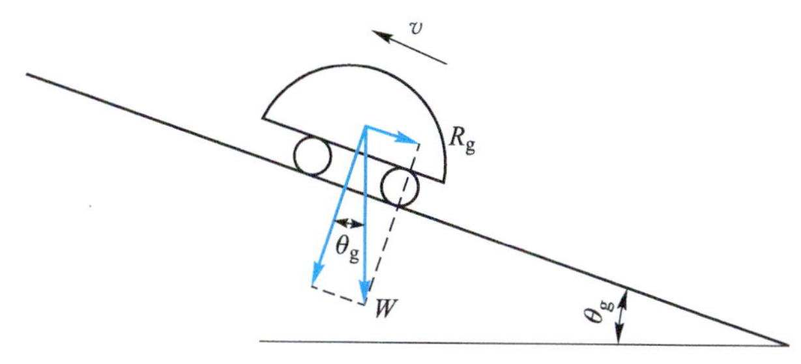

图 2.3 坡度阻力示意图

由于道路的坡度通常较小，可认为 $\sin\theta_g \approx \tan\theta_g$，因此上式可写为公式（2.4）。式中 G 为道路坡度，即 $G=\tan\theta_g$。坡度通常可用小数或百分数表示，如 $G=0.05$ 或 $G=5\%$。

$$R_g \approx W\tan\theta_g = WG \tag{2.4}$$

例 2.5 坡度阻力的计算

若一辆重 907.2 kg 的小汽车以 60 km/h 的速度行驶在坡度为 6.4%的上坡道路上，试确定该车所受坡度阻力。

解： 由题目可知 $G=0.064$，则

$$R_g = WG = 907.2\times 9.8\times 0.064\ \text{N} = 569.0\ \text{N}$$

对于一定比功率的车辆，其在坡道上的加速过程所需要的距离直接取决于坡度的大小。上坡时，坡度越大，加速距离越长。图 2.4 给出了比功率为 8 kW/t 的货车在不同坡度（−5%～8%）的道路上加速过程的速度-距离曲线。只有在坡度小于 5.5%的情况下，该类货车才能够加速到 40 km/h 以上。

对于爬坡能力较差的货车，在上陡坡时还会有一定程度的降速。因此在竖曲线设计过程中通常需要限制道路的坡度与长度，使货车在爬坡过程中不出现大幅降速。图 2.5 给出了比功率为 8 kW/t 的货车在爬坡（坡度 0～9%）过程中的速度-距离曲线。读图可知，若该类货车以 110 km/h 的速度驶入坡度为 6%的上坡道路，行驶约 750 m 后，速度会降为 60 km/h；若以 60 km/h 的速度驶入该路段，行驶约 250 m 后，速度会降为 45 km/h。

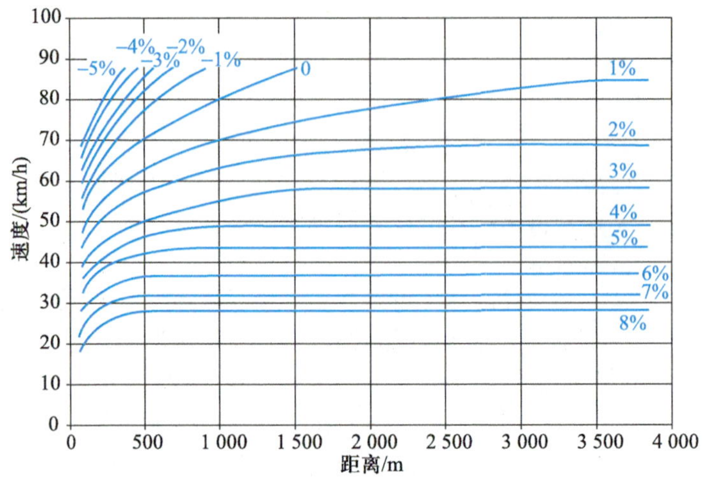

图 2.4　比功率 8 kW/t 货车坡道加速的速度-距离曲线

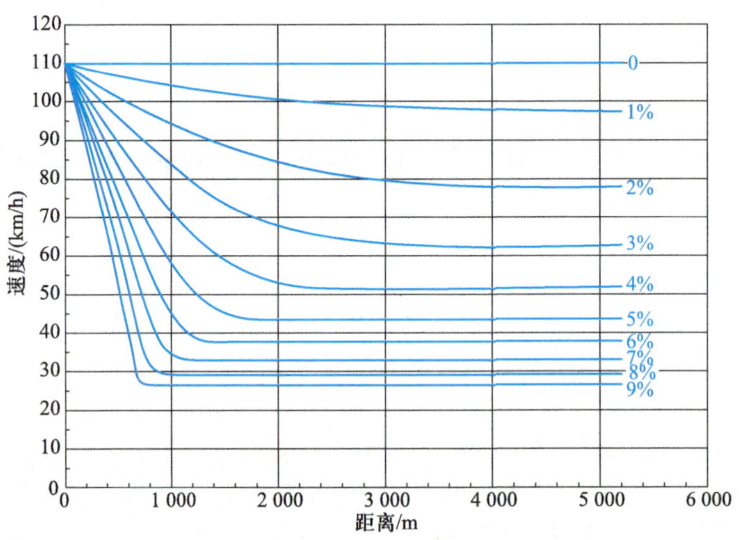

图 2.5　比功率 8 kW/t 的货车爬坡过程的速度-距离曲线

例 2.6　爬坡距离计算

一辆比功率 8 kW/t 的货车以 100 km/h 的速度驶入坡度为 3%的上坡道路，经过 800 m 后速度为多少？

解： 查图 2.5 可知，坡度为 3%的上坡道路，速度为 100 km/h 时距离为 400 m，行驶 800 m 后，到达 1 200 m 处，速度为 80 km/h。

2.6.3.3 滚动阻力

车辆运行过程中还受到滚动摩擦阻力（简称滚动阻力）影响。该阻力来源于车辆运动部件的摩擦效应，也包括路面和轮胎之间的相互作用，其中最主要的来源是克服轮胎形变所需的力（大概占滚动阻力的 90%）。影响滚动阻力的因素包括路面的硬度与状态，轮胎的胎压与温度，以及车速。由于影响因素较多，工程上经常使用一种简化的方法来计算，即认为滚动阻力等于车重乘以滚动摩擦系数：

$$R_{rl}=f_{rl}W \tag{2.5}$$

式中：R_{rl}——滚动阻力（N）；

f_{rl}——滚动摩擦系数；

W——车辆总重（N）。

滚动摩擦系数 f_{rl} 由公式（2.6）确定。

$$f_{rl}=0.01\left(1+\frac{v}{44.73}\right) \tag{2.6}$$

式中：v——车辆速度（m/s）。

2.6.3.4 车辆牵引力

除上文介绍的各项阻力外，车辆在实际运行过程中还受到牵引力的作用。车辆牵引力由发动机产生，用于克服阻力与车辆加速，其大小为车辆发动机提供的牵引力与道路和轮胎接触面能提供的最大前进力二者的较小值，见公式（2.7）。如果发动机牵引力大于道路与轮胎接触面提供的前进力，前者多出来的力将造成轮胎打滑，并不能用于克服阻力或车辆加速。

$$F=\min(F_{e},F_{max}) \tag{2.7}$$

式中：F_{e}——车辆发动机提供的牵引力；

F_{max}——道路和轮胎接触面能提供的最大前进力。

车辆牵引力可以用于确定车辆的性能，包括加速度和最高速度。在计算车辆加速度的过程中，以质量系数 γ_{m} 描述在车辆加速过程中必须克服的车轮等旋转部件的转动惯量。加速度可由下式计算：

$$F-\sum R=\gamma_{m}ma \tag{2.8}$$

式中：m——车辆质量（kg）；

a——车辆加速度（m/s^2）；

$\sum R$——各类阻力之和，包括空气阻力、坡道阻力、滚动阻力（N）；

γ_{m}——质量系数，可由下式近似计算：

$$\gamma_{m}=1.04+0.0025\varepsilon_{0}^{2} \tag{2.9}$$

式中：ε_{0}——齿轮减速比。

例 2.7　车辆加速度的计算

一辆汽车以 45 km/h 的速度行驶在平直道路上，$C_D=0.3$，$A_f=1.9\ m^2$，$m=1\ 360$ kg。空气密度为 1.01 kg/m³。汽车牵引力为 8 000 N，齿轮总减速比为 4.5∶1。如果驾驶员需要快速加速以避免事故，试求当前状态下的最大加速度。

解： 利用公式（2.2）计算空气阻力：

$$v=45\ km/h=12.5\ m/s$$

$$R_a=\frac{\rho}{2}C_DA_fv^2=\frac{1.01}{2}\times0.3\times1.9\times12.5^2\ N=45.0\ N$$

利用公式（2.5）、(2.6) 计算滚动阻力：

$$R_{rl}=f_{rl}W=0.01\left(1+\frac{v}{44.73}\right)W=0.01\times\left(1+\frac{12.5}{44.73}\right)\times1\ 360\times9.8\ N=170.5\ N$$

利用公式（2.8）、(2.9) 计算最大加速度：

$$\gamma_m=1.04+0.002\ 5\varepsilon_0^2=1.04+0.002\ 5\times4.5^2=1.1$$

$$a=\frac{F-\sum R}{\gamma_m m}=\frac{8\ 000-45.0-170.5}{1.1\times1\ 360}\ m/s^2=5.2\ m/s^2$$

2.6.3.5　车辆刹车距离与停车距离

车辆的刹车性能是车辆特性中的重要因素之一。行驶中车辆的刹车距离在停车视距计算、道路设计、车辆辅助驾驶系统中起到了决定性的影响。下面介绍车辆刹车过程中的动力学原理和刹车距离的计算方法。

刹车过程中车辆的受力分析如图 2.6 所示。假定一辆车以 v 为初速度在某下坡路段行驶。

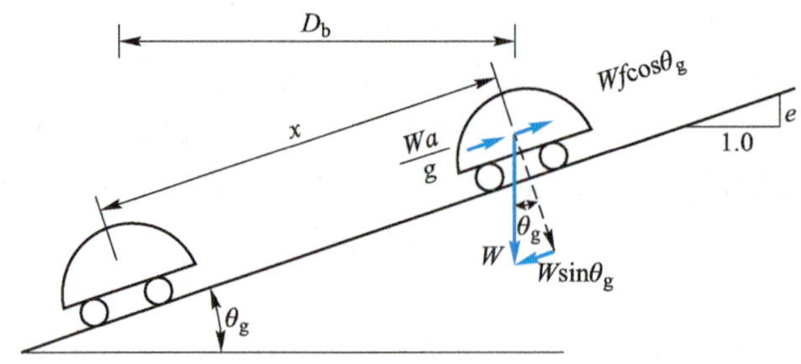

图 2.6　车辆下坡制动时的受力分析图

图中：W——车辆总重（N）；

f——车辆轮胎与路面间的摩擦系数，通常取 0.35；

g——重力加速度，取 9.8 m/s²；

a——刹车过程中车辆加速度绝对值（m/s^2）；

v——车辆初速度（m/s）；

D_b——刹车距离（m）；

θ_g——坡面角度；

G——路段坡度，$G=\tan\theta_g$；

x——刹车过程中，车辆在路上行驶的距离（m）。

需要注意的是，这里刹车距离是指水平距离D_b，而非车辆实际行驶的距离 x，在坡面角度较小的情况下二者差异不大。

在平行于路面方向做受力分析。易知刹车过程车辆受到的摩擦力为 $Wf\cos\theta_g$，方向平行于路面向上；用于车辆减速的力为 Wa/g，方向平行于路面向上；车辆重力在水平方向的分量为 $W\sin\theta_g$，方向平行于路面向下。由受力平衡可知：

$$Wf\cos\theta_g-W\sin\theta_g=\frac{Wa}{g} \tag{2.10}$$

假设刹车过程为匀减速，车辆减速至停止过程中的加速度可表示为，$a=V^2/2x$。因此公式（2.10）可写为：

$$Wf\cos\theta_g-W\sin\theta_g=\frac{Wv^2}{2gx} \tag{2.11}$$

由于 $D_b=x\cos\theta_g$，上式可推出：

$$\frac{Wv^2}{2gD_b}\cos\theta_g=Wf\cos\theta_g-W\sin\theta_g$$

$$\frac{v^2}{2gD_b}=f-\tan\theta_g$$

$$D_b=\frac{v^2}{2g(f-\tan\theta_g)}$$

$$D_b=\frac{v^2}{2g(f-G)} \tag{2.12}$$

相似地可以推导车辆在上坡时刹车距离的计算公式如下：

$$D_b=\frac{v^2}{2g(f+G)} \tag{2.13}$$

因此，刹车距离的一般公式可以写成：

$$D_b=\frac{v^2}{2g(f\pm G)} \tag{2.14}$$

其中，车辆上坡时式（2.14）取加号，车辆下坡时取减号。

一般我们习惯于将摩擦系数表示为 a/g。AASHTO 建议在设计道路时使用 3.4 m/s^2 的减速度，因为对于大多数司机来说这是一个舒适的减速度，同时也是在大多数路况下各类车辆能够安全刹车的减速度。与该减速度对应的摩擦系数为 $f=3.4/9.8=0.35$。许多研究表明，大多数司机在需要停车时，减速度都超过了该设计值。

同样，对于速度由 v_1 减至 v_2 所驶过的水平距离可由下式计算：

$$D_b=\frac{v_1^2-v_2^2}{2g(f\pm G)} \tag{2.15}$$

值得注意的是，从驾驶员发现道路前方障碍物开始，到车辆最终停止所驶过的距离不仅只包含**刹车距离**，还应包含在感知-反应时间内所驶过的距离。二者之和被称作**停车视距**（Stopping Sight Distance，用 SSD 表示），单位为 m，由下式表示。

$$SSD=vt+\frac{v^2}{2g(f\pm G)} \tag{2.16}$$

其中，公式右端的第一部分为感知-反应时间 t 内车辆驶过的距离。

例 2.8　确定制动距离

两名驾驶员 A、B 的感知-反应时间均为 2.5 s，其中 A 以 90 km/h 的速度行驶，B 以 110 km/h 的速度行驶。试问（1）当两驾驶员感知-反应到需要停车时车辆分别行驶了多长的距离；（2）两名驾驶员的停车距离分别是多少？（计算车辆实际行驶距离并且假设 $G=-2.5\%$。）

解：（1）反应时间内 A、B 车辆通过距离

$$90\ \text{km/h}=\frac{90\times 1\ 000\ \text{m}}{3\ 600\ \text{s}}=25\ \text{m/s}$$

$$110\ \text{km/h}=\frac{110\times 1\ 000\ \text{m}}{3\ 600\ \text{s}}=30.56\ \text{m/s}$$

$$D_A=v_At=25\times 2.5\ \text{m}=62.5\ \text{m}$$

$$D_B=v_Bt=30.56\times 2.5\ \text{m}=76.39\ \text{m}$$

（2）利用公式（2.15）确定 A、B 车辆下坡的制动距离

将 $a=3.4\ \text{m/s}^2$，$g=9.8\ \text{m/s}^2$ 代入：

$$f=\frac{a}{g}=\frac{3.4}{9.8}=0.35$$

$$D_{bA}=\frac{v^2}{2g(f\pm G)}=\frac{25^2}{2\times 9.8\times(0.35-0.025)}\ \text{m}=98.12\ \text{m}$$

$$D_{bB}=\frac{v^2}{2g(f\pm G)}=\frac{30.56^2}{2\times 9.8\times(0.35-0.025)}\ \text{m}=146.61\ \text{m}$$

利用公式（2.16）确定 A、B 车辆下坡的停车距离

$$SSD_A = D_A + D_{bA} = (62.5+98.12)\text{ m} = 160.62\text{ m}$$

$$SSD_B = D_B + D_{bB} = (76.39+146.61)\text{ m} = 223.0\text{ m}$$

2.6.3.6 车辆高速转弯

车辆在转弯时会受离心力作用，该作用力在车辆高速转弯时容易造成车辆的侧翻，因此是不可忽略的因素。为了克服离心力的影响，高速转弯道路会向其曲率中心倾斜，该斜率通常被称之为**超高（Superelevation）**。高速转弯过程中车辆的受力分析如图 2.7 所示。

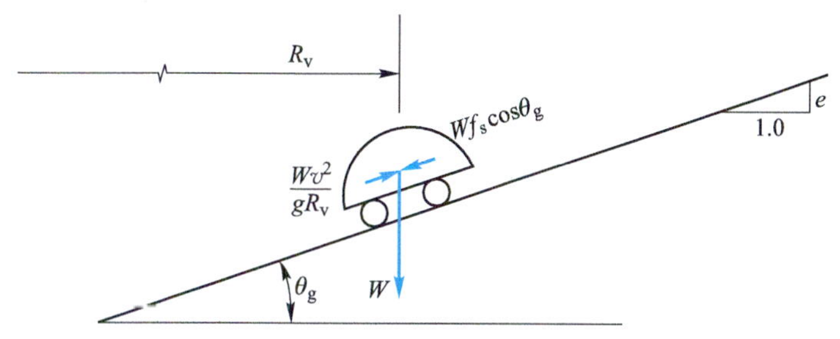

图 2.7 车辆高速转弯过程受力分析图

假定一辆车以速度 v 沿某弯道行驶。

图中：W——车辆总重（N）；

f_s——车辆轮胎与路面间的侧向摩擦系数；

g——重力加速度，取 9.8 m/s；

R_v——转弯车辆驶过的曲线半径（m）；

v——车辆转弯速度（m/s）；

θ_g——道路横向坡面角度；

e——超高，$e=\tan\theta_g$。

在平行于坡面方向做受力分析。该情况下车辆离心力沿坡面方向的分量为$\frac{Wv^2}{gR_v}\cos\theta_g$，该分量是由车重沿坡面方向的分量 $W\sin\theta_g$，以及道路与轮胎间的侧向摩擦力$f_s\left(W\cos\theta_g+\frac{Wv^2}{gR_v}\sin\theta_g\right)$共同克服。由受力平衡可知：

$$\frac{Wv^2}{gR_v}\cos\theta_g = W\sin\theta_g + f_s\left(W\cos\theta_g + \frac{Wv^2}{gR_v}\sin\theta_g\right) \tag{2.17}$$

上式左右两侧同时除以 $W\cos\theta_g$，可推得

$$\tan\theta_g + f_s = \frac{v^2}{gR_v}(1-f_s\tan\theta_g) \tag{2.18}$$

式中$f_s\tan\theta_g$通常为较小值，可以忽略。则上式可简化为：

$$R_v=\frac{v^2}{g(f_s+e)} \tag{2.19}$$

公式（2.19）表明，在给定速度的情况下，想要尽可能减小曲线半径R_v，可通过增大超高e和摩擦系数f_s实现。工程中，对于e或f_s的最大取值是有规定的。对此，我们将在3.2.3.1小节进行详细介绍。

例2.9　公路水平曲线的半径

现有一公路的设计速度为120 km/h，其中一段水平曲线的超高为8.0%且车辆轮胎与路面间的侧向摩擦系数为0.1。试求在保证行驶安全条件下的曲线最小半径。

解： 利用公式（2.19）确定曲线最小半径：

$$120\ \text{km/h}=33.3\ \text{m/s}$$

$$R_v=\frac{v^2}{g(f_s+e)}=\frac{33.3^2}{9.8\times(0.1+0.08)}\ \text{m}=629.88\ \text{m}$$

第二章
习题解答

习　题

2.1　观测距离为5 m的视力表，标准视力对应的字母高度应为多少？

2.2　一个感知反应时间为2.5 s的司机以104 km/h的速度开车行驶，发现前面的道路出现事故。假设在2.5 s的感知-反应时间内，车辆将继续以104 km/h的速度移动。试确定车辆在驾驶员刹车前移动的距离。

2.3　一多车道的高速公路的设计速度为120 km/h，试确定：

（1）水平道路最小停车视距；

（2）坡度为3%的上坡路段的最小停车视距。

2.4　一名驾驶员在高速公路上以88 km/h的速度行驶在坡度为5%的下坡路段，观察到前面发生了一起撞车事故，一辆翻倒的卡车完全挡住了道路。假设感知-反应时间为2.5 s。如果驾驶员能够在离翻倒的卡车9 m的地方停下来，那么当他第一次观察到事故时，他与卡车的距离是多少？

2.5　在高速公路上以104 km/h的速度行驶的司机打算以56 km/h的最高时速进入出口匝道离开高速公路。假设该段高速公路为下坡，坡度为3%。为了让车辆刚进入匝道时降低至允许的最大速度，试确定在进入匝道前，司机应该在高速公路上的哪个位置踩刹车。

2.6 由于桥梁上正在进行重大维修，限速为 100 km/h，坡度为+4%的高速公路被迫临时改道。临时道路上的限速为 40 km/h。假设感知-反应时间为 2.5 s，司机可以看到 10 m 外的标志信息。试确定用于提醒驾驶员改道的警示标志离改道处的最小距离。

2.7 一辆客车以 104 km/h 的速度在 5%坡度的直线上坡路段上行驶。假设汽车的质量是 1 800 kg，前端横断面积是 3.72 m^2，空气阻力系数为 0.4，空气密度为 1.054 kg/m^3。试确定客车行驶过程中受到的阻力。

2.8 一辆重 1 000 kg 的汽车以 110 km/h 的速度在海拔为 1 500 m 的平直道路上行驶。假设 $\rho = 1.054\ kg/m^3$，$C_D = 0.4$，$A_f = 1.9\ m^2$，牵引力 $F = 1\ 300\ N$。试求该汽车在保持行驶速度不变的情况下能够攀爬的最大坡度。

2.9 试确定设计速度为 100 km/h、超高为 8%的水平曲线的最小半径。假设车辆轮胎与路面间的侧向摩擦系数为 0.1。

2.10 公路某一水平曲线超高为 5%，半径仅为 290 m，试确定该曲线段的最大安全车速。假设车辆轮胎与路面间的侧向摩擦系数为 0.1。

2.11 某高速公路路段限速为 100 km/h，研究表明，目前的第 85%车速为 120 km/h。如果要将目前的限速提高到第 85%车速，那么曲线半径需要增加多少？假设车辆轮胎与路面间的侧向摩擦系数为 0.1，曲线超高为 8%。

参考文献

[1] ROESS R P, PRASSAS E S, MCSHANE W R. Traffic Engineering [M]. 4th ed. New York: Pearson/Prentice Hall, 2011.

[2] MANNERING F L, WASHBURN S S. Principles of Highway Engineering and Traffic Analysis [M]. 5th ed. New Jersey: John Wiley & Sons, 2013.

[3] GARBER N J, HOEL L A. Traffic and Highway Engineering [M]. 5th ed. Boston: Cengage Learning Int, 2014.

[4] Transportation Officials. A Policy on Geometric Design of Highways and Streets [M]. Washington D. C.: AASHTO, 2011.

[5] 中华人民共和国交通运输部．公路路线设计规范：JTG D20—2017 [S]. 北京：人民交通出版社，2017.

[6] 中华人民共和国住房和城乡建设部．城市道路工程设计规范：

CJJ37—2012［S］. 北京：中国建筑工业出版社，2012.

［7］中华人民共和国国家质量监督检验检疫总局．汽车、挂车及汽车列车外廓尺寸、轴荷及质量限值：GB 1589—2016［S］. 北京：中国标准出版社，2016.

［8］中华人民共和国国家质量监督检验检疫总局．机动车辆及挂车分类：GB/T 15089—2001［S］. 北京：中国标准出版社，2001.

［9］中华人民共和国住房和城乡建设部．城市道路交叉口设计规程：CJJ 152—2010［S］. 北京：中国建筑工业出版社，2010.

［10］中华人民共和国住房和城乡建设部．车库建筑设计规范：JGJ 100—2015［S］. 北京：中国建筑工业出版社，2015.

［11］中华人民共和国交通运输部．公路工程技术标准：JTG B01—2014［S］. 北京：人民交通出版社，2014.

［12］SUN Z，BAN X. Vehicle Classification Using GPS Data［J］. Transportation Research Part C：Emerging Technologies，2013，37：102-117.

第三章

道路和道路的几何特性

课件 3

在第二章介绍了驾驶员与车辆特性之后，本章学习道路特性与道路设计的核心内容。道路设计需要对特定的设计元素作出决定，通常包括车道数、车道宽度、立体交叉道路的净空要求、中央隔离带形式和宽度、匝道的加速和减速车道长度、是否需要载重车辆专用爬坡车道、机动车转弯的曲线半径、高速弯道的超高、提供合适的停车视距和超车视距的线形。这些设计元素大多受驾驶员特性尤其是车辆特性的影响。例如，车辆的物理尺寸直接影响车道宽度、立体交叉道路净空及道路转弯半径的设计（低速转弯）。又比如，机动车的加减速特性对加速、减速车道的设计有直接的影响（车道长度需保证交通车流能安全、有序的通过）；公路的线形需要保证合适的超车和停车视距；高速弯道的设计应该考虑车辆的转弯特性；由于大型卡车的爬坡能力较弱，在某些情况下应该为货车设置单独的爬坡车道。

合理地确定道路设计元素通常是一个复杂的过程，由于设计元素和需要考虑的因素众多，对每一设计元素的详细讨论已超出了本书范围，感兴趣的读者可以参考我国的《公路工程技术标准》（JTG B01—2014）和《城市道路工程设计规范》（CJJ 37—2012）以及美国 AASHTO 的 *A Policy on Geometric Design of Highways and Streets* 一书。值得注意的是，上述的标准和规范，虽然随着机动车特性的变化而不同，但其中的基本原理是不变的。

本章着重介绍道路线形设计的基本原理，包括纵断面与水平断面设计、组合线形设计、横断面设计等道路几何设计中的核心内容。

3.1　道路的功能与分类

根据道路的使用目的和功能的不同，我国对公路和城市道路均有明确的等级划分与设计、建设标准。其中公路是指连接各城市、城市和乡村、乡村和厂矿地区的道路。城市道路是指在城市范围内具有一定技术条件和设施的道路。

3.1.1　公路分级及功能

按照《公路工程技术标准》(JTG B01—2014)，根据功能和交通量，公路分为以下 5 个等级：

① 高速公路为专供汽车分方向、分车道行驶，全部控制出入的多车道公路。高速公路的年平均日设计交通量宜在 15 000 辆标准车[①]以上。

② 一级公路为专供汽车分方向、分车道行驶，可根据需要控制出入的多车道公路。一级公路的年平均日设计交通量宜在 15 000 辆标准车以上。

③ 二级公路为供汽车行驶的双车道公路。二级公路的年平均日设计交通量宜为 5 000~15 000 辆标准车。

④ 三级公路为供汽车、非汽车交通混合行驶的双车道公路。三级公路的年平均日设计交通量宜为 2 000~6 000 辆标准车。

⑤ 四级公路为供汽车、非汽车交通混合行驶的双车道或单车道公路。双车道四级公路年平均日设计交通量宜在 2 000 辆标准车以下；单车道四级公路年平均日设计交通量宜在 400 辆标准车以下。

3.1.2　城市道路分级及功能

《城市道路工程设计规范》（CJJ 152—2010）将城市道路根据道路在道路网中的地位、交通功能以及对沿线的服务功能等，分为快速路、主干路、次干路和支路四个等级：

① 快速路应中央分隔、全部控制出入、控制出入口间距及形式，应实现交通连续通行，单向设置应不少于两条车道，并应设有配套的交通安全与管理设置。设计速度为 60~100 km/h。

② 主干路应连接城市各主要分区，应以交通功能为主。设计速度为 40~60 km/h。

---

① 我国交通量换算采用小客车为标准车。

③ 次干路应与主干路相结合组成干线网，应以集散交通的功能为主，兼具服务功能。设计速度为 30~50 km/h。

④ 支路宜与次干路和居住区、工业区、交通设施等内部道路相连接，应以解决局部地区交通及服务功能为主。设计速度为 20~40 km/h。

3.2 道路线形设计

道路的线形设计是一个三维问题。图 3.1 从驾驶者的视角进行了图解示意。工程中通常将该问题简化为两个二维线形设计问题，如图 3.2 所示。

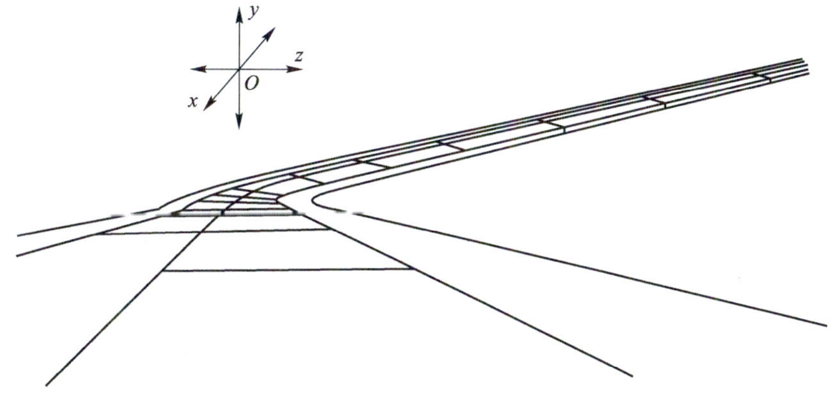

图 3.1 三维公路线形

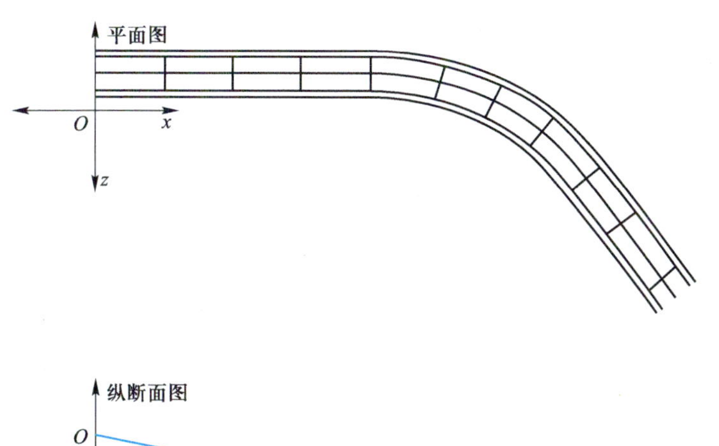

图 3.2 二维视角的公路线形

第一个线形问题是由 x 轴与 y 轴坐标系所描述的纵断面图，另一个线形问题是由 x 轴和 z 轴坐标系所描述的平面图。图 3.2 中，公路的水平线形是从平面图的视角来观察的，大体上相当于公路的一张航拍图。纵断面线形是从剖面的视角，沿着公路的长度方向给出所有点的标高（即沿着长度方向测量出持续的标高值）。本小节将就这两个二维线形设计问题分别进行讨论。

3.2.1　纵断面线形设计

纵断面线形决定了沿公路线方向道路的标高，而道路标高的设计通常需要满足车内人员的安全、舒适以及排水的要求。下面重点学习纵断面线形设计的主要问题，即通过竖曲线完成道路两点之间的衔接。

竖曲线可以分为凸形竖曲线和凹形竖曲线，如图 3.3 所示。在图 3.3 中，竖曲线的起点为 *PVC*（Point of Vertical Curve），其切线方向对应的坡度为 $+G_1$（+表示是正坡度，G_1 为坡度绝对值），即起始坡度；终点为 *PVT*（Point of Vertical Tangent），其切线方向对应的坡度为 $-G_2$，即终点坡度。两条切线相交于 *PVI*（Point of Vertical Intersection）。本节中所讨论的竖曲线均假定 *PVC* 到 *PVI* 的水平距离是 $L/2$，即 *PVI* 点前后的曲线的水平长度分别占竖曲线长度的一半，满足该规则的曲线也被称为等切线竖曲线。道路设计中大多数竖曲线都是等切线竖曲线。

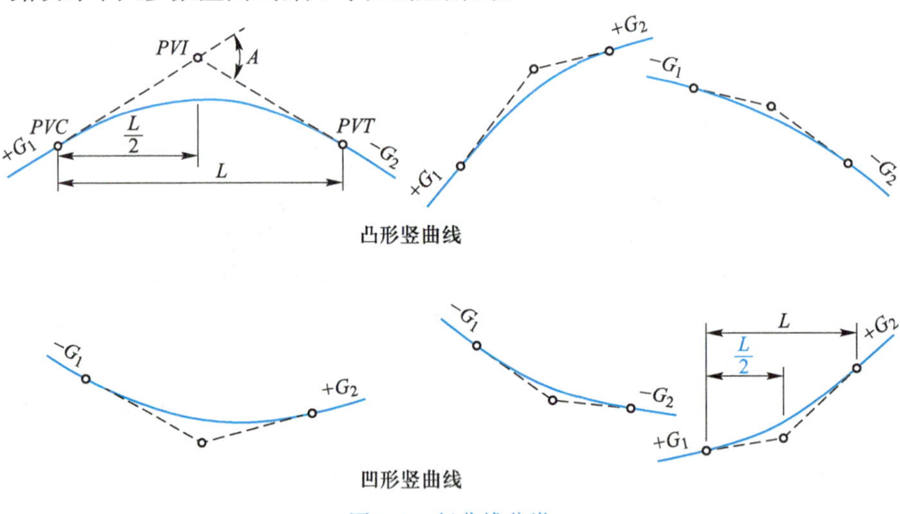

图 3.3　竖曲线分类

图中：G_1——道路起始坡度；

G_2——道路终点坡度；

A——坡度差的绝对值（起始坡度减去终点坡度）；

L——竖曲线沿水平方向的长度（m）；

PVC——竖曲线起始点；

PVI——竖曲线起始点切线与终点切线的交叉点；

PVT——竖曲线终点。

对于图 3.3 所示的竖曲线，若令 x 轴为沿公路的水平方向（里程），y 轴为路面高度方向（标高）。则该竖曲线可用公式（3.1）中的抛物线函数描述。值得注意的是，在 PVC 点处，认为 $x=0$，因此参数 c 是 PVC 点的标高。

$$y=ax^2+bx+c \tag{3.1}$$

式中：y——距离竖曲线的起点（PVC）距离为 x 的点的标高（m）；

x——距离竖曲线的起点（PVC）的距离（m）；

a，b——抛物线参数；

c——PVC 点的标高（m）。

为定义参数 a 和 b，讨论上式的一阶导数，即该竖曲线的斜率：

$$\frac{\mathrm{d}y}{\mathrm{d}x}=2ax+b \tag{3.2}$$

在 PVC 处，$x=0$，因此，易知：

$$b=\frac{\mathrm{d}y}{\mathrm{d}x}=G_1 \tag{3.3}$$

这里 G_1 即是图 3.3 中定义的起始坡度。另外注意公式（3.1）的二阶导数是斜率的变化速率，如下：

$$\frac{\mathrm{d}^2y}{\mathrm{d}x^2}=2a \tag{3.4}$$

通过观察图 3.3 可知，该速率即是坡度的平均变化速率：

$$\frac{\mathrm{d}^2y}{\mathrm{d}x^2}=\frac{G_2-G_1}{L} \tag{3.5}$$

结合等式（3.4）和等式（3.5），可得出：

$$a=\frac{G_2-G_1}{2L} \tag{3.6}$$

现在讨论竖曲线的一些其他重要性质，这些性质在竖曲线的设计与施工过程中有十分重要的应用。首先介绍竖曲线的偏移量。如图 3.4 所示，竖曲线的偏移量是指起点切线方向上某点与其所对应的竖曲线上水平距离相等的点的标高之差，记为 Y。易证该偏移量 Y 与水平距离 x 的关系可由下式描述：

$$Y=\frac{A}{2L}x^2 \tag{3.7}$$

式中：A——坡度差的绝对值，即 $|G_1-G_2|$。

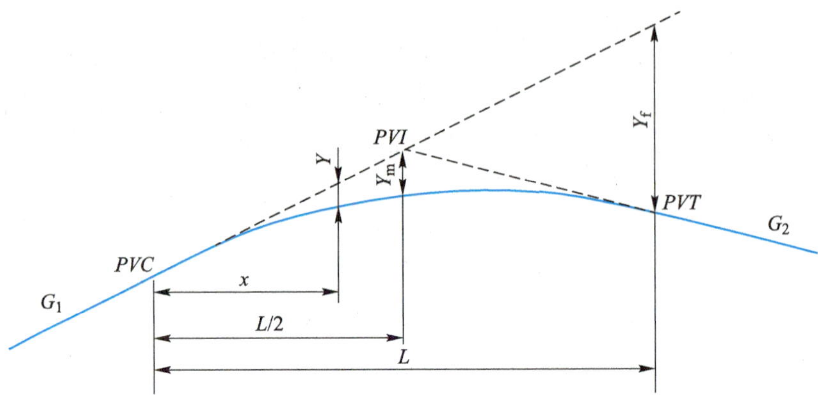

图 3.4　等切线竖曲线的偏移量

图中：Y——距离 PVC 点水平距离为 x 的点对应的偏移量（m）；

Y_m——曲线中点的偏移量（m）；

Y_f——曲线终点的偏移量（m）。

通过图 3.4 易知，曲线中点处偏移量为 Y_m，可通过公式（3.8）计算。曲线终点处偏移量为 Y_f，计算方法见公式（3.9）。

$$Y_m=\frac{AL}{8} \tag{3.8}$$

$$Y_f=\frac{AL}{2} \tag{3.9}$$

竖曲线的另一个重要的性质是道路坡度每变化 1 所对应的水平距离，定义为 K，单位为 m，见公式（3.10）。K 值表征了竖曲线平均曲率的倒数。

$$K=\frac{L}{A} \tag{3.10}$$

K 值的重要应用是用来计算凸曲线和凹曲线中最高点和最低点的位置。该算法的前提是竖曲线的起始坡度与终点坡度正负号相反（即最高点或最低点不会在 PVC 点或 PVT 点上）。由于曲线最高点或最低点对应 $dy/dx=0$，可推出下式：

$$x_{hl}=K|G_1| \tag{3.11}$$

式中：x_{hl}——PVC 点到竖曲线最高/低点的水平距离，单位为 m。

例 3.1　竖曲线里程和标高计算

一个等切凹形竖曲线长 600 m，起点 PVC 点里程为 0 m，标高为 1 000 m。起始坡度 G_1 为 -0.035，终点坡度 G_2 为 +0.005。计算该竖曲线的 PVI 点、PVT 点及最低点的里程和标高。

解： 因为是等切线竖曲线，PVI 点距 PVC 点的水平距离应为竖曲线长度的一半，即 600/2 m = 300 m，PVT 点距 PVC 点的水平距离为 600 m，因此：

$$PVI\ 点里程为：0+300\ \text{m}=300\ \text{m}$$

$$PVT\ 点里程为：0+600\ \text{m}=600\ \text{m}$$

已知 PVC 点的标高为 1 000 m，故 PVI 点的标高为

$$H_{PVI}=1\ 000\ \text{m}-0.035\times300\ \text{m}=989.5\ \text{m}$$

以此类推，PVT 点的标高可由 PVI 点得到：

$$H_{PVT}=989.5\ \text{m}+0.005\times300\ \text{m}=991.0\ \text{m}$$

竖曲线上最高/低点的里程应在抛物线方程［等式（3.1）］的一阶导数为 0 处，但前提是曲线起始坡度与终点坡度正负号相反，即最高点或最低点不在 PVC 或 PVT 点上。例如一条起始坡度为 -0.002，终点坡度为 -0.001的竖曲线，其抛物线的一阶导数在 $[PVC,PVT]$ 区间里不会出现零点，因此不能用该方法求得最高/低点里程。本算例中起始坡度与终点坡度的正负号相反，因此可以使用该方法，利用式（3.11），得

$$x_{hl}=K\,|G_1|=\frac{L}{A}\,|G_1|=\frac{600\times0.035}{0.005+0.035}\ \text{m}=525\ \text{m}$$

$$X_l\approx525.5\ \text{m}$$

所以最低点距 PVC 点的水平距离为 525.5 m，里程为：0+525.5 m = 525.5 m。

利用式（3.3）和式（3.6）得：

$$b=G_1=-0.035$$

$$a=\frac{G_2-G_1}{2L}=\frac{0.005-(-0.035)}{2\times600}=0.000\ 033\ 33$$

$$c=1\ 000\ \text{m}$$

将参数 a，b，c（PVC 点标高，即 1 000 m）以及 x_{hl} 值代入式（3.1），得最低点标高：

$$\begin{aligned}H_l&=ax^2+bx+c\\&=0.000\ 033\ 33\times(525.5)^2\ \text{m}+(-0.035)\times525.5\ \text{m}+1\ 000\ \text{m}\approx990.81\ \text{m}\end{aligned}$$

在竖曲线设计中会经常需要设计一条曲线通过某个确定标高的点。例如设计一条公路与另外一条公路相交（称为平交），或者让设计的公路以特定的标高上跨或下穿另外一条道路（立交）。下面我们通过例 3.2 来了解这类问题。

例 3.2　设计竖曲线通过某固定点

一条待建等切竖曲线公路的起始坡度 G_1 为 -0.015，终点坡度 G_2 为 $+0.01$。*PVI* 点的里程为 2 000 m，标高是 400 m。由于一条街道下穿过该条公路，该条公路在里程为 2 200 m 处的标高必须为 415 m。设计该曲线。

解： 该公路设计问题是决定需要的曲线长度以确保在 2 200 m 里程处的标高为 415 m。先从式（3.1）开始：

$$y=ax^2+bx+c$$

从式（3.3）可知，

$$b=G_1=-0.015$$

从式（3.6）可知，

$$a=\frac{G_2-G_1}{2L}$$

代入 $G_1=-0.015$ 和 $G_2=+0.01$，得到

$$a=\frac{G_2-G_1}{2L}=\frac{0.01-(-0.015)}{2L}=\frac{0.0125}{L}$$

式（3.1）中 c 值（*PVC* 点的标高）等于 *PVI* 点的标高加上 $|G_1|\times 0.5L$，即

$$c=400+0.015\times\frac{L}{2}=400+0.0075L$$

最后，因为所求点（里程 2 200 m）距 *PVI* 点（里程 2 000 m）水平距离为 200 m，因此式（3.1）中 x 的取值应为 $0.5L+200$。将 b，a，c 和 x 的取值，以及由题干已知的所求点 y 点标高为 415 m 代入式（3.1）中得到

$$415=\frac{0.0125}{L}(0.5L+200)^2+(-0.015)(0.5L+200)+(400+0.0075L)$$

$$0.003125L^2-15.5L+500=0$$

求解上述一元二次方程得：$L_1=32.2\text{ m}$；$L_2=4927.6\text{ m}$，因为所求点 y 与 *PVI* 点间的水平距离为 200 m，大于 L_1，可知 L_1 是非可行解；L_2 满足条件，为唯一可行解，得曲线长度 L 为 4 927.6 m。已知曲线长度 L，则可得

$$PVC\text{ 点标高：}H_{PVC}=c=400\text{ m}+0.015\times\frac{L}{2}=400\text{ m}+36.96\text{ m}=436.96\text{ m}$$

PVC 点里程：2 000 m−4 927.6 m/2 = −463.80 m

PVT 点标高：$H_{PVT}=H_{PVI}+G_2\times\frac{L}{2}=400\text{ m}+0.01\times2\,463.8\text{ m}=424.64\text{ m}$

PVT 点里程：−463.8 m+4 927.6 m=4 463.80 m

所求点距 PVC 点的水平距离：$x=2\,200\text{ m}-(-463.8\text{ m})=2\,663.80\text{ m}$

验证：为检查设计竖曲线在里程为2 200 m处的标高，在这里将 x = 2 663.8 m 代入式（3.1）：

$$y=\left(\frac{0.012\,5}{4\,927.6}\times2\,663.8^2-0.015\times2\,663.8+400+36.957\right)\text{ m}=415\text{ m}$$

上述结果与题干要求一致，因此上述计算是正确的。

例 3.3　运用偏移量的竖曲线设计

某竖曲线跨过直径为 4 m 的管道，管道中心里程为 420 m，标高为 1 100 m。竖曲线的 PVI 点里程为 335 m，标高为1 108 m。竖曲线为等切竖曲线，长度为 600 m，起始坡度为+0.012，终点坡度为−0.01。使用偏移量计算管道最高点距离曲线表面的深度，并计算曲线最高点的里程。

解：PVC 点里程为：(335−600/2) m=35 m，因此管道距离曲线起始点 PVC 的距离为：(420−35) m=385 m。

PVC 点的标高为

$$H_{PVC}=H_{PVI}-G_1\times\frac{L}{2}=1\,108\text{ m}-0.012\times300\text{ m}=1\,104.4\text{ m}$$

由此得管道上方线的标高为

$$H_{管切}=H_{PVC}+G_1\times385\text{ m}=1\,104.4\text{ m}+0.012\times385\text{ m}=1\,109.02\text{ m}$$

利用式（3.7）计算管道上距离 PVC 点 385 m 处的偏移值，得

$$Y=\frac{A}{2L}x^2=\frac{|0.012-(-0.01)|}{2\times600}(385)^2\text{ m}\approx2.72\text{ m}$$

因此管道上曲线的标高为

$$H_{管曲}=H_{管切}-Y=1\,109.02\text{ m}-2.72\text{ m}=1\,106.30\text{ m}$$

管道最高点的标高是管道中线标高与管道半径之和，即：(1 100+2) m=1 102 m。所以管道最高点距离曲线表面的深度为：(1 106.3−1 102) m=4.3 m。

为计算曲线最高点的位置，在这里利用式（3.10）计算 K 值：

$$K=\frac{L}{A}=\frac{600}{|0.012-(-0.01)|}\text{ m}=27\,272.73\text{ m}$$

由式（3.11）可知最高点距离 PVC 点的距离为

$$X_h = K\mid G_1\mid = 27\,272.73\times0.012\ \mathrm{m}\approx327.27\ \mathrm{m}$$

所以曲线最高点的里程为：35 m+327.27 m=362.27 m。

例 3.4　运用 *K* 值的竖曲线设计

曲线的起始坡度和终点坡度分别为+0.03 和−0.04，长度为 700 m。PVC 点标高为 100 m。试计算 K 值，绘制曲线标高与曲线斜率随水平距离变化的示意图，并确定曲线的最高点距 PVC 点的水平距离。

解：为绘制出该竖曲线，需要使用式（3.1）的抛物线函数，在这里先确定 a 值和 b 值，分别利用式（3.6）和式（3.3），得

$$a=\frac{-0.04-0.03}{2\times700}=-0.000\,05$$

$$b=G_1=0.03$$

而 PVC 点的标高为 100 m，所以 $c=100$。得该抛物线函数为

$$y=-0.000\,05x^2+0.03x+100$$

绘制出的抛物线如图 3.5 所示。

为绘制出该曲线的斜率，需要使用式（3.10）计算 K 值：

$$K=\frac{L}{A}=\frac{700}{\mid -0.04-0.03\mid}\ \mathrm{m}=10\,000\ \mathrm{m}$$

由此可知坡度每变化 1%时水平距离变化 100 m，对应图 3.5 中的直线。

从 K 值的定义上看，由起终点坡度的正负号可知该曲线是凸曲线。已知起始坡度为 0.03，即 3%，那么根据 K 值可知曲线上距离 PVC 点 300 m 处的坡度降为 0，即曲线最高点距 PVC 点的水平距离为 300 m。

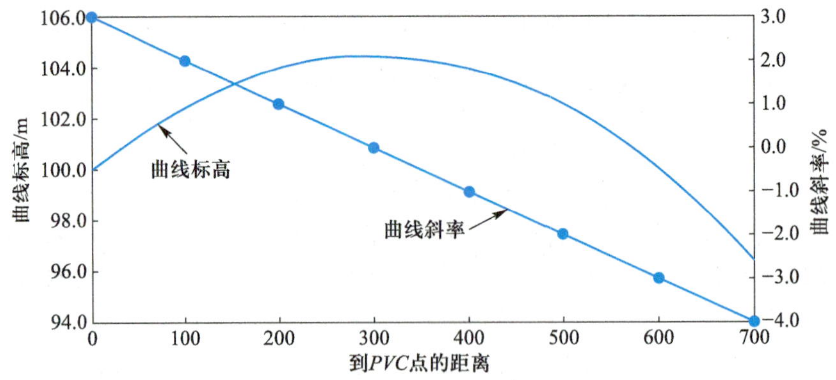

图 3.5　例题 3.4 中竖曲线斜率图及竖曲线剖视图

3.2.2 安全视距与竖曲线设计

道路建设通常伴随着大量土石方的搬运，成本很高。因此对设计者而言，主要的目标是用最小的建设费用（经常是使竖曲线的长度越短越好）并达到合适的安全水平，比如保证驾驶者有充足的视距满足安全停车的要求，以免发生碰撞。有时，竖曲线的设计也应满足道路排水的相关规定。对此，本书中不做过多讨论。

3.2.2.1 停车视距

竖曲线设计过程中需要满足停车视距的要求。本书第二章介绍了停车视距的计算方法，见公式（3.12）。在第二章我们提到，在道路设计中车辆减速度 f 的建议值为 3.4 m/s^2，t 的建议值为 2.5 s。

$$SSD = vt + \frac{v^2}{2g(f \pm G)} \tag{3.12}$$

式中：SSD——停车视线距离（m）；

v——机动车起始速度（m/s）；

f——刹车过程中车辆加速度（m/s^2）；

g——重力加速度，取值为 9.8 m/s^2；

G——道路坡度（+表示上坡，-表示下坡）；

t——反应时间（s）。

定义道路设计速度为当气候条件良好、交通密度小、汽车运行只受道路本身条件（几何要素、路面、附属设施等）影响时，一般驾驶员能保持安全舒适行驶的最大行驶速度。表 3.1 显示运用公式（3.12）（假设 $G=0$）算出的不同设计速度下的停车视距。

表 3.1 不同设计速度下的停车视距

设计速度/(km/h)	制动反应距离/m	制动距离/m	停车视距/m
20	13.9	4.5	18.4
30	20.8	10.2	31.0
40	27.8	18.2	45.9
50	34.7	28.4	63.1
60	41.7	40.8	82.5
80	55.6	72.6	128.2
100	69.4	113.5	182.9
120	83.3	163.4	246.7

3.2.2.2 停车视距与凸形竖曲线设计

在竖曲线设计过程中需要使竖曲线长度满足停车视距的要求。较长的曲线能够提供更长的停车视距，但建设费用高。较短的曲线长度建设费用少，但由于曲率过大可能无法满足停车视距的要求。所以在道路设计过程中通常要计算满足停车视距的最小曲线长度。下面首先讨论凸形竖曲线（简称凸曲线）的情形。

对于凸曲线，主要需要满足车辆在上坡并临近曲线最高点时的停车视距，见示意图 3.6。这类情形下的最小曲线长度，需满足公式（3.13）或公式（3.14）的规定。式中，L_m 为竖曲线的最小长度；H_1 为驾驶员眼睛距离路面的高度；H_2 为障碍物距离路面高度；单位均为 m。

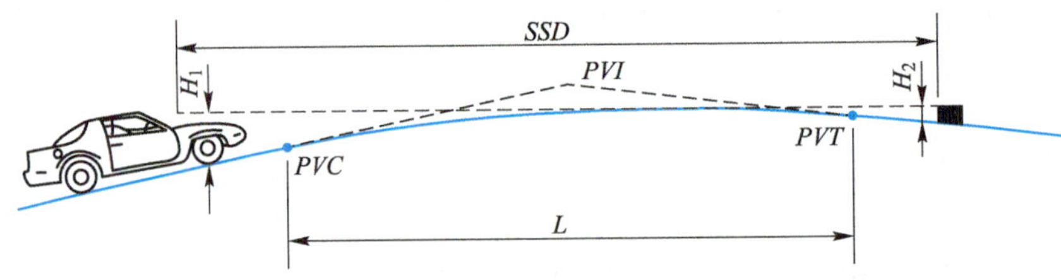

图 3.6 凸形竖曲线停车视距示意图

对于 $SSD \leqslant L$ 的情况，

$$L_m = \frac{A \times SSD^2}{2(\sqrt{H_1}+\sqrt{H_2})^2} \tag{3.13}$$

对于 $SSD > L$ 的情况，

$$L_m = 2SSD - \frac{2(\sqrt{H_1}+\sqrt{H_2})^2}{A} \tag{3.14}$$

美国 AASHTO 建议驾驶员眼睛距离路面的高度 H_1 取 108 cm，道路障碍物高度 H_2 取 60 cm，这样上述公式可以简化为公式（3.15）和公式（3.16）。

对于 $SSD \leqslant L$ 的情况，

$$L_m = \frac{A \times SSD^2}{6.58} \tag{3.15}$$

对于 $SSD > L$ 的情况，

$$L_m = 2SSD - \frac{6.58}{A} \tag{3.16}$$

例 3.5 安全视距与凸曲线设计

某公路设计速度为 100 km/h，其中有一段等切线竖曲线连接+0.02 和

−0.02 的坡度。计算满足停车视距要求的最小曲线长度。

解： 坡度较小故忽略掉坡度的影响（认为 $G=0$），可直接在表格 3.1 中找到设计速度 100 km/h 所对应的停车视距，$SSD=182.9$ m。

保守假设 $L\geqslant SSD$，由公式（3.15）得到

$$L_{\mathrm{m}}=\frac{A\times SSD^2}{6.58}=\frac{0.04\times 182.9^2}{6.58}\ \mathrm{m}=203.4\ \mathrm{m}$$

由于 203.4>182.9，故假设 $L>SSD$ 是正确的。因此，满足停车视距要求的最小曲线长度为 203.4 m。

3.2.2.3 停车视距与凹形竖曲线设计

与凸形竖曲线的情况不同，凹形竖曲线（简称凹曲线）的视距在白天不受限制。在设计中应考虑的是在夜晚被车灯照亮的道路长度需要满足停车视距要求。该情形下的视距是前车灯距离路面的高度（H）和前车灯光线与车身水平面的夹角（β）的函数，见示意图 3.7。

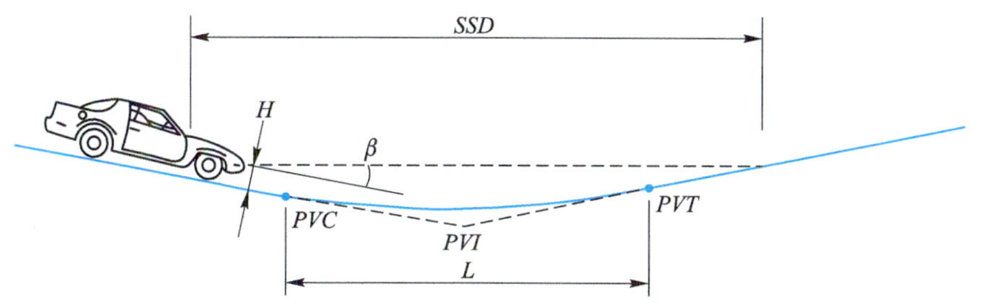

图 3.7 凹形竖曲线停车视距示意图

该情形下的最小曲线长度 L_{m}，需满足公式（3.17）或公式（3.18）的规定。

对于 $SSD\leqslant L$ 的情况，

$$L_{\mathrm{m}}=\frac{A\times SSD^2}{2(H+SSD\tan\beta)} \tag{3.17}$$

对于 $SSD>L$ 的情况，

$$L_{\mathrm{m}}=2SSD-\frac{2(H+SSD\tan\beta)}{A} \tag{3.18}$$

美国 AASHTO 建议使用前车灯高度为 60 cm，车灯夹角 β 为 1°。这样公式（3.17）和公式（3.18）可简化为：

对于 $SSD\leqslant L$ 的情况，

$$L_{\mathrm{m}}=\frac{A\times SSD^2}{1.2+0.035SSD} \tag{3.19}$$

对于 $SSD>L$ 的情况，

$$L_m=2SSD-\frac{1.2+0.035SSD}{A} \tag{3.20}$$

例 3.6　安全视距与凹曲线设计

已知一个等切凹形竖曲线满足最小视距要求，其起始坡度是−0.025，终点坡度为正数，最低点里程是 1 000 m，标高为 82.3 m。曲线 *PVT* 点标高为 82.5 m，曲线设计速度为 60 km/h。计算 *PVC* 点和 *PVI* 点的里程和标高。

解：从表格 3.1 中得到设计速度 60 km/m 的停车视距为 82.5 m，代入公式（3.19）可以求出 L 与 A 的关系，即 K 值：

$$L=\frac{A\times 82.5^2}{1.2+0.035\times 82.5}\text{ m}$$

$$K=\frac{L}{A}=1\,665.14\text{ m}$$

由公式（3.11）可以计算从 *PVC* 点到最低点的距离：

$$x_{hl}=K\times|G_1|=1\,665.14\times|-0.025|\text{ m}=41.63\text{ m}$$

知道最低点的标高（82.3 m）和从 *PVC* 点到最低点的距离（41.63 m），根据公式（3.1）可以计算 *PVC* 点的标高（即公式（3.1）中的 c）：

$$y=ax^2+bx+c$$

从公式（3.3）可知

$$b=G_1=-0.025$$

从公式（3.6）可知

$$a=\frac{G_2-G_1}{2L}$$

已知终点的坡度是正的（G_2 是正数），

$$G_2-G_1=|G_1-G_2|=A$$

根据公式（3.17）中的 $L=KA$，代入公式（3.6）得到

$$a=\frac{G_2-G_1}{2L}=\frac{A}{2KA}=\frac{1}{2K}=\frac{1}{2\times 1\,665.14}=0.000\,3$$

在最低点，$y=82.3$，因此将 $x=41.63$，$a=0.000\,3$ 以及 $b=-0.025$ 代入公式（3.1）中计算 c：

$$82.3=0.000\,3\times 41.63^2+(-0.025)\times 41.63+c$$

得出 $c=82.82$ m，即 *PVC* 点标高。

已知最低点的里程为 1 000 m 以及从 *PVC* 点到最低点距离为 41.63 m，

$$PVC\text{ 点里程}=(1\,000-41.63)\text{ m}=958.37\text{ m}$$

再运用公式（3.1）得到曲线的长度。因为已知 PVT 点的标高为 82.5 m，在公式（3.1）中代入 $y=82.5$，$x=L$，$c=82.82$，得到

$$82.5=0.000\,3L^2+(-0.025)L+82.82$$

得出 $L=67.54$ m。

PVI 点里程为

$$PVI\text{ 点里程}=PVC\text{ 点里程}+L/2$$
$$=958.37\text{ m}+(67.54)\text{ m}/2=992.14\text{ m}$$

最后，计算 PVI 点的标高：

$$PVI\text{ 点标高}=PVC\text{ 点标高}+G_1(L/2)$$
$$=82.82\text{ m}-0.025\times(67.54/2)\text{ m}=81.98\text{ m}$$

3.2.2.4 超车视距与凸形竖曲线设计

除了停车视距以外，在竖曲线设计过程中有时还需满足超车视距的要求，例如在双向两车道（每个方向一条车道）道路设计中这将是一个重要的问题。超车视距通常仅需在凸曲线设计中考虑；对于凹曲线中，向坡上或向坡下看的视距是不受限制的，即使在夜间，道路也会被尾随的机动车或对向机动车的前灯光线照亮。

如 3.2.2.2 节介绍，凸形竖曲线上的最小曲线长度由公式（3.13）和公式（3.14）决定。值得注意的是，在超车过程中不用停车视距 SSD 而使用超车视距 PSD（Passing Sight Distance，用 PSD 表示，单位为 m）。同样设计速度条件下，超车视距要比停车视距大得多。另外，在超车的情形下，公式（3.13）和公式（3.14）中驾驶员眼睛的高度 H_1 取 108 cm，H_2 也取 108 cm。即认为当超车的驾驶员能够看见对向机动车时，对向机动车的驾驶员也可以看见超车的机动车。如此可推得：

对于 $PSD \leqslant L$ 的情况，

$$L_m=\frac{A\times PSD^2}{8.64} \tag{3.21}$$

对于 $PSD>L$ 的情况，

$$L_m=2PSD-\frac{8.64}{A} \tag{3.22}$$

通常可以认为超车视距由 4 部分组成：① 起始机动距离，包含驾驶者的反应时间和机动车从跟随前车到加速驶入对向车道的时间内所驶过的距离；② 超车车辆在对向车道行驶的距离；③ 超车行为结束后在超车车辆和对向机动车之间的净距离；④ 对向机动车在超车车辆占有左侧车道的三分之二时间内行驶的距离。为计算上述距离，需对反应时间，超车过程的

平均加速度，超车车辆、被超车车辆、对向车辆的车速进行假设。我国《公路路线设计规划》（JTG D20—2017）中给出的二级公路、三级公路、四级公路的超车视距规定，如表 3.2 所示。其中，“一般值”为正常情况下的取值；“最小值”为条件受限制时可采用的取值。相较于停车视距，超车视距大幅增加。因此，设计一条满足超车视距的凸曲线通常需要较高的成本。

表 3.2　不同设计速度下的超车视距

设计速度/(km/h)	超车视距/m	
	最小值	一般值
20	70	100
30	100	150
40	150	200
60	250	350
80	350	550

例 3.7　考虑超车视距的竖曲线设计

一个等切线凸形竖曲线长度 320 m 并连接+0.025 和−0.015 的坡度。如果道路设计速度为 80 km/h，这个曲线是否满足超车视距？

解： 从表格 3.2 中得到设计速度为 80 km/h 的超车视距最小值为 350 m，假设满足超车视距，由公式（3.21）计算 L_m：

$$L_m = \frac{|0.04| \times 350^2}{8.64}\text{ m} = 567\text{ m}$$

由于 $L = 320\text{ m} < 567\text{ m}$，因此该竖曲线不满足超车视距。

3.2.2.5　下穿视距和凹形竖曲线设计

上文中已提到，凹形竖曲线设计需满足夜间环境下的停车视距要求。因为停车视距在夜间受限，而在日间环境下，驾驶者可以看见整条凹曲线，其视线不受限制。然而，当凹曲线建在一个上跨结构下方的时候（例如上跨公路或铁路），驾驶者的视线将受影响。因此在该情形下有必要考虑设计对视距的影响，如图 3.8 所示。

该情形下的最小曲线长度 L_m，需满足公式（3.23）与公式（3.24）的要求。

对于 $SSD \leqslant L$ 的情况，

$$L_m = \frac{A \times SSD^2}{8\left(H_c - \frac{H_1 + H_2}{2}\right)} \tag{3.23}$$

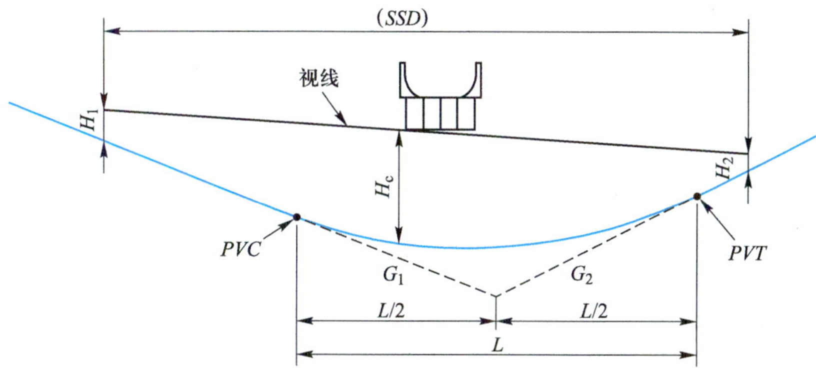

图 3.8 下穿凹曲线停车视距示意图

对于 $SSD>L$ 的情况，

$$L_m=2SSD-\frac{8\left(H_c-\dfrac{H_1+H_2}{2}\right)}{A} \tag{3.24}$$

美国 AASHTO 建议使用货车驾驶员的眼睛高度 H_1 为 2.4 m，车尾灯的高度 H_2 为 0.6 m。则上式可写为：

对于 $SSD\leqslant L$ 的情况，

$$L_m=\frac{A\times SSD^2}{8(H_c-1.5)} \tag{3.25}$$

对于 $SSD>L$ 的情况，

$$L_m=2SSD-\frac{8(H_c-1.5)}{A} \tag{3.26}$$

在工程实践中，会遇到已存在一条凹曲线路段和一座拟建上跨结构跨过该凹曲线的情况。该情况也可通过公式（3.25）与公式（3.26）反推满足停车视距所需的净空高度 H_c。通过该方法计算得出的净空高度，需要和相关的道路设计标准与规范规定的最小净空高度（我国的规范通常取 4.5 m 或 5 m）进行比较，并取两者中的较大值。

例 3.8 下穿凹曲线最小净空计算

一个等切凹曲线起始坡度为-0.04，终点坡度为+0.03，长度为 325 m，设计速度为 100 km/h。一个上跨结构直接跨过曲线上的 *PVI* 点。这个上跨结构的底部需要超过公路多高？

解： 从表格 3.1 中得到设计速度 100 km/h 的停车视距为 182.9 m，曲线长度比需要的停车视距长（325>182.9），根据公式（3.25）：

$$L_m=\frac{A\times SSD^2}{8(H_c-1.5)}$$

代入 $A=0.07$，$SSD=182.9$ m 以及 $L_m=325$ m 得到：

$$\begin{aligned}H_c&=\frac{A\times SSD^2}{8L_m}+1.5\\&=\left(\frac{0.07\times182.9^2}{8\times325}+1.5\right)\text{m}\\&=2.4\text{ m}\end{aligned}$$

尽管满足下穿视距需要的净空高度仅 2.4 m，但根据道路设计规范最小净空高度取 4.5 m。因此，上跨结构的底部距离道路表面（在 *PVI* 点处）至少为 4.5 m。

3.2.3　平面线形设计

道路的平面线形由直线与平曲线组成。直线的几何形态灵活性差，较难适应地形的变化，所以通过平曲线完成直线间的衔接与过渡，是平面线形设计中的重点。平曲线设计中的关键因素是机动车的转弯性能。某些情况下，道路排水的需求也很重要，但不作为本节的重点。

3.2.3.1　车辆高速转弯与平曲线设计

车辆在转弯时会受离心力作用，该作用力在车辆高速转弯时容易造成车辆的侧翻，因此通常是平曲线设计中不可忽略的因素。

在 2.6.3.6 小节中介绍了高速弯道的曲线半径与道路超高及摩擦系数的关系，如下式：

$$R_v=\frac{v^2}{g(f_s+e)}\tag{3.27}$$

若上式中速度 v 单位转换为 km/h，重力加速度 g 取 9.8 m/s^2，则公式（3.27）可改写为

$$R_v=\frac{v^2}{127(f_s+e)}\tag{3.28}$$

上式表明，在给定速度的情况下，想要尽可能减小曲线半径 R_v，可通过增大超高 e 和摩擦系数 f_s 实现。

在道路设计过程中，工程师必须选择合适的 e 和 f_s 值。选取较大的超高和摩擦系数虽然能降低曲线半径，但较大的超高易造成车辆转向的问题；摩擦系数过大影响乘客的舒适性，使油耗、轮胎磨损显著增加。另外在寒冷天气下，路面结冰会降低摩擦系数；受重力作用，低于设计速度的

车辆可能会在超高较大的平曲线滑向道路内侧，形成安全隐患。我国《公路工程技术标准》中对于圆曲线的最小转弯半径、超高与摩擦系数有相应的规定，现介绍如下。

1. 不设超高最小半径

我国《公路工程技术标准》采用的f_s值较小，不设超高的圆曲线最小半径f_s值按0.035~0.040取用，计算出的不设超高的最小半径值较大。以设计速度60 km/h为例，超高$e\leqslant 2.0\%$时，不设超高圆曲线最小半径为1 500 m，这样小于1 500 m的半径均需设超高。在城市道路建成区由于两侧建筑已形成，如设超高，与两侧建筑物标高不好配合而且影响街景美观，因此城市道路可适当降低标准。结合我国城市道路大型客货车较多、车道机非混行、交叉口多的特点，f_s值可适当加大些，城市道路不设超高的经验数据$f_s=0.067$，虽然比公路0.040大些，但对乘客舒适感程度相差不大，为减少超高，该取值对城市道路是合适的。圆曲线半径计算值与规范采用值见表3.3。

2. 设超高最小半径一般值

设超高最小半径一般值计算中，f_s值采用0.067，超高值为0.02~0.06。圆曲线半径计算值与规范采用值见表3.3。

3. 设超高最小半径极限值

设超高最小半径极限值计算中，f_s值采用0.14~0.16，超高值为0.02~0.06。圆曲线半径计算值与规范采用值见表3.3。

表3.3 使用限制e和f_s取值的最小半径

设计速度/(km/h)			100	80	60	50	40	30	20
不设超高最小半径/m		侧向摩擦系数f_s	0.067	0.067	0.067	0.067	0.067	0.067	0.067
		超高e	−0.02	−0.02	−0.02	−0.02	−0.02	−0.02	−0.02
		$R_v=\frac{v^2}{127(f_s+e)}$	1 675	1 072	603	419	268	151	67
		R采用值	1 600	1 000	600	400	300	150	70
设超高最小半径/m	一般值	侧向摩擦系数f_s	0.067	0.067	0.067	0.067	0.067	0.067	0.067
		超高e	0.06	0.06	0.04	0.04	0.02	0.02	0.02
		$R_v=\frac{v^2}{127(f_s+e)}$	620	397	265	184	145	81	36
		R采用值	650	400	300	200	150	85	40

续表

<table>
<tr><td colspan="3">设计速度/(km/h)</td><td>100</td><td>80</td><td>60</td><td>50</td><td>40</td><td>30</td><td>20</td></tr>
<tr><td rowspan="4">设超高最小半径/m</td><td rowspan="4">极限值</td><td>侧向摩擦系数f_s</td><td>0.14</td><td>0.14</td><td>0.15</td><td>0.16</td><td>0.16</td><td>0.16</td><td>0.16</td></tr>
<tr><td>超高 e</td><td>0.06</td><td>0.06</td><td>0.04</td><td>0.04</td><td>0.02</td><td>0.02</td><td>0.02</td></tr>
<tr><td>$R_v=\frac{v^2}{127(f_s+e)}$</td><td>394</td><td>252</td><td>149</td><td>98</td><td>70</td><td>39</td><td>17</td></tr>
<tr><td>R 采用值</td><td>400</td><td>250</td><td>150</td><td>100</td><td>70</td><td>40</td><td>20</td></tr>
</table>

3.2.3.2　平曲线设计原理

平曲线包括多种类型，其中最简单、常用的是**圆曲线**，即一段半径不变的曲线。其他的平曲线类型包括反转曲线、复合曲线以及回旋曲线。**反转曲线**通常包含两条方向相反的连续曲线，因为存在线形方向的突然变化，驾驶者很难适应，所以除非在困难、复杂地形，一般不被推荐。**复合曲线**含有连续的两个或者更多的曲线，比如两条半径不同的圆曲线。复合曲线通常用在立交匝道、交叉口曲线或是困难地形。在设计复合曲线时，必须注意不要使用连续的、半径变化很大的曲线，因为这样会导致驾驶员在当前曲线切换到下一条曲线时难以保持在当前车道。**回旋曲线**是一种曲线半径持续变化的缓和曲线，通常用来使道路由直线（半径无穷大）到圆曲线（某设计半径）的过渡更为平缓。大多数国家的道路设计规范中，都规定当相邻平面线形的曲率差超过某限值时，必须使用缓和曲线（回旋曲线）。我国的《城市道路工程设计规范》（CJJ 37—2012）中，对回旋曲线的使用亦有明确的规定，本书中不做详述。

为介绍平曲线设计中的基本原理，本节重点讨论简单、常用的圆曲线。图 3.9 给出了圆曲线的基本设计要素。

图中：PC——圆曲线的起点；

PT——圆曲线的终点；

PI——圆曲线起点切线与终点切线的交点；

L——圆曲线长度（m）；

R——圆曲线半径，一般以道路中线为测量基准（m）；

Δ——圆曲线的中心角（°）；

T——切线长度（m）；

E——圆曲线中点距离切线交点的距离（m）；

M——中距，即连接 PC 与 PT 的弦的中点与圆曲线中点的距离（m）。

图 3.9 中圆曲线主要设计要素间的关系如下：

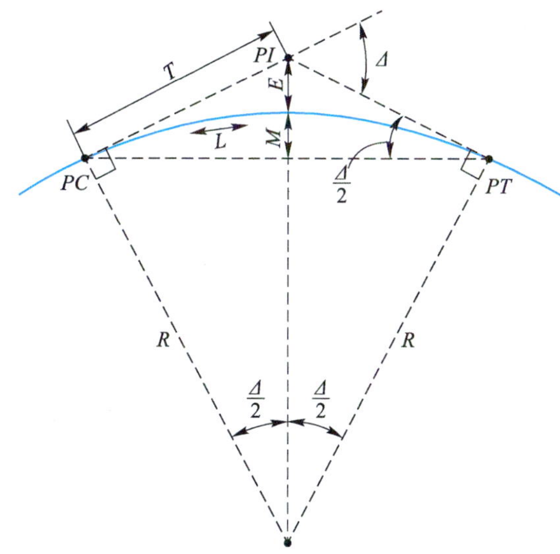

图 3.9 圆曲线的基本设计要素

$$T=R\tan\frac{\Delta}{2} \tag{3.29}$$

$$E=R\left(\frac{1}{\cos\frac{\Delta}{2}}-1\right) \tag{3.30}$$

$$M=R\left(1-\cos\frac{\Delta}{2}\right) \tag{3.31}$$

$$L=\frac{\pi}{180}R\Delta \tag{3.32}$$

值得注意的是道路设计过程中平曲线的长度和曲线半径（R）经常是从道路中线处算起，而 3.2.3.1 节中所讨论的最小曲线半径则是根据最里面的机动车车道的中线为基准。因此，式（3.28）中的 R_v 与式（3.29）—式（3.32）中的 R 有所区别。

例 3.9 平曲线长度计算

一条圆曲线设计半径为 2 000 m，切线长度为 400 m，试计算该圆曲线的长度。

解： 用等式（3.29）来计算中心角度 Δ：

$$T=R\tan\frac{\Delta}{2}$$

$$400=2\,000\tan\frac{\Delta}{2}$$

$$\Delta=22.62°$$

因此，从等式（3.32）得到曲线的长度：

$$L=\frac{\pi}{180}R\Delta$$

$$L=\frac{3.1416}{180}\times2\,000\times22.62\text{ m}=789.59\text{ m}$$

3.2.3.3　停车视距与平曲线设计

与竖曲线设计的情况一样，在平曲线设计中也必须满足停车视距的要求。邻近平曲线的障碍物（如岩石、树木、建筑）会遮挡视线，此时驾驶员视距受限，如图 3.10 所示。当障碍物存在时，停车视距将从行驶车道中心（假设是驾驶者眼睛的位置）沿着平曲线计算，设计时需要保证在中距 M_s 的范围内驾驶员视线无遮挡，并且停车视距足够长。

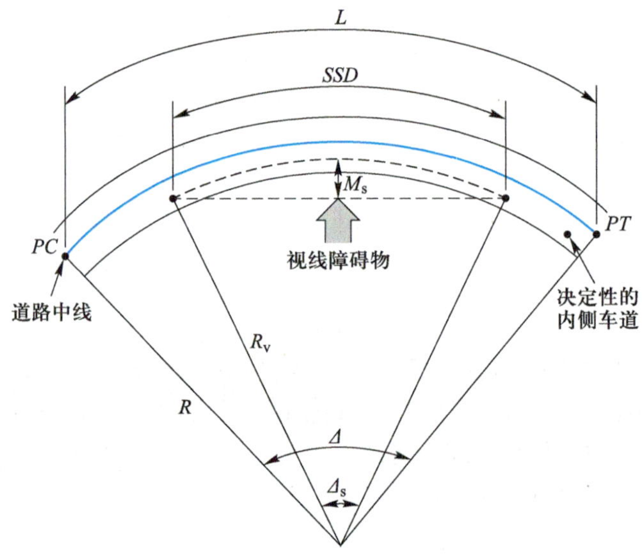

图 3.10　平曲线的停车视距

图中：R——平曲线半径，从道路中线算起（m）；

R_v——机动车行驶路线半径，从最内侧的车道中线算起（m）；

Δ——平曲线的中心角（°）；

Δ_s——与停车视距（SSD）长度相等的机动车轨迹曲线所对应的角度（°）；

L——曲线长度（m）；

M_s——提供适当的停车视距（SSD）需要的中距长度（m）；

SSD——停车视距（m）。

令车辆驶过的轨迹曲线长度为停车视距，可推导出停车视距与其所对应的曲线角度的关系，见公式（3.33）。

$$SSD=\frac{\pi}{180}R_v\Delta_s \tag{3.33}$$

对上式进行简单的变换，得到：

$$\Delta_s=\frac{180SSD}{\pi R_v} \tag{3.34}$$

将上式代入平曲线中距计算的一般公式［式（3.31）］，可得到关于M_s的一个表达式：

$$M_s=R_v\left(1-\cos\frac{90SSD}{\pi R_v}\right) \tag{3.35}$$

通过该公式可以计算圆曲线的停车视距：

$$SSD=\frac{\pi R_v}{90}\cos^{-1}\left(\frac{R_v-M_s}{R_v}\right) \tag{3.36}$$

注意公式（3.33）到公式（3.36）同样可以直接用来描述超车视距与平曲线长度之间的关系，并且可以用表 3.2 中的超车视距替代式中的 SSD 值。

例 3.10　平曲线长度与视距要求

一条四车道（每个方向两车道，无中央隔离带）公路的平曲线超高 0.06，中心夹角为 40°，切线长度为 80 m。每侧道路的车道宽度为 3 m，路肩宽度为 2.4 m，有与路肩直接相邻的挡土墙。求这条曲线最高设计速度。

解：

$$R=\frac{T}{\tan\frac{\Delta}{2}}=\frac{80}{\tan\frac{40°}{2}}\text{ m}=219.8\text{ m}$$

由于曲线半径由道路中线算起，从道路中线到外侧车道中线的距离为 $(3+3/2)$ m= 4.5 m。因此机动车行驶路线半径为$R_v=R-4.5\text{ m}=215.3\text{ m}$。

设超高最小半径一般值计算中，f_s值采用0.067，本题超高0.06，由公式（3.28）计算出设计速度为50 km/h的曲线需要半径为155.00 m；设计速度为60 km/h的曲线需要半径为223.20 m。因此为满足平曲线转弯要求的最大设计速度为50 km/h。

为检查视距情况，M_s取路肩宽度加上内侧车道宽度的一半，即为(2.4+3/2) m=3.9 m。考虑50 km/h的速度下需要的停车视距。在50 km/h的速度下需要的停车视距（*SSD*）为63.1 m（查表3.1）。运用公式（3.35）得到：

$$M_s=R_v\left(1-\cos\frac{90SSD}{\pi R_v}\right)=215.3\left(1-\cos\frac{90\times(63.1)}{\pi(215.3)}\right)\text{ m}\approx 2.3\text{ m}$$

因为2.3 m比3.9 m小，50 km/h的速度下该平曲线亦满足停车视距的要求。综上，50 km/h是这条平曲线的最大安全速度。

3.3　道路横断面设计

道路横断面是道路中线上各点垂直于路线前进方向的竖向剖面。道路横断面图与平面图、纵断面图结合起来，就完整地表达了道路的空间位置和结构。道路横断面设计是根据道路的用途，结合当地的地形、地质、水文等自然条件，来确定横断面的形式、各部分的结构组成和几何尺寸的过程。由于横断面各部分的设计涉及要素众多，本节重点介绍标准横断面的组成及其各部分设计的主要内容和设计原则。

3.3.1　公路路基标准横断面组成

公路路基横断面组成元素有车道、中间带、路肩、紧急停车带、加减速车道、爬坡车道、避险车道、错车道。

高速公路与一级公路的路基横断面分为整体式和分离式两类。整体式路基是将双向行车道路整体填筑或开挖。其断面还包括车道中间带（中央分隔带及路缘带）、路肩（硬路肩及土路肩）及紧急停车带、爬坡车道、加减速车道等。分离式路基是将单向道路分别填筑或开挖。除车道外，其断面还包括车道路肩（硬路肩及土路肩）及紧急停车带、爬坡车道、加减速车道等。二、三、四级公路的路基横断面包括车道、路肩及错车道等。

各级公路路基标准横断面如图3.11和图3.12所示。

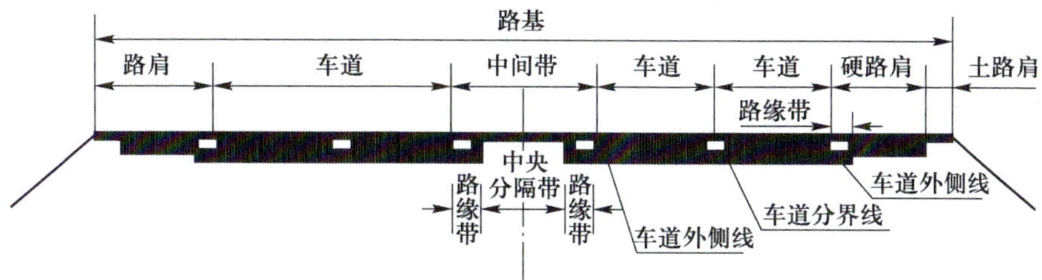

图 3.11 高速公路、一级公路路基标准横断面

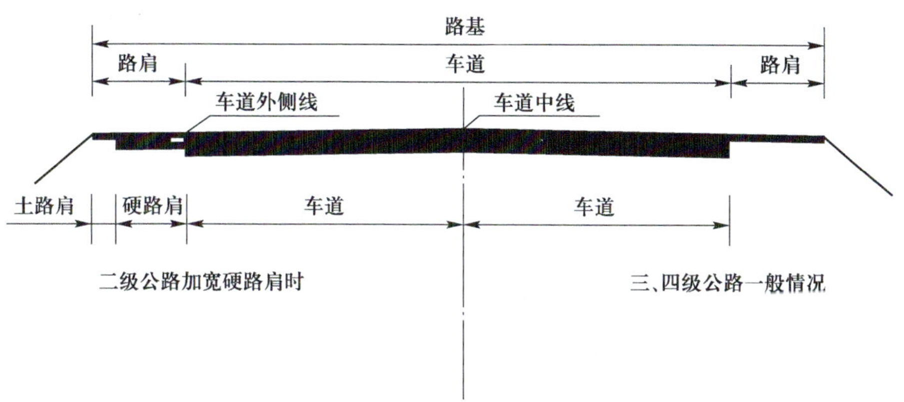

图 3.12 二、三、四级公路路基标准横断面

3.3.2 路基宽度

路基宽度分一般值、最小值，正常情况下应采用一般值，以保证路基整体的使用功能；条件受限制时，可采用最小值。最小值的使用在长度上没有限制。各级公路路基宽度一般值和最小值应符合《公路工程技术标准》(JTG B01—2014)。

对于设计速度为 60 km/h 的二级公路，《公路路线设计规范》(JTG D20—2006) 在《公路工程技术标准》(JTG B01—2003) 基础上做了修订。根据调查分析，重丘、山岭地区可以争取达到 60 km/h 的平、纵技术指标，所采用的路基宽度大多为 10.00 m 或 8.50 m，在混合交通量大的地段也有采用 12.00 m 的。修订后，设计速度为 60 km/h 的二级公路的路基宽度规定：一般值为 10.00 m，最小值为 8.50 m；对位于城乡接合部混合交通量大的路段，其路基宽度经技术经济论证可采用 12.00 m。

特别要指出的是，有些地方在设计、建设公路时，路基宽度虽然按《公路工程技术标准》(JTG B01—2014) 规定执行，但采取减小土路肩宽度或左侧路缘带宽度或中央分隔带宽度，以加大右侧硬路肩宽度，并把加宽了的硬路肩作为一个车道的做法，其结果是使横断面上各部分应有的宽度得不到保证，使其功能减弱、消失，甚至造成事故隐患。因此，针对某一类型的公路，各部分尺寸应配套使用，不应采用任意搭配的形式组成路基总宽。在满足车道宽度的同时，中央分隔带、路缘带、路肩也需满足这类公路的一般值、最小值宽度要求。

3.3.3　车道

3.3.3.1　车道宽度

车道是指专为车辆通行而设置的公路带状部分。所谓车道宽度是为了交通安全和行驶顺适，应根据交通组成、车速高低而确定各种车辆以不同速度行驶时所需的宽度。我国采用的标准为：设计速度为 120 km/h、100 km/h、80 km/h 时采用 3.75 m；60 km/h、30 km/h 时采用 3.50 m；20 km/h 时采用 3.00 m。

3.3.3.2　车道数

高速公路、一级公路各路段的车道数应根据预测的交通量、设计速度、服务水平等确定。高速公路、一级公路的车道数最少为四个，当需要增加时，应按双数增加。

二级公路为供汽车行驶的双车道公路。三级公路为主要供汽车行驶的双车道公路。四级公路为供汽车行驶的双车道或单车道公路，一般情况下应采用双车道，交通量小的路段可采用单车道。

3.3.3.3　爬坡车道

载重汽车的比例大时，会影响上坡路段的通行能力，这时应设置爬坡车道。设爬坡车道后，易受坡度影响的低速车在爬坡车道上行驶，这样既提高了通行效率，又避免了强行超车，利于安全。欧美的一些国家将增设爬坡车道作为改进道路交通安全的一项措施。

高速公路、一级公路以及二级公路的连续上坡路段，当通行能力、运行安全受到影响时，应设置爬坡车道。在实际应用中，还应研究大型车的比例对通行能力的影响，综合建设投资、行驶费用、整体经济效益等，来确定是否设爬坡车道。

关于二级公路设置爬坡车道问题，调查中发现，山岭区的二级公路、三级公路双车道宽度为 7.00 m 时，上坡路段载重车（特别是单挂车）减速与压车情况较为严重。一些国家规定，针对双车道公路，当纵坡大于 5%时需设置爬坡车道。他们认为国家干线公路在设计上造成载重汽车，特别是单挂车显著减速是不适当的，所以为了保证通行能力和交通安全，需设置爬坡车道。

目前，在设置爬坡车道方面国内尚缺乏实践经验。标准中仅规定在高速公路、一级公路以及二级公路的连续上坡路段应设置爬坡车道。六车道以上的高速公路，一般情况下可不设置爬坡车道。

3.3.3.4 加速车道、减速车道

加速车道是为保证驶入干道的车辆在进入干道车流之前，能安全加速设的变速车道。减速车道是为保证车辆驶出干道时能安全减速而设的变速车道。

互通式立体交叉的加、减速车道与服务区、停车区、公共汽车停靠站等处的加、减速车道由于各自的使用特点不同，对其要求也不尽相同。国外规定高速公路的公共汽车停靠站的加、减速车道的宽度为 3.50 m，但不得已时，可减少到 3.00 m；平面交叉的加、减速车道宽度为 3.00 m。由于加、减速车道在不同的地点使用，其特点和要求各不相同，一般采用通用性的规定，即宽度为 3.50 m。使用中可根据具体情况，按不同的要求进行设计。

3.3.3.5 错车道

错车道是四级公路采用单车道路基时，为错车而设置的。错车道的间距应根据错车时间、视距、交通量等情况决定。国外有的规定，最大错车时间为 30 s 左右，其最大间距应不大于 300 m。《公路工程技术标准》（JTG B01—2014）对设置间距未作硬性规定，可结合地形等情况在适当距离内设置错车道，错车位置至少可以看到相邻两个错车道的情况。

3.3.3.6 避险车道

在连续长陡下坡路段应在适当地点设置避险车道，以供制动失效的车辆强制减速停车。避险车道可修建在主线直线段上合适的位置，并应修建在失控车辆不能安全转弯的主线弯道之前，以及修建在坡底人口稠密区之前，以保证失控车辆上的人员以及位于坡底的居民的安全。

根据《公路纵坡坡度与坡长限制》专题研究的调查与分析，长陡下坡，其平均纵坡大于或等于 4%，纵坡连续长度大于或等于 3 km，交通组成中的大、中型载重车占 50% 以上，且载重车缺少辅助制动装置的路段，在危及运行安全处应设置避险车道。

3.3.4 中间带

高速公路和一级公路必须设置中间带。中间带由中央分隔带和路缘带

组成。中央分隔带在构造上起到分隔对向交通的作用。在分隔带的两侧设置路缘带，路缘带提供了安全行车所必需的侧向余宽并能引导驾驶员的视线。中间带的宽度有一般值和最小值，正常状况下应采用一般值。特殊情况时，经技术经济论证后可采用最小值。

3.3.4.1　整体式路基的中间带宽度

我国原则上采用的是窄中间带。高速公路、一级公路整体式路基必须设置中间带，它的主要功能是分离两个方向的车流，清晰显示内侧边缘、引导驾驶者视线、杜绝任意拐弯、防止对向行驶的车辆在高速行驶情况下互撞。当中央分隔带内需埋设管线等设施时，其宽度不得小于 2 m，以满足埋设管线、设置防眩板或种植灌木防眩和埋设防撞护栏所需的宽度。当中央分隔带采用刚性护栏，且无须设置中墩或埋设管线时，其宽度可采用 1 m。

3.3.4.2　分离式路基间的最小间距

高速公路、一级公路采用分离式路基时，两相邻路基边缘之间的距离在人烟稀少、土地荒漠地区宜采用大于 4.5 m 的宽中间带，宽中间带一般为 6~15 m。该宽中间带可随地形变化而改变宽度，不必等宽度。地面较为平坦的宽中间带范围内宜种植草皮，两侧车道亦不必等高，应与地形、景观相配合。中间带内采用 4∶1~6∶1 向中央倾斜的斜坡以利排水。各分离式路基应设置包括硬路肩与土路肩的左路肩。

3.3.4.3　中央分隔带开口

中央分隔带开口的设置是为了使车辆在必要时可通过开口到反方向车道行驶，以供维修、养护、应急抢险时使用。中央分隔带开口间距应视需要而定，《公路路线设计规范》（JTG D20—2017）规定最小间距应不小于 2 km。开口处应设置活动护栏，严禁车辆 U 形转弯。

3.3.5　路肩

路肩是指位于行车车道外缘至路基边缘，具有一定宽度的带状部分（包括硬路肩与土路肩），保持行车道和临时停车的功能，并作为路面的横向支承。按位置可分为右侧路肩和左侧路肩。

3.3.5.1　各级公路的右侧路肩宽度

① 设计速度为 120 km/h 的四车道高速公路的硬路肩宽度宜采用 3.5 m；六车道、八车道高速公路的硬路肩宽度宜采用 3.0 m。这主要是考虑故障车辆临时停放在硬路肩上时，对六车道、八车道高速公路的相对影响较小，同时考虑到四车道高速公路路基宽度为 28.0 m 的延续性。

规定设计速度为 100 km/h 的高速公路和一级公路的硬路肩“一般值”

为 3.0 m，“最小值”为 2.5 m；设计速度为 80 km/h 的高速公路和一级公路的硬路肩宽度“一般值”为 2.5 m，“最小值”为 1.5 m；设计速度为 60 km/h 的一级公路的硬路肩“一般值”为 2.5 m，“最小值”为 1.5 m。这是既考虑行车安全的需要，也考虑确保必要的侧向净空，还考虑了节省工程造价的可能。

② 鲜明的行车道外侧边缘线能起到引导行车的作用，已被公认，并能提供一部分必要的侧向余宽，当汽车越出行车道时，能增进安全。因此，我国规范规定高速公路和一级公路，应在右侧硬路肩宽度内设右侧路缘带，其宽度为 0.5 m。

③ 二级公路非汽车交通量大的路段，土路肩可予以加固，既可充分地利用硬路肩和加固的土路肩通行非机动车辆，还可保证汽车行驶的通畅。

④ 对于二级公路、三级公路、四级公路，设置路肩时，不得侵入公路建筑限界，必要时应加宽路基，增加设施所需的宽度，如设置护栏、挡土墙及其他直立构件等所需的宽度。

3.3.5.2 左侧路肩

高速公路、一级公路为分离式路基时，应设置左侧路肩，以保证车辆在行驶过程中所需的侧向余宽。左侧硬路肩，按设计速度规定为 120 km/h 时采用 1.25 m，100 km/h 时采用 1.0 m，等于或小于 80 km/h 时采用 0.75 m。

分离式路基的土路肩，设计速度等于或大于 80 km/h 时，土路肩宽度采用 0.75 m；设计速度小于 80 km/h 时，土路肩宽度采用 0.5 m。

路缘带是路肩的一部分并与行车道紧接，其作用为诱导视线、支撑路面并作为侧向余宽的一部分，以保证充分发挥行车道功能。路缘带的宽度应尽量避免变化而保持一定宽度。当为分离式路基时，应在左侧硬路肩内紧靠行车道设置左侧路缘带，其宽度为 0.5 m。

3.3.5.3 紧急停车带

高速公路、一级公路，当右侧硬路肩的宽度小于 2.5 m 时，为使发生故障的车辆尽快离开车道，应设置紧急停车带。二级公路在有需要的路段，也可设置紧急停车带。

3.3.6 路拱坡度

无中间带公路的路拱一般多采用双向坡面，由中央向两侧倾斜。有中间带公路的路拱一般采用自中央分隔带两侧边缘向路基两侧边缘倾斜的路拱。

① 分离式路基，每一侧车道可设置双向路拱，以利于路面排水，当路面宽度不宽时亦可采用单向的向路基外侧倾斜的路拱。具有分隔带的路基

上，通常采用向路基外侧倾斜的单向坡度，这种单向坡度的车道对驾驶者来说更为舒适，因为车辆在变换车道时均倾向于同一方向行驶。在积雪和有冻融地区，分隔带两侧的车道也可各自设置路拱，采用双向排水。

② 六车道、八车道高速公路、一级公路的超高过渡段中出现宽而平缓的路面时，可根据实际情况在短路段内设置两个路拱，如图 3. 13 所示。

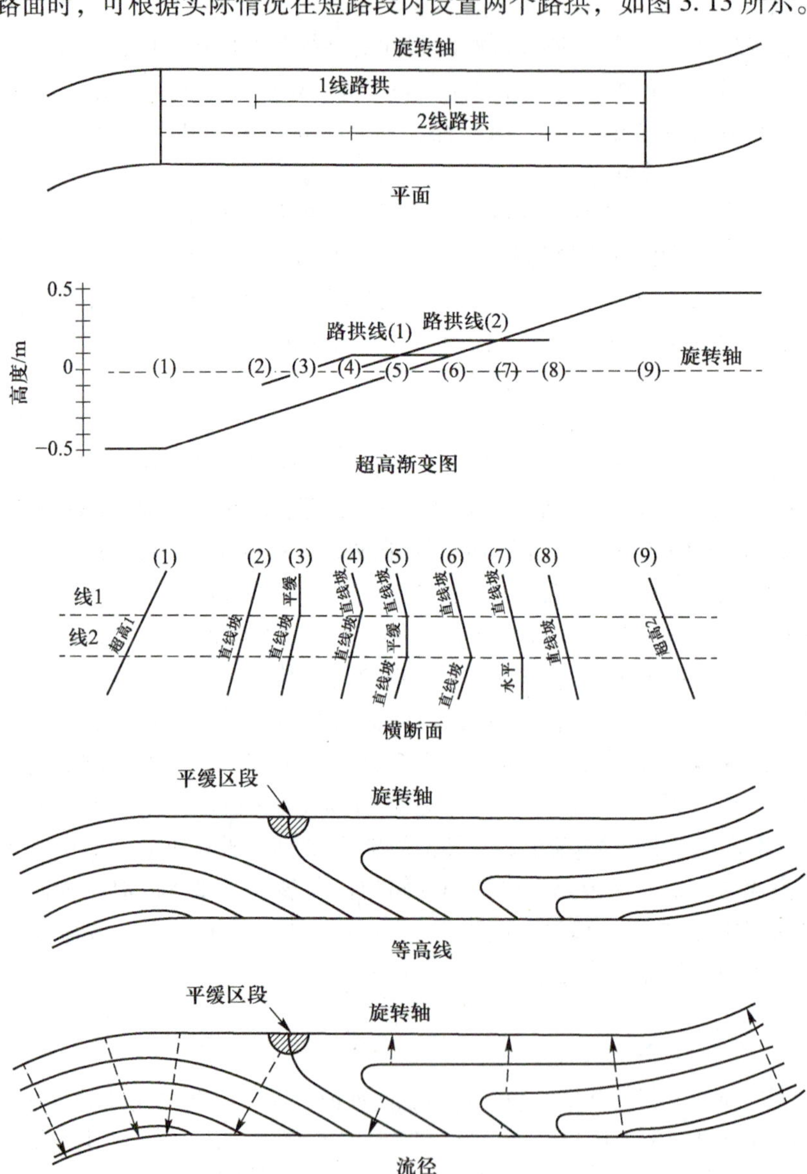

图 3. 13　双路拱线

③ 二、三、四级公路应采用双向路拱坡度。路拱坡度可根据路面类型和当地自然条件确定。在一般情况下，干旱地区可采用低值，多雨地区宜采用高值；位于强降雨地区，路拱坡度还可适当增大或采用更有利于排水的路拱形式。

④ 硬路肩、土路肩的横坡，当曲线超高小于或等于5%时，采用与邻近路面相同的横坡值，以利于施工；当曲线超高大于5%时，硬路肩横坡值应不大于5%，这是考虑载重车在横坡值较大的硬路肩上停靠易失稳。在这种情况下，路肩的超高渐变与路面相同，旋转宽度加大到路肩全宽；对公路纵坡平缓且采用集中排水而设拦水带时，硬路肩的横坡值宜采用3%~4%；并要求平坡区段或直线向曲线过渡段的硬路肩横坡值，其过渡的渐变率应控制在小于1/150、大于1/330之间，即渐变段的坡度在0.3%~0.7%之间，以满足排水的要求。

土路肩在直线或位于曲线较低一侧的横坡，行车道或硬路肩横坡值大于或等于3%时，应与行车道或硬路肩相同；行车道或硬路肩横坡值小于3%时，应比行车道或硬路肩横坡值大1%或2%。而在曲线或位于过渡段较高一侧的土路肩横坡，应采用3%或4%的反向横坡值。

第三章
习题解答

3.1　请简述我国公路分级和城市道路分级。

3.2　一条等切线凸曲线长度为158.5 m，切线交叉点里程为3063.2 m，标高为403.86 m。起始坡度为+4.0%，终点坡度为−2.5%。计算最高点、*PVC*点及*PVT*点的里程和标高。

3.3　思考例题3.3，使用抛物线等式［式（3.1）］求解问题。

3.4　再思考例题3.4，这条曲线在速度为96 km/h的情况下能否提供充足的停车视线距离。

3.5　等切线凸曲线设计速度为112 km/h，最高点标高1 011.4 m，起始坡度为+2%，终点坡度为−1%。求*PVT*点的标高。

3.6　等切线凸曲线设计速度为112 km/h，连接起始坡度+2%，终点坡度−1%。假设机动车驾驶员视线高度为0.9 m，障碍物高度为0.3 m，机动车的减速度为0.5g，驾驶员反应时间为2.5 s。如果曲线*PVC*点的里程为3025.27 m，标高为258.47 m，计算曲线最高点的里程和标高。

3.7　竖曲线设计速度为88 km/h，起始坡度为+2.5%，终点坡度为−1%。*PVT*点里程为3489.96 m，已知曲线上3424.43 m里程点的标高为

74.68 m。求曲线上 *PVC* 点及最高点的里程和标高。

3.8　等切线凸曲线设计速度为 104 km/h，起始坡度+3.4%，终点坡度是负的，计算曲线上 *PVC* 点与最高点的标高差。

3.9　等切线凸曲线设计速度为 80 km/h，起始坡度+3%，最高点里程为 1018.26 m，*PVT* 点里程为 1135.28 m，计算曲线上最高点与 *PVT* 点的标高差。

3.10　等切线凸曲线设计速度为 88 km/h，连接起始坡度+2%，终点坡度-1%，*PVI* 点里程为 7114，标高为 366.67 m，计算曲线上 7132.32 里程点的标高。

3.11　等切线竖曲线设计于 2012 年（使用 2011AASHTO 指导方针），设计速度为 112 km/h，为连接 $G_1=+1.2\%$，$G_2=-2.1\%$。假设曲线将在 2025 年重新设计，速度仍为 112 km/h。由于机动车制动技术的发展，推荐的设计减速度相比 2011 年在表格 3.1 中使用的值提高 25%，但由于老年人群比例在人口比例中有所上升，设计的反应时间增加 20%。而且，机动车变得更小，假设驾驶员的眼睛高度相对道路表面为 0.9 m 以及道路障碍物高度为 0.3 m。计算 2012 年与 2025 年设计曲线的长度差。

3.12　等切线凸曲线设计 *PVI* 点里程为 3352.8 m（标高为 282.6 m），*PVC* 点里程为 3274.56 m（标高为 280.89 m）。假设最高点里程为 3375.8 m，计算曲线设计速度。

3.13　等切线凸曲线连接坡度为+3.2%和-1.1%，*PVI* 点里程为 2993.14 m。由于考虑路面排水，曲线最高点里程为 3072.19 m。计算曲线上 *PVC* 点、*PVT* 点里程以及曲线设计速度。

3.14　请比较高速公路标准横断面与二级公路标准横断面组成的异同点。

3.15　设置紧急停车带应考虑的因素有哪些？

3.16　试在你生活的城市选取一条道路，描述其道路等级、设计速度，画出其道路横断面图。

参考文献

[1] Mannering F L, Washburn S S. Principles of Highway Engineering and Traffic Analysis [M]. 5th ed New Jersey: John Wiley & Sons, 2013.

[2] Transportation Officials. A Policy on Geometric Design of Highways and Streets [M]. Washing ton D. C.：AASHTO, 2011.

[3] 中华人民共和国交通运输部 . 公路路线设计规范：JTG D20—2017 [S]. 北京：人民交通出版社，2017.

[4] 中华人民共和国住房和城乡建设部 . 城市道路工程设计规范：CJJ 37—2012 [S]. 北京：中国建筑工业出版社，2012.

[5] 凌天清 . 道路工程 [M]. 2 版 . 北京：人民交通出版社，2010.

[6] 周荣贵 . 公路纵坡坡度与坡长限制的研究 [D]. 北京：北京工业大学，2004.

第四章

交通调查与数据采集

课件 4

道路交通在为人们出行提供便利的同时，也存在一些常见问题，包括交通事故、停车困难、交通拥堵以及交通延误等。为了减少这些问题的负面影响，有必要通过交通调查的手段充分收集与问题相关的数据与信息。本章主要介绍交通工程中常用的交通调查类型，以及数据采集与分析方法。

交通调查可分为三大类，包括：交通数据调查、交通政策调查、动态交通调查。交通数据调查可提供现有信息的列表或图形表征，例如街道宽度、停车位数、过境路线、交通规则等。一些数据信息，例如可用停车位数和交通规则的变动较频繁，因此需要定期更新，其他如街道宽度等则不需要。交通政策调查通常使用政府机构和相关部门提供的现有工程记录。这些信息用于准备相关数据的清单。数据信息可以记录在文件中，但通常记录在自动数据处理系统中。交通政策调查还可能涉及实地测量或空中摄影的调查结果。动态交通调查涉及交通运行状态下的数据调查，包括速度、交通量、旅行时间、延误、停车和交通事故调查。交通工程的从业者通过动态交通调查，估计交通状况并提出解决方案。本章将主要介绍动态交通调查的相关内容。

4.1 车速调查

车速调查是用来掌握道路交通流中特定位置的车辆速度分布。通过在特定位置记录样本车辆的速度来进行现场车速调查。车速调查确定的速度特性可用于下列具体的交通工程应用：

① 构建交通管理和控制的参数，如速度区间、速度趋势、限速条件、通行条件等；

② 评估交通管制设施的有效性，例如工作区域的可变信息标志；

③ 评估或确定公路的几何特征，例如平曲线的半径和竖曲线的长度；

④ 通过分析不同速度特征的交通事故数据，评估速度对道路安全的影响。

4.1.1 调查地点、时间和样本量

1. 调查地点

基础数据的收集通常选择在公路上代表不同交通状况的地点进行。用于车速趋势分析的数据往往取自城市公路和乡村公路直线段的中段。而对于具体的交通问题，可根据其对应的地点采集数据。

当进行实地车速调查时，获得无偏差的数据是最重要的。这就要求在被调查车辆的驾驶员不知情的情况下，进行交通调查。因此，调查中使用的设备应隐藏起来，以避免引起驾驶员注意，并且正在进行调查的调查员也应尽量不引起驾驶员注意。由于最终记录的速度将进行统计分析，因此数据采集的样本个数应满足统计学的需要。

2. 调查时间

进行车速调查的时间取决于研究目的。一般来说，当研究的目的是调查车速限制、观察速度趋势或收集基础数据时，建议在交通流为自由流时，通常在非高峰时段进行调查，如对周中工作日的调查时间一般选在周二至周四，因为周一、周五的交通量在一定程度上受周末出行的影响。若对车速进行前后对比调查，应尽可能使先后调查时段以及交通流状况保持一致。调查的持续时间应能取得满足统计分析所需的最小样本量。通常来说，调查时间至少为 1 h，样本量至少为 30 辆。

3. 样本量确定方法

算术平均车速在一定程度上反映了某地点所有车辆速度的真实平均值。其准确性取决于调查样本量。样本量越大，该估计值与真实平均值没有显著差异的概率就越大。因此，为保证车速估计值的误差在可接受范围内，对调查样本的数量需要有统计学上的要求。在介绍该要求之前，下面先定义描述速度特征的重要指标。

算数平均速度（又称时间平均速度），是指在道路指定点所观察到的车辆速度的算术平均值，由所有样本点速度的总和除以样本数得到。

空间平均速度，是指通过某一特定长度路段的样本车辆速度分布的平

均值。

速度中值，是指以升序排列的一系列地点车速的中位数。50%的速度大于速度中值，剩余50%低于速度中值。

模态速度，即速度样本中出现频率最高的速度值。

调查速度区间，通常以10 km/h的间隔进行调查，可根据路段上车辆行驶速度范围具体划分。

第 i 百分位速度，是指车辆速度的累计频率为 i 时的车辆速度。例如，第85分位点速度是指85%的车辆行驶速度等于或低于该速度值。

速度的标准差，描述样本速度的离散程度。其公式为

$$S=\sqrt{\frac{\sum(v_i-\bar{v})^2}{N-1}} \tag{4.1}$$

式中：S——速度标准差（m/s）；

$\bar{v}$——算术平均速度（m/s）；

v_i——第 i 个样本的速度观测值（m/s）；

N——总样本数。

交通调查所需的最小样本量取决于调查所需要的**置信度**。**置信度（也被称作置信水平）**是某参数的真实值落在某一范围内的概率，该范围被称为**置信区间**。另一个与置信度相关的概念为**显著性水平**，即该参数真实值落在置信区间之外的概率，通常用 α 表示，显著性水平与置信度之和为1。当显著性水平为0.05时，即 $\alpha=0.05$，对应的置信度为 $1-\alpha=0.95$。车速调查时，往往选取0.95的置信度。

在确定车速调查所需的最小样本量时，往往假设某调查路段的速度服从正态分布，如公式（4.2）所示：

$$f(x)=\frac{1}{\sigma\sqrt{2\pi}}\mathrm{e}^{-(x-\mu)^2/2\sigma^2} \quad -\infty<x<\infty \tag{4.2}$$

式中：x——统计量；

μ——真实的样本平均值；

σ——真实的标准差。

此外，在计算最小样本量时，估计速度的可接受误差 d 是由正态分布的属性决定的。其基本属性（参见图4.1）包括：

① 正态分布是关于平均值对称的；

② 正态分布曲线下的总面积等于1或100%；

③ 曲线下方位于 $\mu+\sigma$ 和 $\mu-\sigma$ 之间区域的面积是0.682 7；

④ 曲线下方位于 $\mu+1.96\sigma$ 和 $\mu-1.96\sigma$ 之间区域的面积是0.950 0；

⑤ 曲线下方位于 $\mu+2\sigma$ 和 $\mu-2\sigma$ 之间区域的面积是 0.954 5；

⑥ 曲线下方位于 $\mu+3\sigma$ 和 $\mu-3\sigma$ 之间区域的面积是 0.997 1；

⑦ 曲线下方位于 $\mu+\infty$ 和 $\mu-\infty$ 之间区域的面积是 1.000 0。

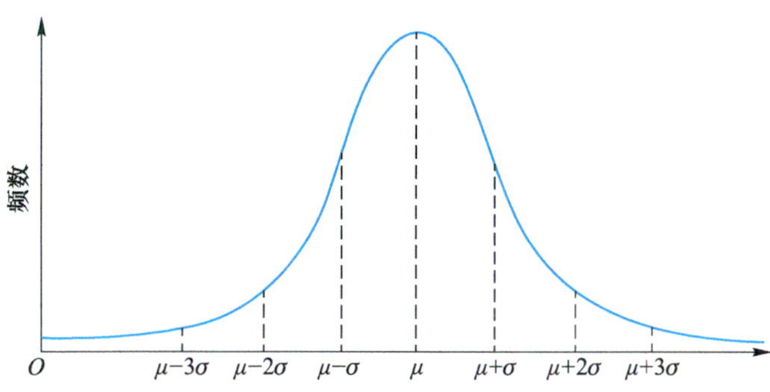

图 4.1　正态分布图

例如，假设某一公路路段的速度平均值为 80 km/h，标准差为 7.2 km/h，则可得出结论，95%的车速将在 $(80-1.96\times7.2)$ km/h $=65.9$ km/h 和 $(80+1.96\times7.2)$ km/h $=94.1$ km/h 之间。换言之，如果随机选择某一调查车辆，则其速度在 65.9～94.1 km/h 的范围之间的概率为 95%，该范围被称为**置信区间**。

基于正态分布的属性，样本量大小 N 取决于选取的置信水平 $(1-\alpha)$，以及该置信水平下对应的标准差 (σ) 和可接受的最大误差值 (d)。其计算公式如下：

$$N=\left(\frac{Z_{1-\alpha}\sigma}{d}\right)^2 \tag{4.3}$$

式中：N——最小样本量；

$Z_{1-\alpha}$——对应置信水平 $(1-\alpha)$ 下的常数（查表 4.1 可得）；

σ——标准差（km/h）；

d——可接受最大误差（km/h）。

表 4.1　对应置信水平的常数

置信水平/%	常数 $Z_{1-\alpha}$
68.3	1.00
86.6	1.50
90.0	1.64
95.0	1.96

续表

置信水平/%	常数$Z_{1-\alpha}$
95.5	2.00
98.8	2.50
99.0	2.58
99.7	3.00

例 4.1　确定地点车速调查的最小样本量

为进行车速调查，某学生在路段收集了 120 个实测速度样本，并根据这些样本算出了速度的标准差为 9.6 km/h。如果项目要求置信水平为 95%，可接受误差为±2.4 km/h，试分析采集的样本量是否满足统计要求。

解： 根据公式（4.3）确定满足要求的最小样本量，其中：置信水平 95%对应的$Z_{1-\alpha}$为 1.96（参见表 4.1），σ 为 9.6 km/h，d 为 2.4 km/h。

计算如下：

$$N=\left(\frac{1.96\times 9.6}{2.4}\right)^2=61.47$$

因此，所需的最小速度样本量为 62，而实际采集的样本量为 120，故满足要求。

4.1.2　车速调查方法

速度按定义分为时间平均速度与空间平均速度。空间平均速度通过车辆的运行轨迹等信息可以较直观地获取。本小节主要介绍时间平均速度的调查方法。时间平均车速的调查方法通常可分为人工观测和自动检测两大类。由于人工观测成本较高，目前已很少使用。常用的自动检测器主要有三大类：线圈检测器、微波/雷达检测器、视频检测器，下面对这三类自动检测器进行简单介绍。

1. 线圈检测器

线圈检测器可分为两大类：气动式和感应式。气动式检测器铺设在需要收集数据的车道上。当车辆通过装置时，空气冲击通过气动管道传递到计数器。当用于速度测量时，两根管子跨越车道放置，记录车辆前后轮经过管子产生的脉冲时间。使用两个脉冲之间经过的时间和管道之间的距离来计算车辆的速度。感应式检测器通常埋设在路面中。当车辆通过或停在检测器上时，检测器能检测到车辆的存在。

2. 微波/雷达检测器

这类检测器的工作原理是通过向路面发射和接收信号，并通过反射信号与反射信号的频率差来计算车速。图 4.2 是雷达传感器，该传感器可以铺设在如图 4.2a 所示的正向模式中，也可以铺设在如图 4.2b 所示的侧向模式中。

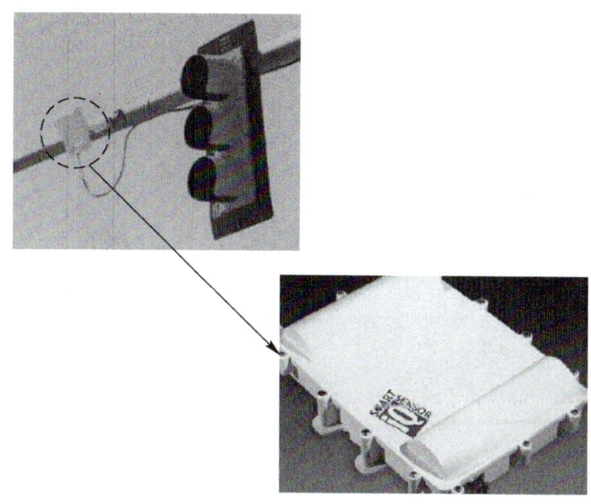

(a) 用于正向检测的微波检测设备

(b) 用于侧向检测的微波检测设备

图 4.2　雷达交通传感器

3. 视频检测器

视频检测器是指采用视频图像处理技术实现交通流参数检测或者交通事件检测的设备。视频车辆检测器主要由外场摄像机、数据传输设备和视频处理器组成。外场摄像机（如图 4.3 所示）将道路某一个方向断面的交通图像拍摄下来，经数据传输设备传给视频处理器。视频处理器的图像处理硬件把图像显示在计算机显示器上，通过互动控制软件用鼠标在交通图像上设置虚拟线圈和粗线条，作为速度检测器和计数检测器。当车辆通过虚拟线圈和粗线条时，就会产生检测信号，经过视频处理软件分析和处理，可得到车速、交通量等参数。交通流检测功能是视频检测器的基本功能，检测的参数主要包括交通流量、速度、占有率、车头时距、车头间距、车长度分类。交通事件检测是视频检测器所具有的独特功能，这些事件包括事故检测、逆行检测、非法变线、违章停车、闯红灯等。

图 4.3 外场摄像机

4.1.3 车速分析

针对车速调查中收集到的车速样本，需要用统计学方法进行分析，从而得出道路的车速特征。其中，有些特征量可以直接从数据中计算出来，其他的则可以用图表来确定。

最常用的数据表征形式是频率分布表。编制频率分布表的第一步是选择所要分析数据的分组数，也即速度范围的分组数。选取的分组数通常在 8 到 20 组之间，具体取决于采集的数据量，这里介绍一种确定分组数的简单方法。

第一步：找到样本中的最大速度与最小速度，计算二者的差值。

第二步：先设定分组数为 8，用第一步得到的速度差除以 8，得到对应的最大速度区间；再设定分组数为 20，同样计算出对应的最小速度区间。

第三步：在最小速度区间与最大速度区间二者定义的区间之间选择一个合理区间大小（一般取整），确定分组数，并以各区间的中点作为该区间的速度值。此外，数据也可以频率直方图的形式呈现，或画出累积频率分布曲线。在频率直方图中以每个区间的中点作为横坐标，对应的频率作为纵坐标。

例 4.2　车速分析算例

表 4.2 给出了某一路段上车速调查收集的数据。请绘制频率直方图并给出数据的频率分布，并计算：① 速度的算术平均数；② 速度的标准差；③ 速度中值；④ 第 85 百分位速度。

表 4.2　速度样本数据

车辆编号	速度/(km/h)	车辆编号	速度/(km/h)	车辆编号	速度/(km/h)	车辆编号	速度/(km/h)
1	35.1	23	46.1	45	47.8	67	56.0
2	44.0	24	54.2	46	47.1	68	49.1
3	45.8	25	52.3	47	34.8	69	49.2
4	44.3	26	57.3	48	52.4	70	56.4
5	36.3	27	46.8	49	49.1	71	48.5
6	54.0	28	57.8	50	37.1	72	45.4
7	42.1	29	36.8	51	65.0	73	48.6
8	50.1	30	55.8	52	49.5	74	52.0
9	51.8	31	43.3	53	52.2	75	49.8
10	50.8	32	55.3	54	48.4	76	63.4
11	38.3	33	39.0	55	42.8	77	60.1
12	44.6	34	53.7	56	49.5	78	48.8
13	45.2	35	40.8	57	48.6	79	52.1
14	41.1	36	54.5	58	41.2	80	48.7
15	55.1	37	51.6	59	48.0	81	61.8
16	50.2	38	51.7	60	58.0	82	56.6
17	54.3	39	50.3	61	49.0	83	48.2
18	45.4	40	59.8	62	41.8	84	62.1
19	55.2	41	40.3	63	48.3	85	53.3
20	45.7	42	55.1	64	45.9	86	53.4
21	54.1	43	45.0	65	44.7		
22	54.0	44	48.3	66	49.5		

解：速度变化范围为 34.8～65.0 km/h，将变化范围 30.2 km/h 分成 8 组，则每一组速度范围为 3.775 km/h；同样的，将其分成 20 组，每一组速度范围为 1.51 km/h。我们可以选取每组 2 km/h 的速度范围，共分成 16 组。对应的频率分布如表 4.3 所示。其中，第 1 列为速度范围分组，第 3 列为每组速度范围内观测到的次数；第 6 列为所有观测速度值的累积百分比。

表 4.3　速度数据累计频率分布表

1	2	3	4	5	6	7
速度范围 /(km/h)	每组速度中值 v_i /(km/h)	每组频数 f_i	$f_i v_i$ /(km/h)	每组观测数据百分比/%	所有观测数据的累计百分比/%	$f_i\ (v_i - \bar{v})^2$
34-35.9	35.0	2	70	2.3	2.30	420.5
36-37.9	37.0	3	111	3.5	5.80	468.75
38-39.9	39.0	2	78	2.3	8.10	220.50
40-41.9	41.0	5	205	5.8	13.90	361.25
42-43.9	43.0	3	129	3.5	17.40	126.75
44-45.9	45.0	11	495	12.8	30.20	222.75
46-47.9	47.0	4	188	4.7	34.90	25.00
48-49.9	49.0	18	882	21.0	55.90	9.0
50-51.9	51.0	7	357	8.1	64.0	15.75
52-53.9	53.0	8	424	9.3	73.3	98.00
54-55.9	55.0	11	605	12.8	86.1	332.75
56-57.9	57.0	5	285	5.8	91.9	281.25
58-59.9	59.0	2	118	2.3	94.2	180.50
60-61.9	61.0	2	122	2.3	96.5	264.50
62-63.9	63.0	2	126	2.3	98.8	364.50
64-65.9	65.0	1	65	1.2	100.0	240.25
总数		86	4 260			3 632.0

图 4.4 为表 4.3 所示数据的频率直方图：利用表 4.3 中的第 2 列和第 3 列中的数值绘制频率直方图，其中横坐标表示速度，纵坐标为观测频率。

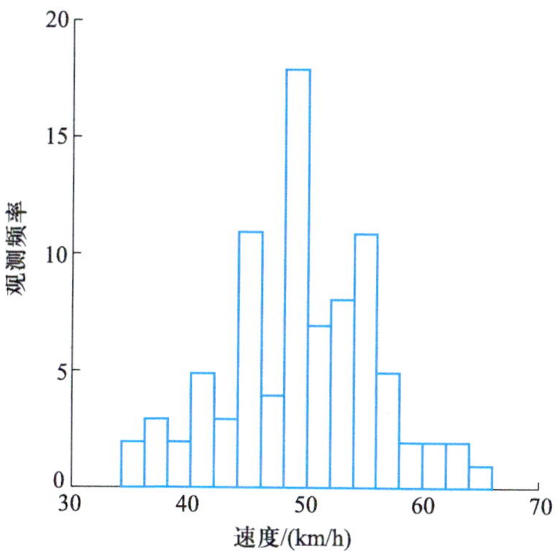

图 4.4 观测车辆的速度的频率直方图

图 4.5 给出了速度数据的频率分布图：利用表 4.3 中第 5 列的值与第 2 列中的相应值进行绘制，绘制了速度观测值百分比的曲线。该曲线下的总面积为 1 或 100%。

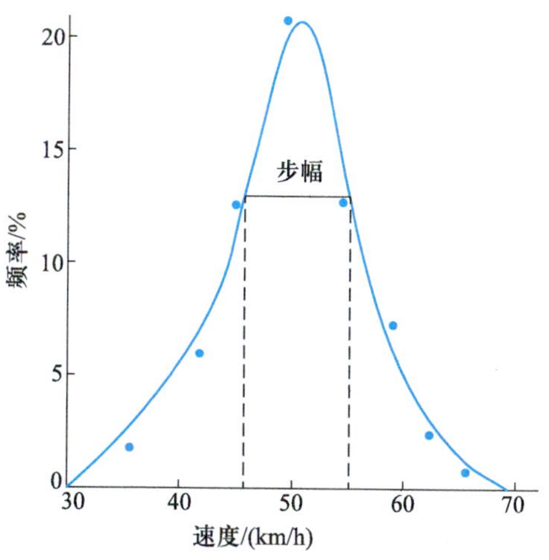

图 4.5 频率分布图

图 4.6 给出了速度数据的累积频率分布图：利用表 4.3 中第 6 列的累积百分比数据和每组速度值的上限进行绘制。因此，该曲线描述了以给定速度或低于给定速度行驶的车辆百分比。

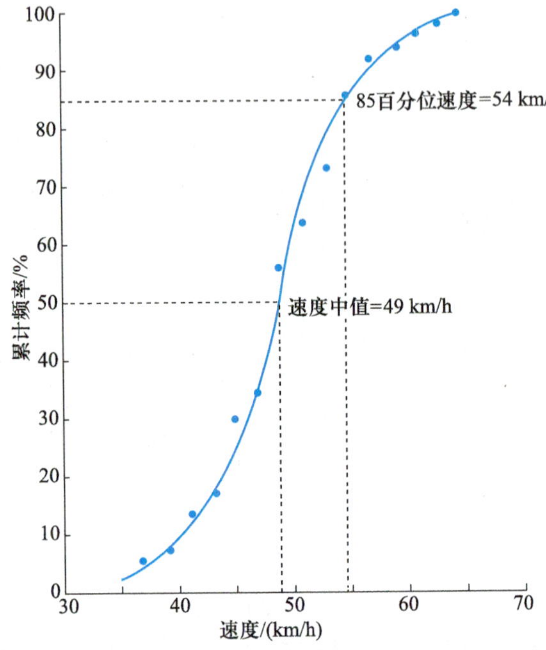

图 4.6　累计频率分布图

应用算术平均速度计算公式：

$$\bar{v}=\frac{\sum f_i v_i}{\sum f_i}$$

$$\sum f_i = 86$$

$$\sum f_i v_i = 4\ 260\ \text{km/h}$$

$$\bar{v}=\frac{4\ 260}{86}\ \text{km/h}=49.5\ \text{km/h}$$

应用标准差计算公式（4.1）：

$$S=\sqrt{\frac{\sum f_i (v_i-\bar{v})^2}{N-1}}$$

$$\sum f_i (v_i-\bar{v})^2 = 3\ 632\ \text{km/h}$$

$$(N-1)=\sum f_i - 1 = 85$$

$$S^2=\frac{3\ 632}{85}\ \text{km/h}=42.73\ \text{km/h}$$

$$S=\pm 6.5\ \text{km/h}$$

从累积频率分布图（图 4.6）中可得，速度中值（即速度的第 50 百分位数）为 49 km/h；第 85 百分位速度为 54 km/h。

4.2 交通量调查

交通量调查是为了得到特定时段内通过道路某一断面的车辆或行人数量。调查时段的选取短至15 min，长则一年，主要取决于数据调查的目的。采集数据时可以根据车辆行驶方向、车型、载客情况等因素进行分类。交通量调查的类型主要包括：

1. 年平均日交通量（AADT）

年平均日交通量是把一年中每天获取的日交通量按全年平均所得。年平均日交通量通常用于估计道路事故率，评估道路建设项目的经济可行性，预测交通量发展趋势，拟定高速公路和城市主要干道系统发展方案以及确定现有设施的改善维护方案等。

2. 日平均交通量（ADT）

日平均交通量是把一段多于一天但少于一年的时间段内获取的日交通量按这段时间的天数进行平均所得，通常用来规划道路改造计划、制定现有设施管理方案和评估交通运营水平等。

3. 高峰小时交通量（PHV）

高峰小时交通量是在以1 h为单位进行连续若干小时调查得到的数据中，交通量最大的小时交通量。通常用于对道路进行功能的分级、几何设计（如确定车道数）、信号设计、分析通行能力、制定交通管理措施（如设置单向车道和可变车道等）以及制定停车规则。

4. 分车型交通量调查

该调查是根据车辆种类分别记录交通量，如：小客车、货车、公交车。分车型交通量调查通常用于几何设计（特别是涉及转弯半径、最大坡度、车道宽度等）、通行能力分析中标准车辆数的确定、道路及桥梁的结构设计等。

4.2.1 交通量调查方法

交通量调查的基本方法有两种：人工计数法和自动计数法。下面对两种方法分别进行介绍。

1. 人工计数法

人工计数法通常需要一个或几个调查员用计数器记录交通量。专用计数器可以记下交叉口各方向的交通量以及分车型交通量。车型分类的详细程度一般取决于调查资料的用途。人工计数法的缺点主要是依赖劳动力，成本高昂；受人为因素影响，数据误差较大；并且不适合长期、连续的交通调查。

2. 自动计数法

机械自动计数装置通常分为两类：侵入式检测器和非侵入式检测器。侵入式检测器需要在道路上布设检测器（如气动检测器、电磁检测器）来检测通过的车辆，再将信息传给与之互联的记录装置。气动检测器示例如图 4.7 与图 4.8 所示。该检测器使用一种感应线圈来检测单个车辆的存在，据此推得车速、车身长度、占有率和通过的车辆数。

图 4.7　气动检测器设置示例

图 4.8　气动检测器

4.2.2 交通量调查种类

1. 边界线交通量调查

当需要获取在某一特定时段内进入和离开某一个区域（如一个城市的中心商业区）的车辆数时，需要进行边界线交通量调查。获取数据的区域被一条假想的闭合边界线圈定，在这条边界线内部的区域称为划定区域。图 4.9 所示是被一条假想的边界线 *ABCDA* 围合的划定区域。每条与边界线交叉的街道形成的交叉口处设为观测点，统计进入和离开划定区域的车辆/出行者数。调查获得的信息可用于停车场规划、评估交通运营，以及用于制定城市快速路或主干道的长期规划。

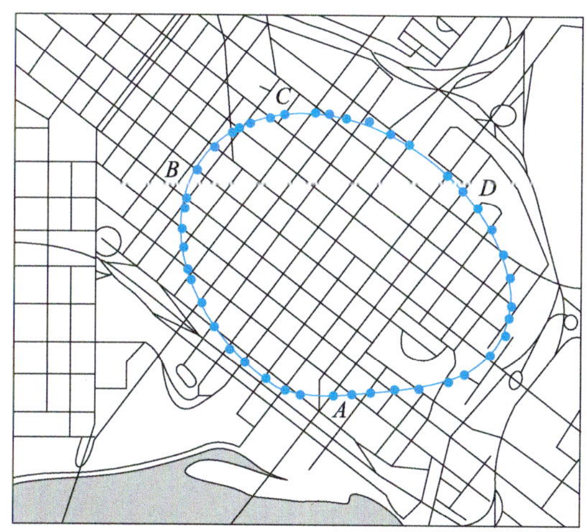

图 4.9 某一边界线交通量调查区域

2. 核查线交通量调查

在核查线交通量调查中，研究区域被几条穿过它的假想线（即核查线）划成几个较大区域。一般情况下，选用自然形成或人工形成的阻隔（比如河流或铁路线）作为核查线。所划定或选定的核查线通常不应被同一条街道跨越一次以上。这些在观测点上收集的数据可以在土地利用模式发生较大变化时，用于交通量变化和交通流分向的调查。

3. 交叉口交通量调查

在交叉口调查中，通过交叉口车辆计数器来确定车辆的类型以及通过交叉口的直行车辆和转弯车辆数。这些数据主要用于确定信号交叉口的周期和相位、交叉口渠化设计以及交叉口总体改进设计。

4. 行人交通量调查

行人交通量调查通常在地铁站和行人过街横道处进行。此类调查通常在评估这些地点现有或即将建设的行人交通设施时进行，包括地上或地下的行人过街设施。行人交通量调查的地点包括交叉口、路侧人行道沿线和人行过街横道。调查获得的数据可以用于分析交通事故、通行能力和确定信号交叉口的最小信号时长。

5. 固定时长交通量调查

为了获得特定的交通量数据如年平均日交通量（AADT），需要获得连续不断的数据。然而，获取所有道路的连续数据费用高昂，实施难度大。为了对调查区域的交通量进行合理的估计，通常选取不同时长如 15 min 及以上时长的交通量调查。

6. 连续交通量调查

连续交通量调查一般使用机械或电子计数器。进行这种调查的观测点都是永久计数观测点。连续流的观测点一般被称作永久计数点。在挑选永久计数点时，必须对调查区域内的公路进行合理的等级分类。每一类别必须由具有相似的交通状况和交通特性的公路路段组成。

4.2.3　交通量特征

路段的连续交通流量可以展示交通量在一小时、一周乃至更长周期内的变化情况。尽管每一路段的交通量时时变化，但这种变化通常是重复和有规律的。

图 4.10a 为某北方城市某路段交通量的逐月变化情况。受冬季天气的影响，1 月、2 月和 12 月观测到的交通量非常小，8 月份观测到的峰值流量主要是假期流量。容易发现，1 月、2 月和 12 月的冬季交通量或 8 月的夏季交通量不能代表年平均交通量。若对这些信息进行连续多年比较，则会观察到交通流变化的重复性。

图 4.10b 为某路段日变交通量。从图中可以看出星期二、星期三和星期四的交通量相似，但星期五观测到峰值。图 4.10c 为时变交通量，一天中每小时的流量用日平均交通量（ADT）的百分比表示。从图中可以看出，上午 1 点至 5 点之间几乎没有交通量；而高峰期出现在上午 7 点至 8 点之间，以及 18 点至 20 点之间。可以推测，工作出行是形成高峰期的主要原因。如果连续观测一周工作日的交通量，可以发现每日的小时流量变化规律较为相似。

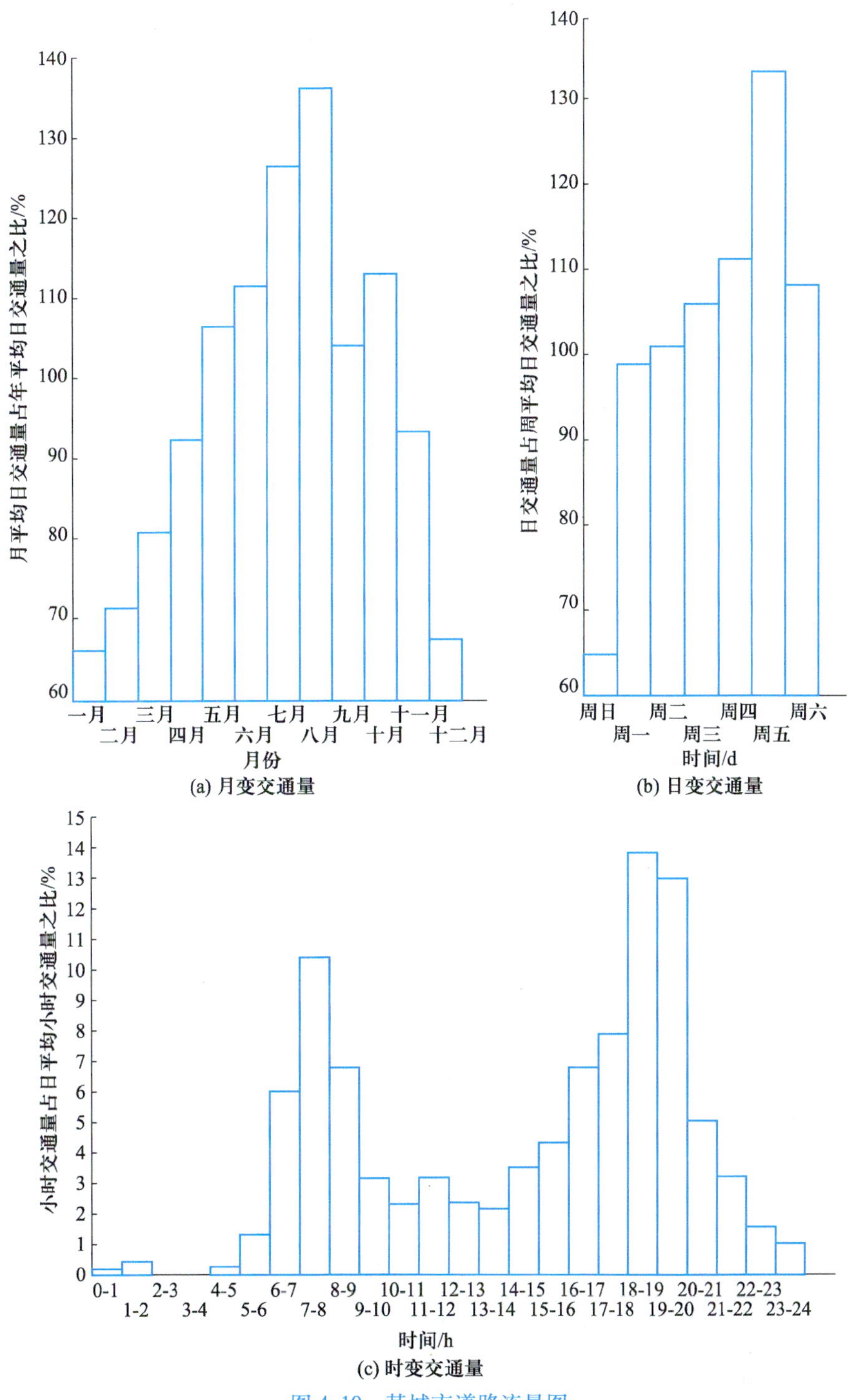

图 4.10 某城市道路流量图

4.3　行程时间及延误调查

行程时间调查是指沿一定路径从一个地点到另一个地点行车所需的时间。调查中需要收集的信息包括地点信息、时段信息和延误的原因。调查的结果可用于评价调查该区域道路服务水平。在交通工程中，这些数据也可用于识别交通问题存在的地点，关注这些问题以改善该路径的总体交通状况。行程时间与延误调查的意义主要体现在：行程时间和延误调查结果可用于确定该路径车辆通行的效率；识别延误较高的位置点以及造成延误的原因；通过分析交通措施实施前后的情况，评价交通运行改进的效果；通过设计评价指标或拥堵指标，确定该路径的相对效率；为交通分配和交通诱导提供特定路径的行程时间；通过汇总历史行程时间调查资料可以评估效率和服务水平随时间变化的趋势。

4.3.1　行程时间与延误调查定义

本小节对行程时间与延误调查中经常使用的一些名词给出定义。

行程时间：车辆经过一条公路上指定区域所需要的全部时间（包括停车时间）。

行驶时间：车辆经过一条公路上指定区域过程中实际车辆移动的时间（不包括停车时间）。

延误：车辆行驶过程中，由于受到超出驾驶人控制范围的意外因素影响而损失的时间。

运行延误：指由道路上其他交通组成的阻抗造成的延误。这种阻抗可以是侧边阻力，发生在交通流受到外部交通干扰时（如停车或由停车启动的车辆），也可以是交通流内部的干扰（如公路通行能力降低）。

停车延误：由于某些原因使车辆停止不动造成的那部分延误。

基本延误（固定延误）：由交通控制装置如信号灯引起的延误。这种延误与交通量多少和其他干扰无关。

行车时间延误：指车辆实际通过调查区域所用时间与假设车辆以这段区域不拥堵时交通流平均速度连续行驶所用时间之差。

4.3.2　行程时间与延误的调查方法

用于调查行程时间和延误的方法主要分为两大类：人工调查法和自动

采集法。在实践中，可根据实际情况和人力物力限制选取不同的调查方法。

4.3.2.1 人工调查法

1. 人工浮动车法

使用该种方法时，观察者驾驶一辆试验车在调查区域里行驶，即试验车“浮动”在交通流里。驾驶员应尽量控制车速使得超过试验车的车数大致等同试验车超过的车数，然后记录下穿越调查区域所用时间。重复这个过程，最后得到的这些时间的平均值即为行程时间。重复次数的最小值计算可参考公式（4.3），建议把 Z 分布换成 t 分布，其原因是浮动车调查的样本数通常小于30，使用 t 分布要更为合理一些。计算公式如下：

$$N=\left(\frac{t_{\alpha}\times\sigma}{d}\right)^{2} \tag{4.4}$$

式中：N——样本容量（最小样本量）；

σ——标准差（km/h）；

d——观测车速的允许误差值（km/h）；

t_{α}——置信水平为 $1-\alpha$，自由度为（$N-1$）的 t 分布；

α——显著性水平。

允许误差值的取值根据调查目的来确定。下面是一些常用调查中采用的取值范围：

① 前后对比调查：±1.6 km/h 到±4.8 km/h。

② 交通运行、经济分析、延误趋势分析：±3.2 km/h 到±6.5 km/h。

③ 交通需求和运输规划调查：±4.8 km/h 到±8.0 km/h。

2. 平均车速法

该方法建议试验车驾驶员以调查区域交通流平均车速穿越调查区域，记录穿越一趟所需时间。重复该过程的最小次数可根据公式（4.3）计算得到，记录的每次时间求平均值即为行程时间。

不管采用哪种调查方法，首要任务都应该是清晰地明确调查区域。获取行程时间的通常方式就是观察人员在调查区域的起点启动秒表然后在终点按下秒表结束计时。此外还可以在试验开始前标定路线上一些特殊位置，记下试验车通过这些位置的时间。每次试验车停止的时间也需要使用秒表记录下来。这些时间加起来的总和就是一次试验的停车延误。

此外，也可以由驾驶试验车的司机一人独立完成，这种方案需要随车带一台具有内置时钟和测距功能的电脑。试验开始前先将预先决定的一些特殊位置（即控制点）编入计算机程序。试验开始时，司机触发时钟计时功能以及测距功能；之后经过每个预先设置的点时由司机按下相应键，数据就会自动记录下来。而每次的延误原因则由司机口述，录音设备记录。

3. 流动车法

这种方法每次需要观测者驾驶试验车辆在调查区域行驶一个来回。图 4.11 所示调查区域为一条东西走向道路上的一段。观测者从 $X-X$ 位置出发时开始采集所需数据，然后向东行驶至 $Y-Y$ 位置，再掉头行驶到 $X-X$ 位置。

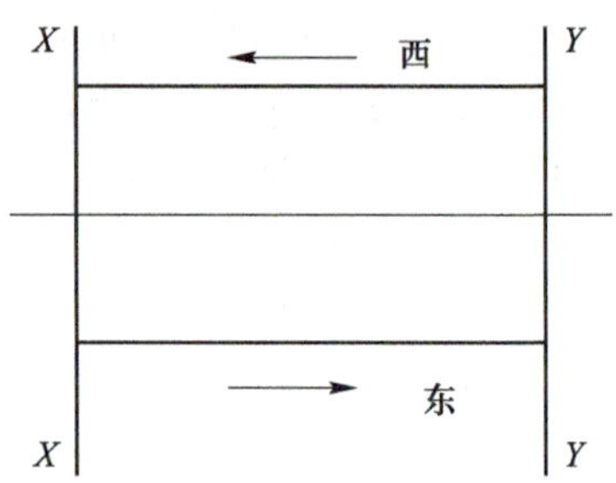

图 4.11　流动车法测试区域

其中一趟往返中需要采集如下数据：

- 从 $X-X$ 位置向东行驶至 $Y-Y$ 位置所需时间(T_e)，以 min 计；
- 从 $Y-Y$ 位置向西行驶至 $X-X$ 位置所需时间(T_w)，以 min 计；
- 试验车向东行驶时相遇的对面来车数(N_e)；
- 试验车从 $Y-Y$ 到 $X-X$ 西向行驶时同方向车超过它的辆数(O_w)；
- 试验车从 $Y-Y$ 到 $X-X$ 西向行驶时超过同方向车的辆数(P_w)。

西向行驶的交通量(V_w)可根据如下公式计算：

$$V_w=\frac{60(N_e+O_w-P_w)}{T_e+T_w} \tag{4.5}$$

式中($N_e+O_w-P_w$)是（T_e+T_w）时间内向西经过 $X-X$ 处的车辆数。试验车自 $X-X$ 处出发到它再次回到 $X-X$ 处期间除了试验车向西行驶时超过的车辆，其他所有西向行驶的车辆都必定经过位置 $X-X$。

通过 V_w 可以进一步得到向西行驶的平均行程时间$\overline{T}_w$：

$$\frac{\overline{T}_w}{60}=\frac{T_w}{60}-\frac{O_w-P_w}{V_w}$$

即

$$\overline{T}_w=T_w-\frac{60(O_w-P_w)}{V_w} \tag{4.6}$$

例 4.3 使用流动车法调查交通量和行程时间

表 4.4 里道路上某一段区域应用流动车法观测到的行程时间。试计算该路段每个方向的交通量和行程时间。

试验车向东行驶所需平均时间(T_e) = 2.85 min;

试验车向西行驶所需平均时间(T_w) = 3.07 min;

试验车向东行驶期间向西行驶的平均车辆数(N_e) = 79.50 veh;

试验车向西行驶期间向东行驶的平均车辆数(N_w) = 82.25 veh;

试验车向东行驶期间超过试验车的平均车辆数(O_e) = 1.00 veh;

试验车向西行驶期间超过试验车的平均车辆数(O_w) = 1.25 veh;

试验车向东行驶期间超过的平均车辆数(P_e) = 1.50 veh;

试验车向西行驶期间超过的平均车辆数(P_w) = 0.875 veh。

表 4.4 行程时间调查中使用流动车法得到的数据

行驶方向/序号	行程时间/min	对向相遇车辆数/veh	超过试验车的车辆数/veh	试验车超过的车辆数/veh
东向行驶				
1	2.75	80	1	1
2	2.55	75	2	1
3	2.85	83	0	3
4	3.00	78	0	1
5	3.05	81	1	1
6	2.70	79	3	2
7	2.82	82	1	1
8	3.08	78	0	2
平均	2.85	79.50	1.00	1.50
西向行驶				
1	2.95	78	2	0
2	3.15	83	1	1
3	3.20	89	1	1
4	2.83	86	1	0
5	3.30	80	2	1
6	3.00	79	1	2

续表

行驶方向/序号	行程时间/min	对向相遇车辆数/veh	超过试验车的车辆数/veh	试验车超过的车辆数/veh
7	3.22	82	2	1
8	2.91	81	0	1
平均	3.07	82.25	1.25	0.875

解：（1）由公式（4.5）可以得到西向交通量

$$V_w=\frac{(N_e+O_w-P_w)60}{T_e+T_w}$$

$$=\frac{(79.50+1.25-0.875)60}{2.85+3.07}\text{veh/h}=809.5\ \text{veh/h}\quad（取 810 veh/h）$$

（2）同样地，可以计算出东向交通量

$$V_e=\frac{(82.25+1.00-1.50)60}{2.85+3.07}\text{veh/h}=828.5\ \text{veh/h}\quad（取 829 veh/h）$$

（3）可得向西行驶平均行程时间

$$\bar{T}_w=3.07\ \text{min}-\frac{1.25-0.875}{810}60\ \text{min}=3.0\ \text{min}$$

（4）向东行驶平均行程时间

$$\bar{T}_e=2.85\ \text{min}-\frac{1.00-1.50}{829}60\ \text{min}=2.9\ \text{min}$$

4.3.2.2　自动采集法

除了上述采用人工方式调查行程时间外，近年来随着智能交通系统（Intelligent Transportation System，ITS）技术的发展，出现了多种自动采集行程时间信息的技术和手段，如：车辆牌照匹配技术和浮动车技术。下面简要介绍这两种调查方法。

1. 车辆牌照匹配

该方法将车辆通过连续观测点的时间和车牌号进行自动匹配，计算车辆行程时间。车辆 i 通过连续观测点的行程时间可计算为：

$$TT_{ID_i}=t_2^i-t_1^i \tag{4.7}$$

式中：t_1^i——车辆 i 通过观测点 1 的时刻；

t_2^i——车辆 i 通过观测点 2 的时刻；

ID_i——车辆 i 的车牌号。

2. 基于 ITS 浮动车技术

浮动车是指安装有定位（如：GPS 设备）和无线通信装置的普通车辆

（如：出租车、滴滴/Uber 等出行共享平台车辆、公交车、警车等），这种车辆能够与控制中心进行信息交互，例如，通过无线网络可以向控制中心发送车辆的位置、速度信息以及记录车辆发送信息的时刻等。利用这些信息，可以计算车辆从某一地点到另一地点的行程时间（如图 4.12 所示）。

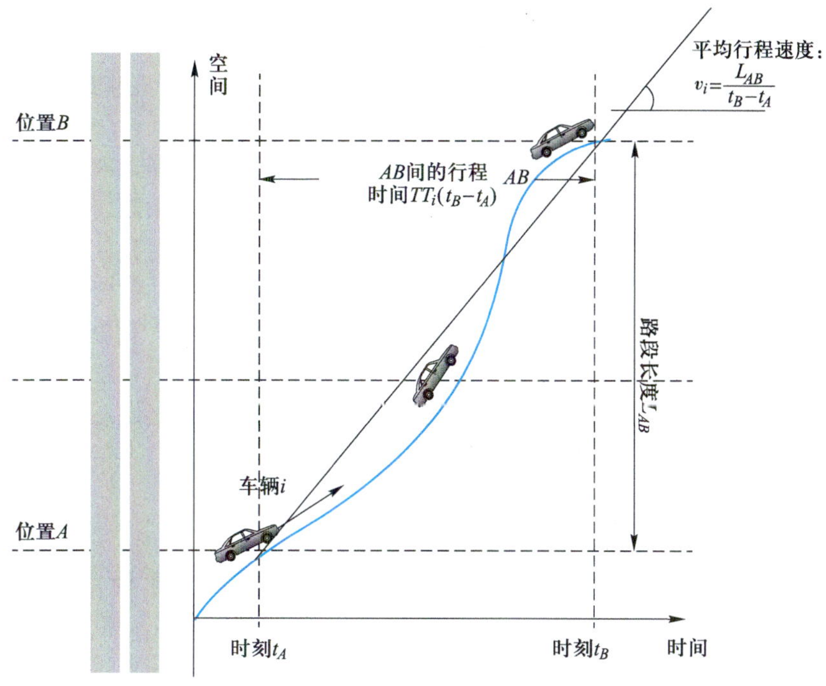

图 4.12 某浮动车 i 从 A 到 B 的行程时间采集示意图

车辆 i 从起点 A 到终点 B 的行程时间：

$$TT_i=t_B-t_A \tag{4.8}$$

4.4 停车调查

道路上行驶的车辆会经历短暂停车或较长时间的停车。因此，停车是道路交通需要研究的一个重要问题。对停车空间需求较大的一般是这几类用地：商务用地、居民用地或其他用于商业活动的用地。

城市交通工程师经常会面临这样的问题：如果要在中央商务区提供充足的停车位，有时不得不设立路侧停车位，但这样设置的同时就会影响道路通行能力和服务水平。解决这个问题并不容易，可用空间的分配取决于开发目的，交通工程师在寻找解决方案时必须要考虑这一点。因此就需要停车调查决定某处的停车需求、停车设施的设置、未来停车需求预测以及权衡各方利益选出最好方案。在详细讨论停车调查的细节之前，有必要先对不同种类的停车设施进行说明。

4.4.1 停车设施的分类

停车设施主要可以分为两大类：路内停车设施和路外停车设施。

1. 路内停车设施

这种停车设施通常也称作路边设施。街道一侧或两侧路边设置的路侧停车位，如果不收费而且不限制停车时长就是无限制停车设施，同样也可以通过限定一天中某个特殊时段占用停车位的最大时长来对其使用进行限制。有限制的停车位可以收费也可以免费。提供给特殊目的的停车位也是有限制停车位，如残疾人专用停车位、公交车停靠站或卸货车位等。

2. 路外停车设施

路外停车设施包括地面停车场和停车库。私有停车位供所有者停放自己的车辆，配建停车场供主体建筑相关人员停放车辆。

4.4.2 停车相关名词定义

在讨论停车调查方法之前，需要定义停车调查中经常使用的名词，如：车位小时、累计停车数、停车负荷、停车时间和停车周转率。

车位小时：是一个停车单位，指单个停车位被使用一小时。

停车数：一段时间（通常取一天）内调查区域内停放车辆的总数。

累计停车数：调查区域内任一时刻正停放在停车位的车辆总数。可以使用这些数据绘制出一条显示停车数随时间变化的曲线，用于反映一天中停车数量的变化。

停车负荷：上述停车累计曲线下方，两个给定时间所夹区域。它的含义是特定时间段内使用的车位小时数。

停车时间：车辆在停车设施停放的实际时间。平均停车时间反映一个停车位变成可用状态的频繁程度。

停车周转率：一个停车位的使用频率。停车周转率的计算是用一段特定时间的停车数除以这段时间长度以及停车位数量。

4.4.3 停车调查方法

停车调查通常包括：现有停车设施调查；停车累计数、停车周转率、停放时间调查；停车需求识别；以及相关影响因素，如经济、法律、行政等方面信息的搜集。

1. 现有停车设施调查

这项调查需要详细列出调查区域内私有或公有的合法停车位的位置和所有相关特征资料。路内和路外停车设施都要调查。特征资料具体如下：

① 每处停车设施的停车位种类和数量；

② 运营时间或停车时间限制；

③ 归属情况（私有或公有）；

④ 收费标准和方法；

⑤ 使用限制（是否对社会开放）；

⑥ 是否有其他限制（如专用于装载卸货区、公交站点、出租车停靠站）；

⑦ 可能的使用期限（固定停车设施还是临时停车设施）。

停车设施调查获得的资料不仅对交通工程师有用，还可以为一些政府机构所用，比如城市规划局和经济管理部门。这份调查清单需要定期更新信息，一般四五年更新一次。

2. 停车数据采集

（1） 累计停车数

在一周的不同天里，等时间间隔记下停车数。通常在早晨6:00到凌晨12:00之间每隔一或两个小时记录一次。调查时间的选取依据主体建筑产生停车需求的营业时间而定。例如：如果调查地点是商业区，调查进行的时间就应该选在商店开门营业期间，有时候只持续到晚上9:30。对于载货汽车停车场来说，停车高峰反而会出现在午夜前后，就需要采集这个时间点的数据。该调查获取的数据用于确定时变停车量和停车需求高峰期（如图4.13所示）。

（2） 停车周转率和停放时间

在给定的调查地点，选取一些停车位作为样本，收集这些样本的相关信息以获取结果。实际操作时在每个固定时间区间的末尾记下各样本停车位上停放车辆的车牌号。固定时间区间的长度取决于允许车辆停放的最大时限。举例来说，如果允许车辆最久停放1 h，那么可选取20 min作为固定时间区间。如果停车时间限制是2 h，以30 min作为一个区间则更为合适。停车周转率由以下公式计算得到：

$$\gamma=\frac{\text{停车车辆的数量}}{\text{停车位数量}} \tag{4.9}$$

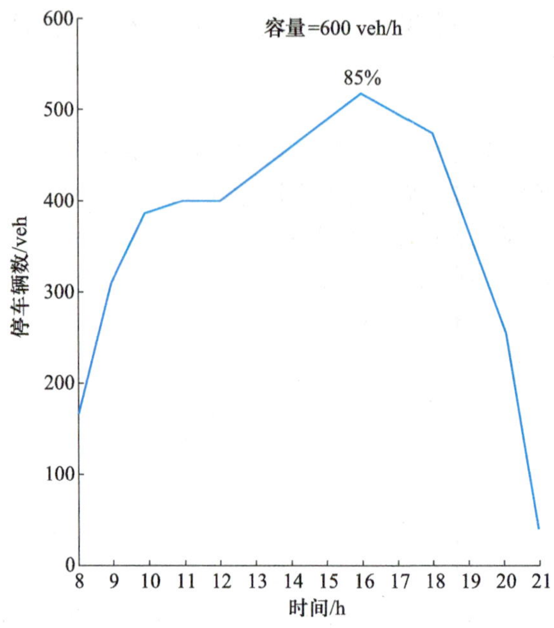

图 4.13 停车场累计停车曲线

3. 停车需求识别

通过对使用各种停车设施的司机进行访问可获得停车需求信息。对工作日早八点至晚十点间使用停车设施的驾驶员进行访谈，应询问的信息包括出行起点、出行目的、驾驶员在停车后的目的地等。调查同时要记录停车设施的位置、车辆到达和离开时间以及车辆类型。

此外，也可以使用明信片进行停车调查，这种方法是将带有相应问题和寄回地址且加盖邮戳的明信片交给司机或是放在挡风玻璃雨刷下。应用这种方式时通常只能回收 30%～50%，甚至更少的明信片，因此有必要记录每个位置发放明信片的时间和数量，以计算后期用于扩展样本的扩散系数。

4.4.4 停车数据分析

停车数据分析包括对数据的汇总和分析，以获得决策所需的相关信息。这些信息包括：合法停车的车辆数量及停放时间，非法停车的车辆数量及停放时间，停车的空间和时间需求，以及停车设施的供应。对前两项信息的分析通常只涉及简单的算术和统计计算，可直接获取。通过这些信息获得的数据来确定停车时间。

停车的时间空间需求量可通过以下公式求得：

$$D=\sum_{i=1}^{N}(n_i t_i) \tag{4.10}$$

式中：D——某一具体时间段内的停车空间需求；

N——停车持续范围的分组数；

t_i——第 i 组停车的持续时间；

n_i——第 i 个时间区间内的停车数量。

停车的时间空间供应量可通过以下公式求得：

$$S=f\sum_{i=1}^{N}(t_i) \tag{4.11}$$

式中：S——某一具体时间段停车空间的实际供应量；

N——可提供的停车位数量；

t_i——第 i 个停车空间在特定周期内可被合法停放的总时长（h）；

f——效率因子。

效率因子用于纠正每个周期内的时间损失，这是根据对停车设施的最佳性能的预测决定的，因此，对于不同类型的停车设施（如地面停车场、路边停车场和车库），应确定不同的效率因子。在高峰时期，路边停车场的效率因子从 78%提高到 96%；而对于地面停车场和车库，效率因子从 75%提高至 92%。对于路边停车场，f 的均值为 90%；车库 f 均值为 80%；地面停车场 f 均值为 85%。

例 4.4　停车场的空间需求

通过观测获知中心商务区的停车库在每天营业时间上午 8 点至下午 6 点期间，由于缺乏停车空间，致使 20%有停车意愿的人折返。通过停车调查收集的信息分析得出，来停车的人中通勤者平均停车时间为 9 h；购物者平均停车时间为 2 h。如果由于空间紧张无处停车的人中有 20%是通勤者，其余为购物者，且目前停车库里每天停车 200 辆，假设停车效率为 0.90，确定还需要多少停车空间才能满足过量需求。

解：第一步：利用公式（4.10）计算时间空间需求量。

$$\text{由于无处停放而离开的车辆总数}=\left(\frac{200}{0.8}-200\right)\text{veh}=50\text{ veh}$$

$$\text{无法停车的通勤者}=0.2\times50\times9\text{ 空间小时}=90\text{ 空间小时}$$

$$\text{无法停车的购物者}=0.8\times50\times2\text{ 空间小时}=80\text{ 空间小时}$$

则未被满足的停车空间需求量为

$$D'=(90+80)\text{空间小时}=170\text{ 空间小时}$$

第二步：通过每个车位可合法停放的时间长度（早 8 点至晚 6 点，共 10 h）确定额外的停车空间数量。

$$0.9\times10\times N=170$$

$$N=18.89$$

即至少需要 19 个车位。

第四章
习题解答

习　题

4.1　某条城市道路上采集到的速度标准差为 7.7 km/h。

（1）若选择 95% 的置信水平估计这条道路的平均速度，并使得误差不超过 3.2 km/h，需要至少采集多少个速度样本？

（2）若误差不超过 1.7 km/h，样本量又该取多大？

4.2　给出下列名词的定义并举例说明如何应用：（1）年平均日交通量（AADT）；（2）日平均交通量（ADT）；（3）高峰小时交通量（PHV）。

4.3　行程时间和延误调查的作用是什么？描述一种在路段上进行行程时间和延误调查的方法并阐述如何从调查所得数据获得如下信息：（1）行程时间；（2）运行延误；（3）停车延误；（4）固定延误；（5）行程时间延误。

4.4　为了获得某一段城市道路的行程时间和平均速度，采用人工浮动车法进行行程时间调查，共进行 10 轮调查并计算速度标准差为 4.8 km/h。试问当允许误差为 ±2.5 km/h，显著性水平为 5% 时，调查次数是否满足要求？

4.5　一位工程师分析某一路段上的小客车和大卡车的平均速度是否有显著性差异，采集数据如下表所示，请问该名工程师能否据此判断出两组数据没有显著性差异。

	卡　车	小 客 车
平均速度/(km/h)	62	59
速度的标准差/(km/h)	±5.5	±6.3
样本容量	275	175

4.6　表格里的数据为某一住宅区路段上采集到的点速度（km/h），用 t 检验方法，检验在 95% 的置信水平下平均速度之间是否存在显著性差异。

之　前	之　后	之　前	之　后
40	23	38	25
35	33	35	21
38	25	30	35
37	36	30	30
33	37	38	33
30	34	39	21
28	23	35	28
35	28	36	23
35	24	34	24
40	31	33	27
33	24	31	20
35	20	36	20
36	21	35	30
36	28	33	32
40	35	39	33

4.7　使用习题 4.6 提供的数据，画出每组数据的频率分布直方图和累积百分频率分布图，并求出：（1）平均速度；（2）85 百分位数速度；（3）15 百分位数速度；（4）中位数。

4.8　在你的校区内选择一处停车场，用本章介绍的方法进行几个小时的停车场使用调查。根据采集到的数据，计算周转率和平均停车时间。画出它的累计停车曲线。

4.9　某停车调查采集的数据显示从早上 8 点到下午 6 点的停车数为 300 辆。其中，10%的车平均停车时间为 2 h，30%的车平均停车时间为 4 h，其余车辆平均停车时间为 10 h，试计算该停车场需求的空间小时数。

4.10　如果习题 4.9 中的停车场停车位的平均空置率为 10%（早 8 点到下午 6 点），假设效率因子为 0.85，试计算停车场中的停车位数。

参考文献

［1］GARBER N J，HOEL L A. Traffic and Highway Engineering［M］. 4th ed. Charlottesville：University of Virgnia，2009.

［2］ Federal Highway Administration. Traffic Monitoring Guide. U. S. Department of Transportation ［M］. Washington, D. C. : Office of Highway Policy Information, 2016.

［3］ Hans Van Lint. Innovations in Dynamic Traffic Management ［M］. Delft: Delft University of Technology, 2014.

［4］ 徐吉谦，陈学武．交通工程总论［M］. 4版．北京：人民交通出版社，2015.

第五章 交通流和排队论基础

道路的基本功能是提供移动性。在为交通流提供移动性的同时，必须保证交通的安全性以及适当的运营水平（如可接受车速）。在本章之前，已经对道路设计中安全相关部分做了讨论；从本章开始，将在第五章和第六章介绍分析与评价道路运营水平的基础理论与方法。

课件 5

为分析和评价道路的运营水平，需要通过各个维度收集交通流的相关信息，例如通过车辆数量（流量）、密度、速度等交通流参数以及这些参数随时间的变化特性来了解交通流。这些交通流参数在很大程度上影响了道路设计（如车道数量确定、路基路面类型、道路几何设计）和道路运营（如交通控制方式）；而道路设计和运营反过来又作用于交通流，进而影响道路性能。因此，掌握交通流的基本理论，是对道路性能与运营水平进行量化的基础。

5.1 交通流参数

用于表征交通流的参数有很多，本节将介绍同时适用于连续和间断交通流的参数。其中，连续交通流是指不受信号灯和停车标志等交通设施影响的交通流，如高速路和城市快速交通流；间断交通流则是受到信号灯和停车标志影响的交通流，如城市干道交通流。这里我们首先介绍交通流参数的定义。

5.1.1 流量

流量为单位时间通过道路断面的车辆数，用 q 表示。计算公式为：

$$q=\frac{n}{t} \tag{5.1}$$

式中：q——流量（车辆/小时，veh/h）；

n——观测时段 t 内经过某些指定观测点的车辆数（veh）；

t——观测时段长度（h）。

流量通常以车辆/小时（veh/h）为单位。和流量比较相似的概念是流率，不过流率的定义更为一般化。**流率**通常指在不足 1 h 的时间段内，通过道路指定地点的车辆数经过等效转换得到的单位小时车辆数。流量和流率的区别将在第六章有所体现。

除了在某时间间隔内通过测量点的车辆数外，连续车辆之间的时间间隔（或者连续车辆到达之间的时间）也是表征交通流的参数。两个连续车辆前保险杠通过某一路段测量点的时间间隔，称为车头时距。车头时距与 t 有如下关系：

$$t=\sum_{i=1}^{n} h_i \tag{5.2}$$

式中：t——时间（s）；

h_i——第 i 辆车的车头时距，即车辆 i 跟车辆 $i-1$ 到达某一点的相隔时间（s）；

n——在路段测量点观测到的车辆数。

将式（5.2）带入式（5.1），可得：

$$q=\frac{n}{\sum_{i=1}^{n} h_i} \tag{5.3}$$

或

$$q=\frac{1}{\bar{h}} \tag{5.4}$$

式中：$\bar{h}$——车辆的平均车头时距（s）。

5.1.2　速度

在交通流中，关于速度有两种定义。第一种是在沿着道路一些指定点所观察到的车辆速度的算术平均值，称为时间平均速度，计算公式为：

$$\bar{v}_{\mathrm{t}}=\frac{\sum_{i=1}^{n} v_i}{n} \tag{5.5}$$

式中：$\bar{v}_t$——时间平均速度（km/h）；

v_i——第 i 辆车点速度（km/h）；

n——测量车辆点速度的数量。

速度的第二种定义在交通分析的背景下更有用，是基于车辆行驶一段已知长度的道路所需的时间来确定，并假设所有车辆的行驶时间在相同长度的道路上测得，这种方式测得的速度称为空间平均速度。在交通流模型中，一般采用空间平均速度。空间平均速度可表示为：

$$\bar{v}_s = \frac{l}{\bar{t}} \tag{5.6}$$

式中：$\bar{v}_s$——空间平均速度（km/h）；

l——用于测量车辆行驶时间的道路长度（km）；

$\bar{t}$——车辆平均行程时间（h）：

$$\bar{t} = \frac{1}{n}\sum_{i=1}^{n} t_i \tag{5.7}$$

式中：t_i——车辆通过长度为 l 的路段所需的时间（h）；

n——观测车辆数。

将式（5.7）代入式（5.6），可得

$$\bar{v}_s = \frac{l}{\frac{1}{n}\sum_{i=1}^{n} t_i} \tag{5.8}$$

或

$$\bar{v}_s = \frac{1}{\frac{1}{n}\sum_{i=1}^{n}\left[\frac{1}{l/t_i}\right]} \tag{5.9}$$

例 5.1　时间平均速度与空间平均速度

在 0.5 km 路段的中点测量 5 辆车的速度（用雷达），车辆 1，2，3，4 和 5 的速度分别为 44 km/h，42 km/h，51 km/h，49 km/h 和 46 km/h。假设所有车辆在该道路段上以不变的速度行驶，计算时间平均速度和空间平均速度。

解： 对于时间平均速度，利用公式（5.5），得到

$$\bar{v}_t = \frac{\sum_{i=1}^{n} v_i}{n} = \frac{44+42+51+49+46}{5}\text{km/h} = 46.4\text{ km/h}$$

对于空间平均速度，利用公式（5.9）。该公式主要基于行程时间；然

而，当车辆以恒定速度行驶时，个体行程时间为路段距离长度除以个体速度，进而得到空间平均速度：

$$\bar{v}_s=\frac{1}{\frac{1}{5}\left[\frac{1}{44}+\frac{1}{42}+\frac{1}{51}+\frac{1}{49}+\frac{1}{46}\right]}\text{km/h}=\frac{1}{0.0217}\text{km/h}=46.08\text{ km/h}$$

需要注意的是，空间平均速度通常低于时间平均速度，除非所有车辆以完全相同的速度行驶，在这种情况下，两个测量结果将相等。

5.1.3　密度

交通密度为单位长度路段上的车辆数，用 k 表示，计算公式为

$$k=\frac{n}{l} \tag{5.10}$$

式中：k——单位距离的车辆交通密度（veh/km）；

n——特定时间内占用一段长度的路段的车辆数（veh）；

l——路段长度（km）。

设道路长度为 l，则有：

$$l=\sum_{i=1}^{n} s_i \tag{5.11}$$

式中：s_i——第 i 辆车与第 $i-1$ 车的车头间距，从 i 车前保险杠到 $i-1$ 车前保险杠的距离（m）；

n——车辆数量。

将式（5.11）带入式（5.10）中，得到：

$$k=\frac{n}{\sum_{i=1}^{n} s_i} \tag{5.12}$$

或

$$k=\frac{1}{\bar{s}} \tag{5.13}$$

式中：$\bar{s}$——平均车头间距（m）。

由于车头时距、个体行程时间、车头间距表征单个车辆在交通流中的特征，因此它们属于微观交通流参数。而流量、速度和密度表征的是宏观交通流特性，属于宏观交通流参数。上述推导实际上明确了车头时距与流量、个体行程时间与平均速度、车头间距与密度之间的关系。由此建立了宏观交通流与微观交通流之间的联系。

5.1.4 流量、密度、速度的关系

用经典的流体理论描述宏观交通流，可知速度（空间平均速度）、密度与流量的基本关系如下：

$$q=vk \tag{5.14}$$

式中：q——流量（veh/h）；

v——速度（空间平均速度）（km/h）；

k——密度（veh/km）。

例 5.2 流量、速度、密度

在某高速公路单车道的某一点测量车辆车头时距、间距，在 1 h 的过程中，车头时距为 2.5 s/veh，车头间距为 80 m/veh。计算交通流的平均速度。

解： 为了计算交通流的平均速度，利用公式（5.14）的基本关系。流量跟密度需要通过车头间距、时距的数据来计算。通过公式（5.4）得到流量如下：

$$q=\frac{1}{2.5\ \mathrm{s/veh}}=0.40\ \mathrm{veh/s}$$

小时流量：

$$q=0.40\ \mathrm{veh/s}\times 3\,600\ \mathrm{s/h}=1\,440\ \mathrm{veh/h}$$

密度通过公式（5.13）得到：

$$k=\frac{1}{80\ \mathrm{m/veh}}=0.012\,5\ \mathrm{veh/m}$$

通过 1 km 的路段时：

$$k=0.012\,5\ \mathrm{veh/m}\times 1\,000\ \mathrm{m}=12.5\ \mathrm{veh/km}$$

现在应用公式（5.14），重新排列后计算平均速度：

$$v=\frac{q}{k}=\frac{1\,440\ \mathrm{veh/h}}{12.5\ \mathrm{veh/km}}=115.2\ \mathrm{km/h}$$

5.2 交通流基本图

上节介绍了交通流三个基本宏观参数（流量、速度和密度）的定义，本节将讨论三个宏观参数两两间的关系，即速度-密度关系、流量-密度关系和速度-流量关系。交通工程中通常将这三个参数两两间的关系称为交通流基本图。交通流基本图是交通流理论的基础，在交通状态和通行能力的估计、预测及交通管理与控制等应用中，起着非常重要的作用。

5.2.1 速度-密度模型

首先，讨论速度与密度之间的关系。假设高速公路某路段上只有一辆车。此时，密度非常低，驾驶员能够以接近公路设计速度的速度自由行驶。这种速度称为自由流速度 v_f，因为车辆速度不受其他车辆影响。随着越来越多的车辆进入到这段高速公路，交通密度将会增加。驾驶员为了其他车辆而降低行驶速度，车辆的平均行驶速度将会下降。最终，这段道路将变得拥挤（具有很高的密度），车辆将会停止，此时交通密度称为堵塞密度 k_j。

上述过程可以近似地用图 5.1 所示的线性关系表示。在数学上，这种关系可以表达为：

$$v=v_f\left(1-\frac{k}{k_j}\right) \tag{5.15}$$

式中：v——空间平均速度（km/h）；

v_f——自由流速度（km/h）；

k——密度（veh/km）；

k_j——堵塞密度（veh/km）。

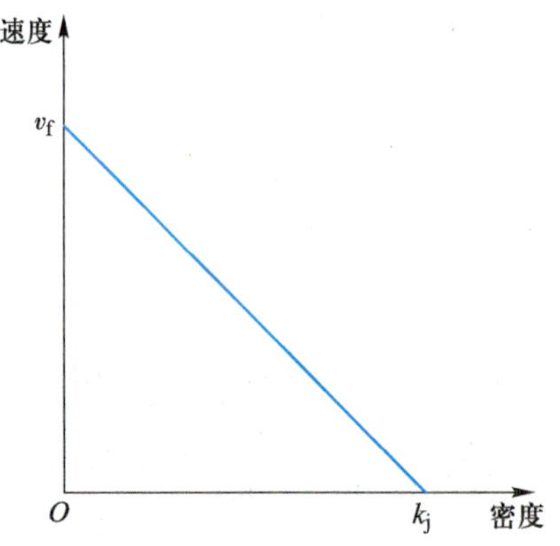

图 5.1 速度-密度线性关系图

速度-密度的线性模型简单便于使用，是最常用的模型。然而，实证研究表明速度-密度关系往往在低密度和高密度（接近堵塞密度）的情况下是非线性的。其关系大体可以分为三段：（1）低密度情况下，速度随密度的增加而呈非线性缓慢下降；（2）在中大密度情况下，速度随密度增加线性下降［如式（5.15）］；（3）随着密度的增加，速度逐渐趋近于零时，堵塞密度附近二者呈非线性关系。关于非线性速度-密度关系的讨论，感兴趣的读者可以参考文献［9］。

5.2.2 流量-密度模型

基于公式（5.15）中关于速度-密度线性关系的假设，将等式（5.15）带入等式（5.14）得到关于流量-密度的数学模型：

$$q=v_{\mathrm{f}}\left(k-\frac{k^2}{k_{\mathrm{j}}}\right) \tag{5.16}$$

式中所有变量均已在前文定义。

公式（5.16）的一般形式如图 5.2 所示。需要注意的是在这个图中最大流量 q_{cap}，表示高速公路能够允许通过的最大流量，称为道路的通行能力。与通行能力相对应的交通密度为 k_{cap}，相应的速度为 v_{cap}。关于 k_{cap} 和 v_{cap}，可以通过式（5.16）的微分方程式得到。当流量最大时，应满足：

$$\frac{\mathrm{d}q}{\mathrm{d}k}=v_{\mathrm{f}}\left(1-\frac{2k}{k_{\mathrm{j}}}\right)=0 \tag{5.17}$$

同时，由于自由流速度（v_{f}）不等于零，

$$k_{\mathrm{cap}}=\frac{k_{\mathrm{j}}}{2} \tag{5.18}$$

将公式（5.18）代入式（5.15）中，可得：

$$v_{\mathrm{cap}}=v_{\mathrm{f}}\left(1-\frac{k_{\mathrm{j}}}{2k_{\mathrm{j}}}\right)=\frac{v_{\mathrm{f}}}{2} \tag{5.19}$$

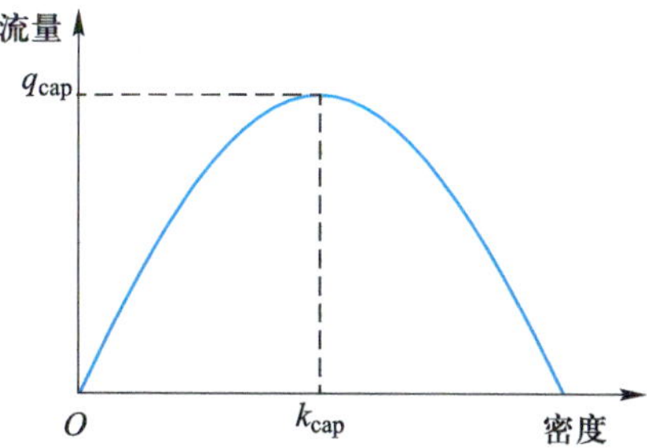

图 5.2 流量-密度抛物线型关系图

将式（5.18）和式（5.19）代入式（5.14）中，得到：

$$q_{\mathrm{cap}}=v_{\mathrm{cap}}k_{\mathrm{cap}}=\frac{v_{\mathrm{f}}k_{\mathrm{j}}}{4} \tag{5.20}$$

5.2.3 速度-流量模型

利用线性的速度-密度模型［式（5.15）］，通过简单变换可得：

$$k=k_{\mathrm{j}}\left(1-\frac{v}{v_{\mathrm{f}}}\right) \tag{5.21}$$

将式（5.21）代入式（5.14）后得到：

$$q=k_{\mathrm{j}}\left(v-\frac{v^{2}}{v_{\mathrm{f}}}\right) \tag{5.22}$$

公式（5.22）得到的速度-流量模型为抛物线函数，如图 5.3 所示。值得注意的是，在图 5.3 中，对于任意不等于通行能力（q_{cap}）的流量 q，有两个可能的速度与其对应。图中曲线的上半部分（$v \geqslant v_{\mathrm{cap}}$）代表非拥挤状态；曲线的下半部分代表拥挤和不稳定的状态。

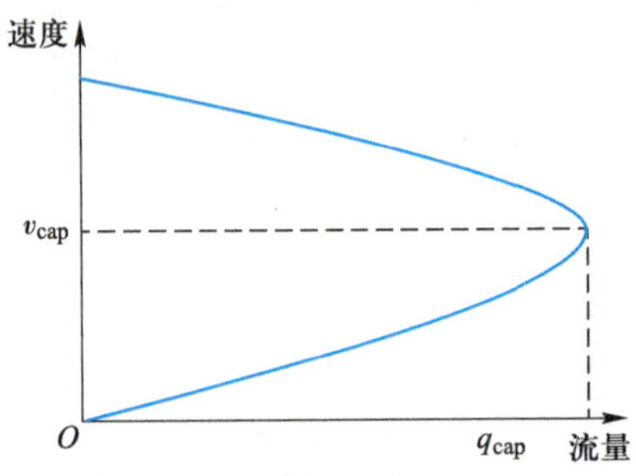

图 5.3 速度-流量抛物线型关系图

本小节推导内容在图 5.4 的交通流基本图中得到了集中体现。

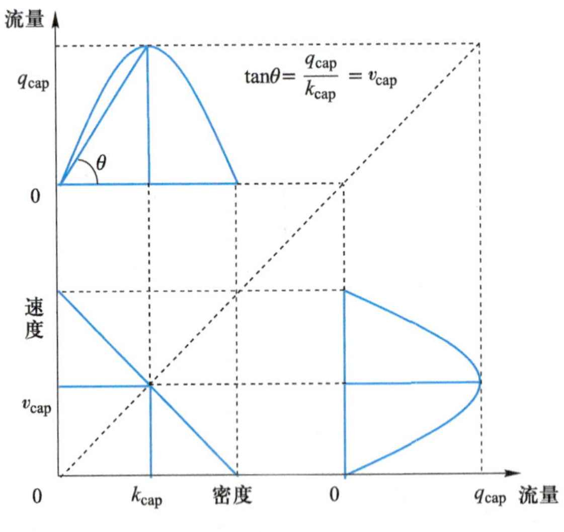

图 5.4 交通流基本图

例 5.3 速度、流量、密度关系的应用

高速公路已知区段的自由流速度是 80 km/h，通行能力 3 500 veh/h。在 1 h 内，沿着这个公路的特定点计数有 2 100 辆车。应用线性速度-密度关系［式（5.15）］，估计这 2 100 辆车的空间平均速度是多少？

解： 首先由公式（5.20）求出堵塞密度：

$$k_{\mathrm{j}}=\frac{4q_{\mathrm{cap}}}{v_{\mathrm{f}}}=\frac{4\times3\ 500}{80}\ \mathrm{veh/km}=175.0\ \mathrm{veh/km}$$

重新排列公式（5.22）来计算 v：

$$\frac{k_{\mathrm{j}}}{v_{\mathrm{f}}}v^{2}-k_{\mathrm{j}}v+q=0$$

将 k_{j}，v_{f}与 q 值代入上式，得到：

$$\frac{175.0}{80}v^{2}-175.0v+2\ 100=0$$

计算得 $v=65.3$ km/h 或者 14.7 km/h，它们都是合理的速度。

5.3 交通流的统计学模型

在学习了流量、速度和密度这些宏观交通流参数之间的关系后，我们来讨论一下交通流的随机性特征。在现实中，交通流的随机性表现在车辆在到达路段中的某点时对应的流率并不恒定；交通流在路段上的分布通常不是均匀分布；交通流中的车辆也并非保持相同的速度在道路上行驶。例如，在车辆均匀到达的假设下，如果交通流为 360 veh/h，则以 5 min 为时间间隔，5 min 内到达的车辆数量为 30，所有车头时距均为 10 s。然而，实际观察结果表明，这种假设往往过于理想化了。本小节介绍一些简单实用的随机交通流模型来描述交通流的随机性特征。

5.3.1 泊松模型

假设车辆随机到达服从泊松分布，表达为：

$$P(n)=\frac{(\lambda t)^{n}\mathrm{e}^{-\lambda t}}{n!}\tag{5.23}$$

式中：$P(n)$——在时间 t 内有 n 辆车到达的概率；

λ——平均车流量或单位时间车辆到达率（veh/s）；

t——观测的持续时间（s）；

e——自然对数的基数（e=2.718）。

例 5.4 泊松分布的车辆到达

观测者在高速公路的某段测得交通流量为 360 veh/h。假设车辆到达这段公路服从泊松分布，那么在 20 s 时间内有 0,1,2,3,4 和 5 辆或更多车辆到达的概率分别是多少？

解： 到达率 λ 为 360 veh/h，或者 0.1 veh/s。将 λ 与 $t=20$ s 代入公式（5.23）中，0,1,2,3,和 4 辆车的到达概率：

$$P(0)=\frac{(0.1\times20)^{0}e^{-0.1(20)}}{0!}=0.135$$

$$P(1)=\frac{(0.1\times20)^{1}e^{-0.1(20)}}{1!}=0.271$$

$$P(2)=\frac{(0.1\times20)^{2}e^{-0.1(20)}}{2!}=0.271$$

$$P(3)=\frac{(0.1\times20)^{3}e^{-0.1(20)}}{3!}=0.180$$

$$P(4)=\frac{(0.1\times20)^{4}e^{-0.1(20)}}{4!}=0.090$$

5 辆车或更多车辆到达的概率如下：

$$P(n\geqslant5)=1-P(n<5)=1-0.135-0.271-0.271-0.180-0.090=0.053$$

这些概率的直方图如图 5.5 所示。

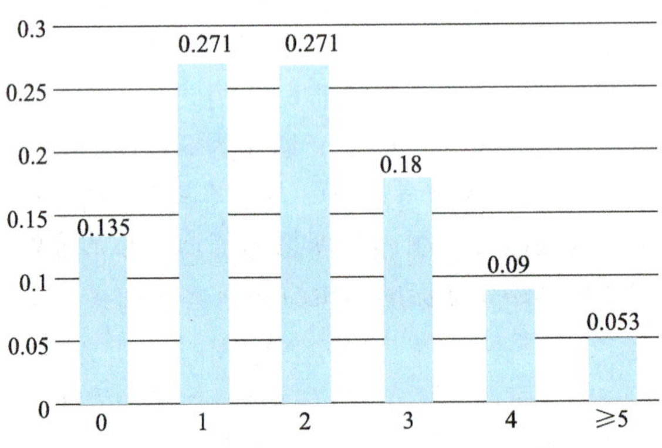

图 5.5 $\lambda=0.1$ veh/s 的泊松分布直方图

例 5.5 拥有车辆到达实际数据的车辆到达泊松分布

在高速公路的特定位置以如表 5.1 所示 60 s 的间隔收集了 15 min 的交通数据。假设交通流服从泊松分布，那么在接下来的三个 60 s 时间间隔内，每段时间均有 6 辆或更多车辆到达的概率是多少？

表 5.1 60 s 间隔收集的交通数据

时间区间	观测车辆数
00:00—00:01	3
00:01—00:02	5
00:02—00:03	4
00:03—00:04	10
00:04—00:05	7
00:05—00:06	4
00:06—00:07	8
00:07—00:08	11
00:08—00:09	9
00:09—00:10	5
00:10 00:11	3
00:11—00:12	10
00:12—00:13	9
00:13—00:14	7
00:14—00:15	6

解：表格 5.1 表明在 00:00 到 00:15 的 15 min 内共有 101 辆车辆到达。因此平均到达率 λ 为 $\frac{101}{900}$ veh/s，在 60 s 时间段内到达的 0,1,2,3,4 和 5 辆车辆的概率为（此时 $\lambda t=6.733$）

$$P(0)=\frac{(6.733)^0 e^{-6.733}}{0!}=0.0012$$

$$P(1)=\frac{(6.733)^1 e^{-6.733}}{1!}=0.008$$

$$P(2)=\frac{(6.733)^2 e^{-6.733}}{2!}=0.027$$

$$P(3)=\frac{(6.733)^3 e^{-6.733}}{3!}=0.0606$$

$$P(4)=\frac{(6.733)^4 e^{-6.733}}{4!}=0.102$$

$$P(5)=\frac{(6.733)^{5}\mathrm{e}^{-6.733}}{5!}=0.137$$

这些概率的总和是 0 到 5 辆车辆在任何给定的 60 s 时间段内到达的概率，即

$$P(n\leqslant 5)=\sum_{i=0}^{5}P(n)=0.0012+0.008+0.027+0.0606+0.102+0.137$$
$$=0.3358$$

所以 1 减去 $P(n\leqslant 5)$ 是 6 辆或更多的车辆在任意 60 s 时间段内到达的概率，即

$$P(n\geqslant 6)=1-P(n\leqslant 5)=1-0.3358=0.6642$$

6 辆或更多车辆在以三个连续的时间段到达概率是概率的乘积，即

$$P(n\geqslant 6)_{\text{三个连续时间段}}=\prod_{t_i=1}^{3}P(n\geqslant 6)=(0.6642)^{3}=0.293$$

需要注意车辆到达率与车头时距关系密切。假设车辆到达服从泊松分布，则车头时距服从负指数分布，推导过程如下。

若车辆到达率为 λ 且服从泊松分布，由公式（5.23）可知，车头时距 $h\geqslant t$ 的概率等价于时间 t 内没有车辆到达的概率，可表示为：

$$P(n=0)=P(h\geqslant t)=\mathrm{e}^{-\lambda t}=\mathrm{e}^{-qt/3600} \tag{5.24}$$

式中：λ——单位时间车辆到达率（veh/s）；

q——车流量（veh/h）。

车头时距的这种分布被称为负指数分布，并且通常简称为指数分布。

例 5.6　车头时距的负指数分布

考虑例 5.4 中的交通情况（360 veh/h），再次假设车辆到达是泊松分布的。连续两辆车之间的时间间隔小于 8 s 的概率是多少？连续车辆间的时间间隔是 8～10 s 之间的概率是多少？

解：时间间隔小于 8 s 的概率可表示为：

$$P(h<8)=1-P(h\geqslant 8)=1-\mathrm{e}^{-360(8)/3600}=0.551$$

为了计算时间间隔在 8～10 s 之间的概率，可先计算出时间间隔大于或等于 10 s 的概率：

$$P(h\geqslant 10)=\mathrm{e}^{-qt/3600}=\mathrm{e}^{-3600(10)/3600}=0.368$$

所以在 8～10 s 之间的概率为：$1-0.551-0.368=0.081$。

5.3.2　泊松分布的局限性

经验观察表明，对于轻度拥挤的交通流，假定其车辆到达服从泊松分

布是合适的。当交通状态为严重拥堵或者当交通信号造成交通流周期性变化，则需要使用其他概率分布模型。泊松模型主要局限性是泊松分布本身的约束，即周期观测值的平均值等于方差。例如，例 5.5 中的周期流量的均值为 6.733，相应的方差 σ^2 为 7.210。因为这两个值很接近，所以泊松分布适用于这个例子。但是，如果方差显著大于均值，则认为数据过度分散；如果方差显著小于均值，则认为数据是低分散的。此时泊松分布不再适用。关于这类问题的详细讨论，感兴趣的读者可以参考文献［3］［6］［7］。

5.4 排队论与交通流分析

交通拥堵时形成的队列会造成延误，降低道路使用效率。在极端情况下，排队延误可能会占到驾车者总行程时间的 90%以上。因此，在交通分析中，必须清楚地了解队列形成和消散的特征。

事实上，排队问题在很多领域和场景中存在。比如在工业厂房、零售店、服务业和计算机网络的设计和运营中，也经常要考虑排队问题。在研究这类问题的过程中，排队理论逐渐形成，并成为运筹学中的一个重要分支。本章前面提到的交通流模型构成了在排队理论背景下研究交通排队的基础。

5.4.1 排队模型

构建交通排队模型是为了提供一种估算道路性能指标的手段，包括交通队列长度和车辆延误。获得这些指标对于道路设计（如左转车道长度、交叉口车道数量）和交通运行控制（如交通信号配时）至关重要。

排队模型中一般需要对流量到达模式、离开特征和排队规则进行假设。关于流量到达模式，我们已经在第 5.3 节进行了讨论。车辆到达的时间间隔（车头时距）有两种常见假设：（1）均匀、确定性到达（即相等时间间隔）；（2）到达服从泊松分布（时间间隔服从指数分布）。

除了车辆到达的假设之外，交通排队模型还需要对车辆离开特征进行假设。例如，在绿灯信号开始后车辆通过交叉口的时间，在收费站支付收费所需的时间或者在停车标志停下来之后继续行驶并通过交叉口的时间。与车辆到达相似，通常可以假定车辆离开是确定性的或服从指数分布。

排队模型的另一个重要因素是可用于离开（服务）的通道数量。对于大多数交通设施，仅存在一个离开通道，例如高速公路车道或通过交叉路口的一组车道。然而，在一些交通设施中也存在多个出发通道，例如高速公路收费站。

第三个必要假设与排队规则有关。通常有两类排队规则：先进先出（FIFO），表明第一辆到达的车是第一个离开；后进先出（LIFO），表明最后进入的车是第一个离开的。对于交通队列，通常比较适合采用先进先出的排队规则。

排队模型可用 $A/B/C$ 的形式表示。其中 A 代表车辆到达模式的假设，B 代表车辆离开模式的假设，C 代表车辆离开（服务）通道数量。对于交通到达和离开的假设，常用符号 D 表示确定性分布，符号 M 表示指数分布。例如，$D/D/1$ 表示具有一个出发通道的确定性到达和确定性离开的排队模型。

5.4.2 $M/M/1$ 排队

$M/M/1$ 表示车辆到达时间和离开时间都服从指数分布且离开通道为单通道的排队模型。对于 $M/M/1$ 排队模型，可以得到以下排队方程式（假定 ρ 小于 1）：

$$\overline{Q}=\frac{\rho^2}{1-\rho} \tag{5.25}$$

$$\overline{w}=\frac{\lambda}{\mu(\mu-\lambda)} \tag{5.26}$$

$$\bar{t}=\frac{1}{\mu-\lambda} \tag{5.27}$$

式中：$\overline{Q}$——平均队长（veh）；

$\overline{w}$——平均排队时间（min/veh）；

$\bar{t}$——在系统中花费的平均时间（min/veh）；

ρ——交通强度，$\rho=\dfrac{\lambda}{\mu}$；

λ——平均车辆到达率（veh/min）；

μ——平均车辆离开率（veh/min）。

例 5.7 $M/M/1$ 排队：停车场入口

在某停车场入口，驾驶员必须把车停下来，手动取卡后方能进入停车场。假设车辆到达服从泊松分布，平均到达率为 180 veh/h；取卡时间服从指数分布，平均每次需要 15 s。请计算队列的平均长度（车辆数）、平均排队时间和系统中花费的平均时间（假设 $M/M/1$ 排队）。

解： 已知 $\mu=4$ veh/min，$\lambda=180$ veh/h $=3$ veh/min，则 $\rho=\frac{3}{4}=0.75$，通过公式（5.25）可得，队列的平均长度为：

$$\bar{Q}=\frac{0.75^2}{1-0.75}\text{ veh}=2.25\text{ veh}$$

套用公式（5.26）可得，平均排队时间为：

$$\bar{w}=\frac{3}{4(4-3)}\text{ min/veh}=0.75\text{ min/veh}$$

套用公式（5.27）可得，在系统中花费的平均时间是：

$$\bar{t}=\frac{1}{4-3}\text{ min/veh}=1\text{ min/veh}$$

5.4.3 *M/M/N* 排队

M/M/N 是比 *M/M/*1 更一般化的排队，其中 *N* 是出发通道的总数。*M/M/N* 排队适用于高速路上的收费站，通常有多个出发通道可用（多个收费站开放）。在非交通应用中也经常遇到 *M/M/N* 排队，如零售店的收银台、机场的安全检查等。

对于 *M/M/N* 排队模型，可以得到以下排队公式：

$$P_0=\frac{1}{\sum_{n_c=0}^{N-1}\frac{\rho^{n_c}}{n_c!}+\frac{\rho^N}{N!(1-\rho/N)}} \tag{5.28}$$

$$P_n=\frac{\rho^n P_0}{n!}\quad n\leqslant N \tag{5.29}$$

$$P_n=\frac{\rho^n P_0}{N^{n-N}N!}\quad n\geqslant N \tag{5.30}$$

$$P_{n>N}=\frac{P_0\rho^{N+1}}{N!N(1-\rho/N)} \tag{5.31}$$

式中：P_0——系统中没有车辆的概率；

P_n——在系统中有 n 辆车的概率；

$P_{n>N}$——在队列中等待的概率（系统中的车辆数量大于离开通道的数量的概率）；

n——系统中的车辆数；

N——出发通道数量；

n_c——出发通道编号；

ρ——交通强度，$\rho=\frac{\lambda}{\mu}$。

利用上述性质，可以得到平均队长、平均排队时间、系统中花费的平均时间如下：

$$\overline{Q}=\frac{P_0\rho^{N+1}}{N!N}\left[\frac{1}{(1-\rho/N)^2}\right] \tag{5.32}$$

$$\overline{w}=\frac{\rho+\overline{Q}}{\lambda}-\frac{1}{\mu} \tag{5.33}$$

$$\overline{t}=\frac{\rho+\overline{Q}}{\lambda} \tag{5.34}$$

式中：$\overline{Q}$——平均队长（veh）；

$\overline{w}$——平均排队时间（min/veh）；

$\overline{t}$——系统中花费的平均时间（min/veh）。

其他变量如前所述。

需要注意的是，与 $M/M/1$ 要求交通强度 ρ 小于 1 不同，$M/M/N$ 允许 ρ 大于 1，但要求 ρ/N（称为利用率）小于 1。

例 5.8　$M/M/N$ 收费站应用

在收费站的入口处，开放四个收费窗口。车辆平均速度为 1 200 veh/h，在收费处，司机平均需要 10 s 钟才能支付车费。到达和离开率都可以假定为指数分布。如果打开第五个收费窗口，请问，平均队列长度、系统中花费的平均时间和等待排队的概率如何变化？

解： 使用 $M/M/N$ 队列的方程，首先计算四个收费窗口的情况。注意，$\mu=6$ veh/min，$\lambda=20$ veh/min，因此 $\rho=3.333$。另外，由于 $\rho/N=0.8333$（小于 1），所以可使用公式（5.28）—（5.34）。在四个收费窗口打开的系统中没有车辆的概率［使用方程（5.28）］：

$$P_0=\frac{1}{1+\frac{3.333}{1!}+\frac{3.333^2}{2!}+\frac{3.333^3}{3!}+\frac{3.333^4}{4!(0.1667)}}=0.0213$$

平均队列长度［通过方程（5.32）］：

$$\overline{Q}=\frac{0.0213(3.333)^5}{4!4}\left[\frac{1}{(0.1667)^2}\right]\text{ veh}=3.287\text{ veh}$$

在系统中花费的平均时间［通过方程（5.34）］：

$$\overline{t}=\frac{3.333+3.287}{20}\text{ min/veh}=0.331\text{ min/veh}$$

在队列中必须等待的概率是［通过公式（5.31）］：

$$P_{n>N}=\frac{0.0213(3.333)^5}{4!4(0.1667)}=0.548$$

第五个收费窗口开放，系统中没有车辆的概率［通过公式（5.28）］为：

$$P_0=\frac{1}{1+\frac{3.333}{1!}+\frac{3.333^2}{2!}+\frac{3.333^3}{3!}+\frac{3.333^4}{4!}+\frac{3.333^5}{5!(0.3333)}}=0.0318$$

平均队列长度［通过公式（5.32）］：

$$\bar{Q}=\frac{0.0318(3.333)^6}{5!5}\left[\frac{1}{(0.3333)^2}\right]\text{ veh}=0.654\text{ veh}$$

在系统中花费的平均时间是［通过公式（5.33）］：

$$\bar{t}=\frac{3.333+0.654}{20}\text{ min/veh}=0.199\text{ min/veh}$$

而队列中必须等待的概率是

$$P_{n>N}=\frac{0.0318(3.333)^6}{5!5(0.3333)}=0.218$$

所以开放第五个收费窗口会使平均队长减少（3.287－0.654）veh＝2.633 veh，系统中平均花费的时间为（0.331－0.199）min/veh＝0.132 min/veh，排队等候的概率为 0.548－0.218＝0.330。

例 5.9　*M/M/N* 排队：停车场应用

一个便利店有四个可用的停车位。业主预测，客户购物的时间（客户的车辆将占用停车位的时间）服从平均用时 6 min 的指数分布。并且在最繁忙的小时内，客户到达率呈指数分布，平均到达率为每小时 20 个客户。客户在到达商店时找不到可用停车位的可能性是多少？

解： 将平均到达和离开率设置为统一单位，给出 $\mu=10$ veh/h，$\lambda=20$ veh/h。所以 $\rho=2.0$，并且因为 $\rho/N=0.5$（小于 1），所以可以应用公式（5.32）—式（5.34）。在具有四个停车位的系统中没有车辆的可能性［使用公式（5.28）］：

$$P_0=\frac{1}{1+\frac{2}{1!}+\frac{2^2}{2!}+\frac{2^3}{3!}+\frac{2^4}{4!(0.5)}}=0.1304$$

因此，到达时未找到可用停车位的概率是［通过公式（5.31）］

$$P_{n>N}=\frac{0.1304(2)^5}{4!4(0.5)}=0.087$$

5.4.4　基于排队论的高速公路瓶颈分析

高速路瓶颈处往往容易发生严重的交通拥堵。由于车道数量的减少或车道变窄，瓶颈路段的通行能力（q_{cap}）可能比车辆到达方向上游路段要低。常见的交通瓶颈可以分为两类：常发性瓶颈和偶发性瓶颈。常发性瓶颈一般是由于高速公路本身通行能力变化造成，例如车道数量的实际减少。这种情况下，交通拥堵的原因是交通流量超过了道路的通行能力。而偶发性瓶颈经常是由于车辆故障或事故造成车流被阻挡，从而使道路的有效通行能力降低。

下面介绍如何用 $D/D/1$ 排队模型分析瓶颈段的交通流。

例 5.10　*D/D/1* 排队：高速公路瓶颈应用

某快速路北行方向的通行能力为 4 000 veh/h，流量为 2 900 veh/h。上午 8:00，该快速路上发生交通事故，堵住了所有车道。上午 8:12 该快速路部分车道恢复通行，通行能力为 2 000 veh/h。上午 8:31，事故车辆被移除，快速路恢复通行能力（4 000 veh/h）。假定 $D/D/1$ 排队，试计算队列消散时间、最长队长、总延迟、每辆车的平均延迟和车辆的最长等待时间。

解：令 μ 为饱和能力离开率，μ_r 为限制性部分通行能力的离开率，则交通流的到达率、离开率和部分离开率分别为：

$$\lambda=\frac{2\,900\text{ veh/h}}{60\text{ min/h}}=48.33\text{ veh/min}$$

$$\mu=\frac{4\,000\text{ veh/h}}{60\text{ min/h}}=66.67\text{ veh/min}$$

$$\mu_r=\frac{2\,000\text{ veh/h}}{60\text{ min/h}}=33.33\text{ veh/min}$$

整个时间段的到达率是恒定的，车辆的总数等于 λt，其中 t 是 8:00 之后的分钟数。离开车辆数是：

$$\begin{cases}0 & t\leqslant 12\text{ min}\\ \mu_r & 12\text{ min}<t\leqslant 31\text{ min}\\ 633.33+\mu(t-31) & t>31\text{ min}\end{cases}$$

注意，$t>31$ min 的出发率函数中的 633.33 的值是基于先前的出发率函数 $[(31-12)\mu_r]$。这些到达和离开率可以用图形表示，如图 5.6 所示。如前所述，对于 $D/D/1$ 排队，队列将在到达和离开曲线的交点处消散，可以确定为：

$$\lambda t=633.33+\mu(t-31) \text{ 或 } t=78.16\text{ min}(09:18 \text{ 之后})$$

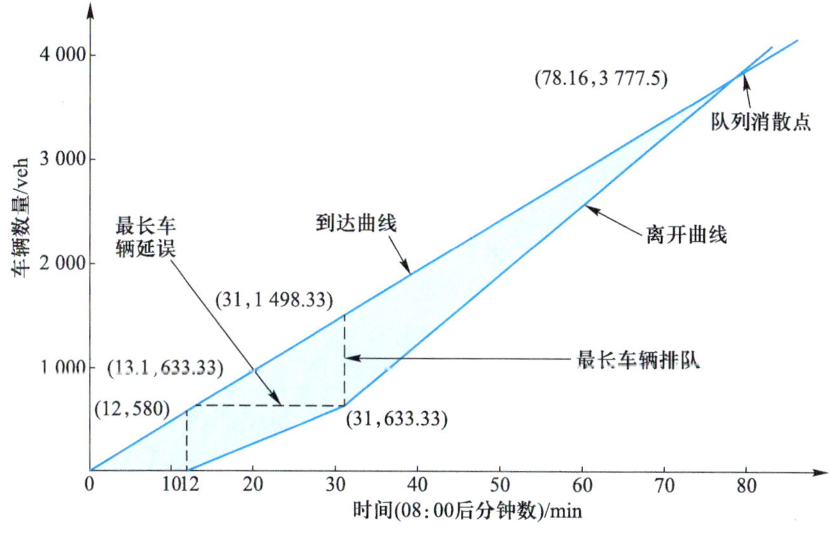

图 5.6 例 5.10 $D/D/1$ 排队图

此时共有(48.33×78.16) veh=3 777.5 veh 车辆到达。最长的队列（到达和离开曲线之间的最长垂直距离）发生在上午 8:31，

$$Q_{max}=\lambda t-\mu_r(t-12)=[48.33\times31-33.33\times19]\text{ veh}=865\text{ veh}$$

总车辆延迟（使用三角形和梯形区域的方程来计算到达和离开曲线之间的总面积）

$$D_t=\left[\frac{1}{2}\times12\times580+\frac{1}{2}(580+1\,498.33)(19)-\frac{1}{2}\times19\times633.33+\frac{1}{2}(1\,498.33-633.33)(78.61-31)\right]\text{veh/min}$$

$$=37\,604.2\text{ veh/min}$$

每辆车的平均延误时间为(37 604.2/3 777.5) min = 9.95 min。假设 FIFO 排队规则，最长等待时间（到达和离开曲线之间的最长水平距离）将是第 633.33 辆到达的延迟时间。这辆车将在上午 8:00 之后(633.33/48.33) min=13.1 min 到达。并将在上午 8:31 出发，延迟为 17.9 min。

5.5 交 通 波

上节介绍了基于排队论模型的交通流分析方法。然而，经典的排队论模型中假定排队不占用物理长度，因此不能用来描述交通拥堵在时空维度上的动态传播。因此，用排队模型得到的队列长度与实际长度通常有一定出入。在实际交通观测中，经常会发现交通状态有像波一样的传播过程。例如交叉口处的交通拥堵（表现为队长增加）是由停车线向上游传播；匝道入口处车辆换道致使车辆减速，产生的交通拥堵向上游传播。本节介绍的交通波模型，就是运用流体力学的基本原理，建立车流的连续性方程，用交通波描述交通状态的变化与传播过程。相对于排队模型，交通波模型能够描述队列长度及其动态变化，并被广泛应用于交通瓶颈和交叉口交通分析。

5.5.1 交通波模型

交通波描述了交通状态变化的传播过程，其波速代表传播速度的快慢。如图 5.7 所示，假设沿着一条笔直的公路上有两个相邻的不同的交通密度区域（k_1和 k_2）。用分割线 S 表示两个区域的边界；设 S 的速度为 v_w（称为波速），箭头方向速度为正。

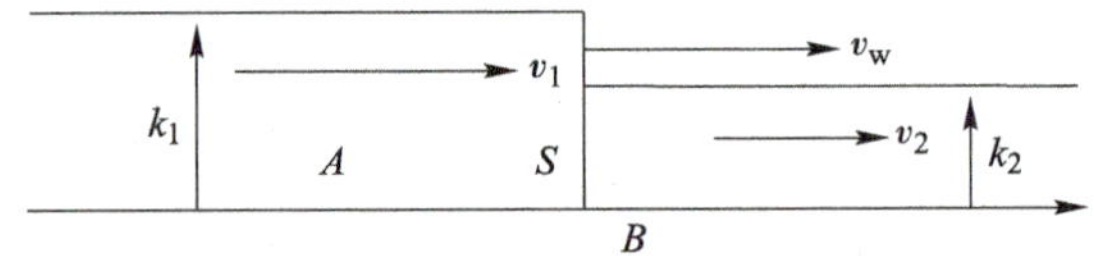

图 5.7　两种交通密度的运行

图中：v_1, k_1——在 A 区车辆的区间平均速度、密度；

v_2, k_2——在 B 区车辆的区间平均速度、密度；

$v_{r1}=(v_1-v_w)$——在 A 区相对于 S 的车辆速度；

$v_{r2}=(v_2-v_w)$——在 B 区相对于 S 的车辆速度。

显然，在时间 t 内通过分界线 S 的车辆数 $N=v_{r1}k_1t=v_{r2}k_2t$，因此，存在如下关系：

$$(v_1-v_w)k_1=(v_2-v_w)k_2 \tag{5.35}$$

式（5.35）是反映物质守恒，也就是分界线移动后 A 区车辆数变化量与 B 区车辆数变化量相等。整理后可写成下列形式：

$$v_2k_2-v_1k_1=v_w(k_2-k_1) \tag{5.36}$$

由 $q=kv$ 可知，A 区和 B 区的流量分别为 $q_1=v_1k_1$，$q_2=v_2k_2$。代入式（5.36）可得：

$$v_w=(q_2-q_1)/(k_2-k_1) \tag{5.37}$$

若两区流率与密度差不多相等，则：$(q_2-q_1)=\Delta q$，$(k_2-k_1)=\Delta k$，式（5.37）变成：

$$v_w=\Delta q/\Delta k=\mathrm{d}q/\mathrm{d}k \tag{5.38}$$

这就是波速 v_w的计算公式。

5.5.2 交通波的分析

v_w的大小代表了状态变化传播速度的快慢，符号（正负）代表了传播的方向。$v_w>0$，表明波面的运动方向与交通流的运动方向相同；$v_w=0$，表明波面维持在原地不动；$v_w<0$，则说明波的传播方向与交通流的运动方向相反。在图 5.8a 的流量−密度曲线上，点 $A(q^A,k^A)$ 表示交通密度较低、流量较低而速度较高的状态；点 $B(q^B,k^B)$ 表示交通流量正在接近通行能力，而速度则大大低于自由流速度。点 A 和点 B 的连线表示这两种交通状态转换所对应的交通波，其斜率为波速。图 5.8b 是在时空坐标系下的交通波。假定点 A 较快的车流比点 B 车流稍迟出现，点 A 所对应的车流将赶上点 B 所对应的车流。在图 5.8b 中可以看出两种车流状态相遇形成一条斜线，这就是所产生的交通波的轨迹。该斜线的斜率等于图 5.8a 流量−密度曲线上 AB 连线的斜率。下面对一些典型的交通波进行分析。

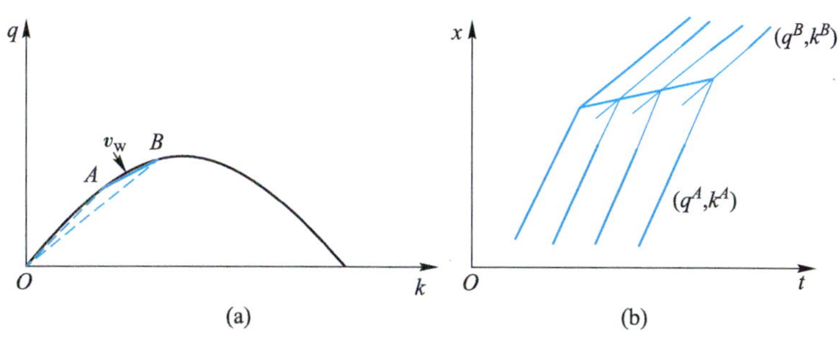

图 5.8 交通波的含义示意图

（1）交通高峰产生的波

交通高峰是指在特定时段增加了车流密度，例如在高速公路上主路车流按稳态运行，当一个入口匝道上流量较大的短期车流汇入时会出现这种情况。在流入量增加之前，车流状态稳定，行驶速度较高，增加流入量之后，车流速度减小，密度增加。按照图 5.8a 的方法绘制出交通波的曲线，如图 5.9 所示。

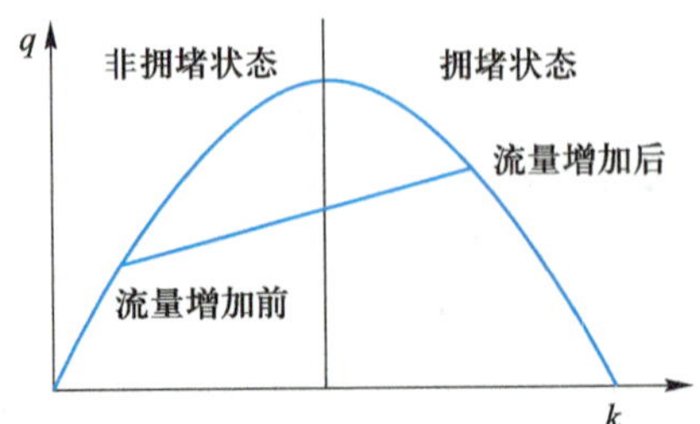

图 5.9 交通高峰期间形成交通波示意图

（2）瓶颈处的交通波

交通波的另一重要应用是分析瓶颈处的交通特性。这里瓶颈是指通行能力小于其上下游路段的通行能力的一段道路。图 5.10 描绘了某条道路在主要路段和瓶颈路段的流量-密度曲线。设上游主要路段流量为 q_1，车流密度为 k_1，其交通状态在流量-密度曲线上表示为点 1。设瓶颈路段的通行能力为 q_2。当来自主要路段流量超过瓶颈路段通行能力时，即 $q_1>q_2$ 时，瓶颈路段的流量达到通行能力 q_2，剩余 q_1-q_2 的流量将在瓶颈路段上游形成拥堵（排队），其交通状态要比瓶颈路段更差。该现象可以用交通波模型进行分析。

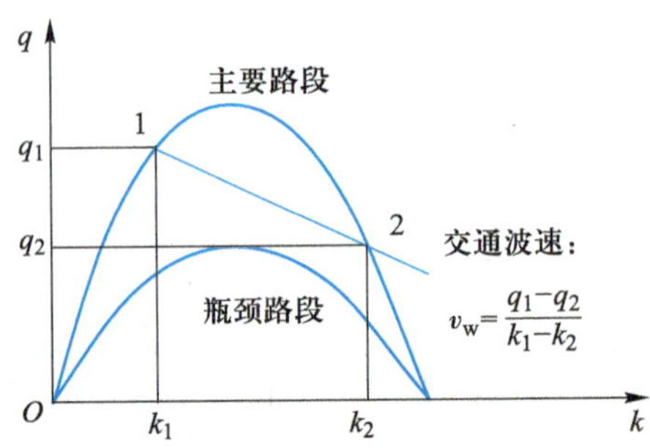

图 5.10 瓶颈路段流量-密度曲线变化图

易知，在瓶颈路段上游的离开流量为 q_2，由于需要存储剩余流量，导致该路段密度增加至 k_2。因此，瓶颈路段上游的交通状态在流量-密度曲线上表示为点 2。排队交通波的波面从瓶颈处开始向上游传播，其波速大小为点 1 和点 2 连线的斜率，如公式（5.39）所示。该波速也可看作是瓶颈路段上游的拥堵路段增长的速度。

$$v_w=\frac{q_2-q_1}{k_2-k_1} \tag{5.39}$$

例 5.11 低速卡车驶入高速路造成的排队现象

假设某高速路上的交通流量为 2 040 veh/h，密度为 30 veh/km，速度为 68 km/h，如图 5.11 中的点 1 所示。一卡车以 20 km/h 的速度驶入该路段，沿该路段行驶 2 km 后，下高速离开。跟在这辆卡车后面的车辆由于不能超车，所以被迫调整速度，形成一个队列。假设该路段速度-密度关系为线性关系模型［公式（5.15）］，$v_f = 80$ km/h，$k_j = 200$ veh/km。试求所形成的队列最大长度以及消散完所需时间。

解： 这辆卡车后面的车辆因为不能超车，被迫调整速度，形成空间平均速度 20 km/h 的车队。根据公式（5.15）和（5.14），可以计算出车队密度 150 veh/km 和车队流量 3 000 veh/h，如图 5.11 点 2 所示。因此，波面（车队的尾部）以图 5.11 中弦 1—2 的斜率所表示的速度运行，即：

$$v_w = \frac{q_2 - q_1}{k_2 - k_1} = \frac{3\,000 - 2\,040}{150 - 30} \text{ km/h} = 8 \text{ km/h}$$

这样，车队的尾部相对于车行道以 8 km/h 的速度向前运行。与此同时，车队的头部则以 20 km/h 的速度向前运行。所以，车队的长度以(20-8) km/h = 12 km/h 的速度增长。卡车需要 0.1 h 走完一条 2 km 的路程然后离开，所形成车队的长度为 0.1×12 km = 1.2 km。在 150 veh/km 的密度情况下，车队中有 180 辆汽车。

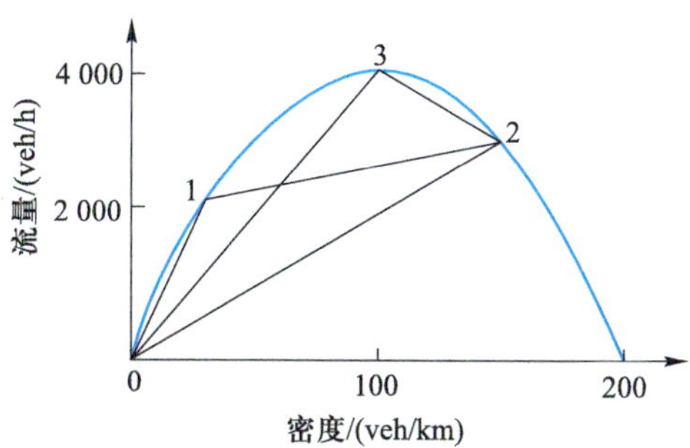

图 5.11 交通波分析计算例题示意图

在卡车离开以后，车流量增加至通行能力。这种情况用图 5.11 中的点 3 表示，且 $q_3 = q_{cap} = u_f k_j / 4 = 4\,000$ veh/h；$v_3 = 40$ km/h；$k_3 = 100$ veh/km。新生成的交通波的波面以图 5.11 中的弦 2—3 的斜率所表示的速度运行，波速为：

$$u_w = \frac{q_3 - q_2}{k_3 - k_2} = \frac{4\,000 - 3\,000}{100 - 150} \text{ km/h} = -20.0 \text{ km/h}$$

因此，在车尾的波面以 8 km/h 的速度向下游运行的同时，车队的头部以 20 km/h 的速度在消散，1.2 km 长的车队要在 1.2 h/(8+20)=0.043 h（约 2 min35 s）内消散。

第五章习题解答

习　题

5.1　四辆赛车沿着 2.5 km 长的椭圆道路行驶。四辆车分别以 195 km/h，190 km/h，185 km/h，180 km/h 的恒定速度行驶。这些车辆的时间平均速度和空间平均速度分别是多少？

5.2　在某条高速公路上，研究表明，速度-车密度的关系是：

$$v=v_{\mathrm{f}}\left[1-\left(\frac{k}{k_{\mathrm{j}}}\right)\right]$$

已知，通行能力是 4 200 veh/h，阻塞密度为 210 veh/km。请计算自由流速度和达到通行能力时的空间平均速度。

5.3　车辆以 420 veh/h 的到达率进入收费站（车头时距呈指数分布）。两个收费口是开放的，每辆车的平均服务时间是 12 s，且车辆离开服从指数分布。1 h 内车辆在系统中花费的总时间是多少？

5.4　主题公园有一个入口门，游客必须停车并支付停车费。高峰时段的平均到达率为 150 veh/h，服从泊松分布。每辆车平均需要 20 s（指数分布）支付停车费用。这个排队系统的平均等待时间是多少？

5.5　有三个收费窗口的收费公路的平均到达率为 850 veh/h，司机平均需要 12 s 才能支付车费。假设到达和离开时间服从指数分布，如果第四个收费窗口打开，车辆在队列中等待的概率如何变化？

5.6　已知一条单车道道路如下图所示，路段 A、B、C 的流量和速度分别为：$q_A=1\ 250$ veh/h，$v_A=90$ km/h；$q_B=1\ 000$ veh/h，$v_B=32$ km/h；$q_C=1\ 200$ veh/h，$v_C=64$ km/h。试求：（1）$v_{\mathrm{w}}(AB)$（AB 返回波速度）；（2）$v_{\mathrm{w}}(BC)$（BC 返回波速度）。

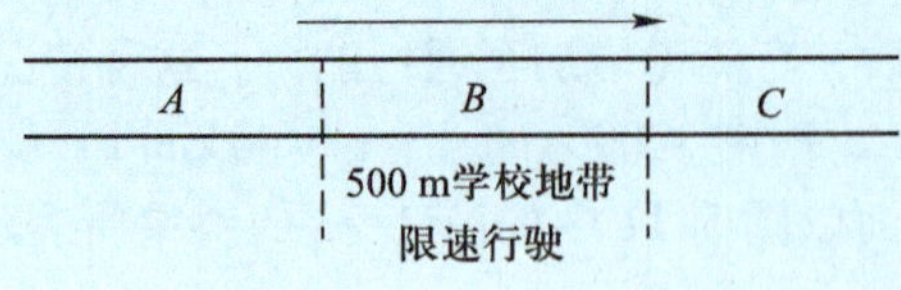

参考文献

[1] 邵春福，魏丽英，贾斌．交通流理论［M］．北京：电子工业出版社，2012.

[2] 王殿海．交通流理论［M］．北京：人民交通出版社，2002.

[3] ROESS R P，PRASSAS E S，MCSHANE W R. Traffic Engineering [M]. 5th ed. New York：Pearson/Prentice Hall，2011.

[4] MANNERING F L，WASHBURN S S. Principles of Highway Engineering and Traffic Analysis [M]. 5th ed. New Jersey：John Wiley & Sons，2013.

[5] Transportation Research Board. Traffic Flow Theory：A Monograph. Special Report 165 [M]. Washington，D. C.：National Research Council，1975.

[6] Transportation Research Board. Highway Capacity Manual [M]. Washington，D. C.：National Research Council，2010.

[7] POCH M，MANNERING F. Negative Binomial Analysis of Intersection-Accident Frequencies [J]. Journal of Transportation Engineering：1996，122 (2).

[8] LORD D，MANNERING F. The Statistical Analysis of Crash-Frequency Data：A Review and Assessment of Methodological Alternatives [J]. Transportation Research Part A：2010，44 (5).

[9] PIPES L A. Car Following Models and the Fundamental Diagram of Road Traffic [J]. Transportation Research：1967，1 (1).

第六章

道路通行能力与服务水平

课件 6

分析与评价道路运营水平的关键是量化在特定交通情况（流量）下道路的性能。工程实践中，经常选用交通流密度、延误等量化指标。在交通分析与评价过程中，经常需要比较不同交通状态、不同时段及不同路段间的道路性能。因为道路的性能既是道路规划、设计的重要依据，又是分配有限道路改善资金、设施设备及制定相应交通管理与控制办法的基础。学习本章的目的主要是应用第五章所学习的交通流理论来分析与评价各类道路的通行能力与服务水平。本章学习的关键在于如何将理论公式应用到实际的道路与交通状况中，从而在实际应用中保持与理论的统一。

6.1 通行能力与通行能力影响因素

6.1.1 通行能力的概念

道路通行能力一般定义：在一定时段（通常取 15 min 或 1 h）和正常的道路、交通与控制条件，以及规定的服务质量要求下，车辆通过车道或道路的一点或均匀断面上的最大小时流率。由定义可知，道路通行能力受众多因素（自变量）影响，这些因素主要有道路条件（车道数、车道宽度与路肩宽度）、交通条件（车辆组成、车道分布）、管制条件（信号控制交叉口、进口车道数、车道功能划分）、环境条件（路测干扰）、天气条件等，所以道路通行能力的确定方法必须考虑到各种外界因素以及道路交通的运行特征。

道路通行能力与服务水平的研究，最早出现于美国交通运输研究委员会1965年出版的《道路通行能力手册》（Highway Capacity Manual，简称HCM）中，最新版本为HCM 2010。我国从20世纪80年代后期开始，部分高校与科研院所也结合我国的实际情况进行了大量研究工作。目前我国公路与城市道路通行能力与服务水平相关的设计要求，在《城市道路工程设计规范》（CJJ 37—2012）与《公路路线设计规范》（JTG D20—2017）中有详细说明。按照分析原理与方法的不同，本章将重点介绍针对连续交通流①情况下的三类主要道路的通行能力与服务水平分析标准，包括控制出入道路（如高速公路、城市快速路）、多车道公路和双车道公路。对于间断流情况下的交通分析，我们将在第七章进行介绍。

在第五章中，我们以单位小时车辆数为基础对交通流参数进行了定义。关于这一计量单位产生了两个实际问题。第一，在大多数情况下，交通流由许多性能特征不同的车辆组成，车辆性能的差异通过道路几何形状的变化而被放大，例如道路坡度对不同类型车辆的加减速性能有不同的影响。所以，交通流的定义不仅要考虑单位时间内的车辆数，还要根据车辆运行性能考虑车辆的种类。第二个需要解决的问题是同一路段交通流在时间上分布的不均匀性，例如交通流量在高峰时段与非高峰时段会存在明显差异。在工程实践中，道路交通分析通常关心的是一天内最拥堵的时段（高峰小时），但在最拥挤的高峰小时内，交通流的分配也是不均匀的。因此，设计一种描述交通流在一天中和高峰小时内分布不均匀性的方法是非常必要的。

6.1.2 影响通行能力的因素

在第五章中我们学习了关于交通流量、密度、速度的宏观交通流模型。工程中可以通过这类交通流模型建立理想条件下的交通流基本图，对应的通行能力即为**道路基本通行能力**。实际的道路状况、交通条件往往不是理想条件，这就需要了解影响通行能力的因素，并在分析中针对这些因素进行必要的修正。对通行能力构成影响的主要因素包括：车道宽度及侧向净空、车道数量、设计速度、交通组成和驾驶员特征，这些条件的变化都将引起速度-流量-密度关系发生变化。下面对这些影响通行能力的因素

---

① 连续交通流：没有受交通信号等外部因素影响导致中断的连续的交通流，交通流状态是车辆相互之间，以及车辆与道路线形、道路环境之间相互影响的结果。与此相对的概念是间断交通流（或简称间断流）。间断流指由外部条件而导致交通流周期性中断，产生周期性的停止或车速明显减慢的交通流。

做简单说明。

1. 车道宽度及侧向净空的影响

理想条件下的车道宽度为 3.75 m。当车道宽度不足 3.75 m 时，车辆行驶时的横向间距比在理想条件下小。为此，驾驶员将拉大与同向车辆间的行驶间距，或者降低行驶速度，以保证安全。因此，会导致该路段的通行能力下降。当左侧路缘带宽度和右侧路肩宽度受限时，也会导致类似的情况发生。

2. 车道数量的影响

理想条件下的车道数量为（单向）双车道，当单向车道数量从理想条件下的双车道变为三车道或四车道时，其通行能力不会按车道数成倍增加。其原因在于，车道增多会使交通量在各车道上的分布发生显著的变化，即使在拥挤的情况下，交通量分布也不均匀。因此，每增加一条车道，其通行能力增长不到一条车道的基本通行能力，平均每条车道的通行能力相对于理想条件有所下降。

3. 设计速度的影响

当设计速度不同时，道路的运行条件将随之产生变化。如图 6.1 所示，在任何特定的交通量条件下，车速观测值一般都低于设计速度（自由流速度），而速度-流量关系曲线和通行能力也随着设计速度的不同而发生显著的变化。

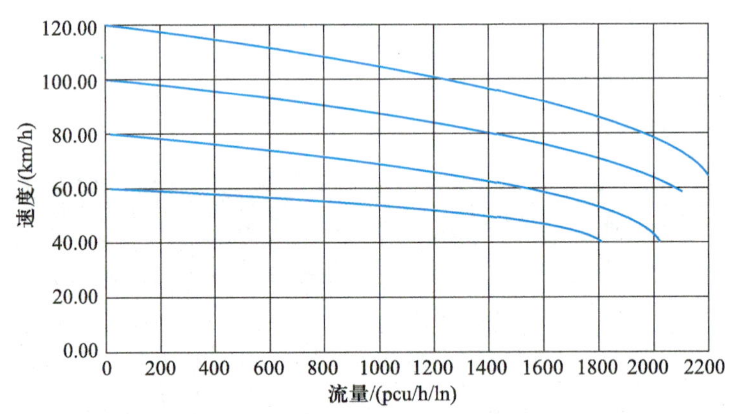

图 6.1 理想条件下速度-流量关系图

4. 交通组成的影响

通行能力分析中使用小客车作为标准车型，流量单位通常用小客车/小时/车道（即 pcu/h/ln）。但值得注意的是，实际交通流中除了小客车之外，还有如货车与公交车等其他类型的车辆。货车与公交车在外形尺寸和车辆行驶性能上与小客车存在显著差别。例如货车与公交车比小客车占用更多的道路行驶空间。货车与公交车加减速和保持速度的能力弱于小客车，长距离的持续上坡路段会导致货车减速、交通流中出现很大空隙。因此，货车与公交车会在交通流中占用更大的空间，或者需要设置针对货车、公交车的专用车道，如图 6.2 所示。这会对通行能力造成影响。

图 6.2 交通组成影响示意图

5. 驾驶员特征的影响

理想条件通常认为驾驶员都是专业驾驶员。当驾驶员的技术熟练程度、遵守交通法规的程度、高速公路驾驶经验、对所在道路的熟悉程度以及驾驶员健康状况与理想条件存在差别时，将使交通流的速度降低，导致速度-流量-密度关系曲线和道路通行能力发生变化。

6.2 服务水平与影响服务水平的因素

6.2.1 服务水平的概念

服务水平（Level of Service，LOS）是衡量交通设施提供的运行质量好坏的定性指标。其定义是为了衡量交通流内的运行条件以及为驾驶员和乘客提供服务质量的一种衡量指标，通常与行车速度、行驶时间、驾驶自由度、交通拥挤程度及舒适程度等因素有关。服务水平涵盖了从高速、舒适、安全、自由运行的最高水平，到运行不稳定、排队、停停走走、难以忍受的最低水平。各个国家一般根据本国的情况将服务水平划分为 3~6 个等级。美国的道路通行能力手册（HCM 2010）将服务水平分为从 A 级到 F 级共 6 个等级，其中 A 代表了交通运行最好的状况，F 代表了最差的状况。我国将道路服务水平划分为四级。

美国交通运输研究委员会对于高速公路与多车道公路给出的服务水平（LOS）等级定义如下：

服务水平等级 A（LOS A）　描述了自由流的情况。在这种情况下，驾驶员能感受到舒适且便利的行车环境。驾驶员在行驶过程中几乎不受其他车辆的影响，行驶速度的可选择性与行驶自由度较高。

服务水平等级 B（LOS B）　允许行车的速度达到或者接近自由流的速度，但是在交通流中车辆之间会产生相互影响。在这种服务水平下，驾驶员可以自由选择行驶速度，但是相较于 LOS A，机动车行驶的自由度有所降低。

服务水平等级 C（LOS C）　车辆的行驶速度可以达到或者接近自由流的速度，但是机动车的行驶自由度明显受到限制（驾驶员换道时需要注意观察周围车辆）。在这种服务水平下，行车的舒适度与便利性明显降低。交通流中一旦存在交通受阻的情况，例如交通事故，就会造成明显的排队现象和延误。相反，在 LOS A 和 LOS B 的服务水平下发生交通事故，对整个交通流的影响是非常小的，只会产生轻微的延迟。

服务水平等级 D（LOS D）　随着车流量的增加，车辆的行驶速度开始明显降低。机动车的行驶自由度受到更大的制约，驾驶者的舒适度降低。交通事故会引起较长的排队长度。因为在 LOS D 情况下，交通流的密度较大，无法及时疏散道路中的车辆。

服务水平等级 E（LOS E）　描述了道路的运行情况达到或者接近道路的通行能力。在这种服务水平下，即使发生轻微的交通流阻断，也会导致车辆的延误，例如车辆从匝道汇入或者车辆的换道行驶。车辆在道路上的行驶极其受限，驾驶员在心理和生理方面会感到不适。

服务水平等级 F（LOS F）　描述了不畅通的交通流状况。当车辆的到达率超过车辆的驶出率时，车辆排队长度会在道路上迅速增加，车流的到达与驶出效率也影响了道路的通行能力。在这种服务水平下，车辆的行驶速度很低，经常会停下来，产生走走停停的现象，以此循环往复。循环地产生排队现象，是 LOS F 的主要特征。

我国根据交通流状态，将道路服务水平分为四级，如图 6.3 所示。我国定义的一级服务水平相当于美国的 A 级，二级相当于 B 级，三级相当于 C 级和 D 级，四级相当于 E、F 两级，定性描述如下：

一级服务水平

二级服务水平

三级服务水平

四级服务水平

图 6.3 我国道路服务水平等级示意图（一级到四级）

一级服务水平 交通流处于自由流状态。交通量小，速度高，行车密度小，驾驶员能自由或较自由地按照自己的意愿选择所需速度，行驶车辆不受或基本不受交通流中其他车辆影响。超车需求远小于超车能力，被动延误少。在交通流内驾驶的自由度很大，为驾驶员、乘客或行人提供的舒适度和方便性非常优越。

二级服务水平 交通流状态处于稳定流的中间范围。驾驶员基本上按照自己的意愿选择行驶速度，但是开始要注意到交通流内有其他使用者，并可能影响到行驶速度的选择。相对于一级服务水平而言，交通流中驾驶的自由度略有下降。因为交通流中其他使用者的存在，开始影响部分操作，交通设施所提供的舒适和方便程度已经下降。

三级服务水平 交通流处于稳定流范围下限，但是车辆运行明显地受到交通流内其他车辆的相互影响，速度和驾驶的自由度受到明显限制。在交通流中驾驶，要求部分驾驶员切实提高警惕。总的舒适度和方便性明显下降。

四级服务水平 道路的运行条件等于或接近通行能力值。所有车辆的速度都降到很低，但运行速度相对一致，交通流中驾驶的自由度极少，为了适应这种驾驶，一般需要强迫行人或车辆让路。舒适和方便程度极差，驾驶员和行人受到的阻碍一般都很大。在这个水平上运行通常不稳定，因为交通流中流量稍有增大或微小波动，都会引起交通阻塞。这一服务水平下，交通设施的交通需求超过其允许的通过量，车流排队行驶，队列中的车辆出现停停走走现象，运行状态极不稳定，可能在不同交通流状态间发生突变。

6.2.2　服务水平的评价指标

针对不同类型的道路，其服务水平的评价指标也不尽相同。比如美国的 HCM 2010 使用密度作为高速公路服务水平的评价指标，而信号控制的交叉口则用延迟的指标来评价。一般来说，服务水平的评价指标包括：

① 行车速度和运行时间；

② 车辆行驶时的自由程度（如交通流密度）；

③ 行车受阻或受限制的情况，以及每公里停车次数和车辆延误时间；

④ 行车的安全性，以事故率和所造成的经济损失来衡量；

⑤ 行车的舒适性和乘客满意的程度；

⑥ 经济性，以行驶费用来衡量。

实际确定服务等级时，难以全面考虑和综合上述诸要素，往往仅以其中的某几项指标作为代表。我国大多数情况下用交通流密度、行车速度及服务交通量与通行能力之比（即 V/C）作为评定道路服务水平的主要指标。一方面，上述指标比较容易得到；另一方面，这些指标也同其他因素相关，在一定程度上反映了其他因素的情况。

6.3　一般高速公路的通行能力

6.3.1　概述

高速公路是指具有分隔设施，每个方向具有两条或者两条以上的车道，所有交叉口均为立体交叉，完全控制出入的公路。高速公路是真正意义上的连续交通流设施，在正常情况下，高速公路上的车辆可以不停顿地连续行驶。由于城市快速路与一般高速公路较为接近，所以本小节针对一般高速公路通行能力的分析与方法，也适用于城市快速路。

按照交通流运行特性的差异，高速公路一般由以下三部分组成：

① 高速公路基本路段；

② 交织区；

③ 匝道，包括匝道-主线连接处和匝道-横向相交公路的连接处。

其中，高速公路基本路段是指主线上不受匝道附近车辆汇合、分离以及交织运行影响的路段部分。具体来说，是指驶入匝道-主线连接处上游的 150 m 至下游的 760 m 以外、驶出匝道-主线连接处上游 760 m 至下游 150 m 以外，以及表示交织区开始的汇合点上游 150 m 至表示交织区终端的分离点下游 150 m 以外的主线路段，如图 6.4 所示。本小节介绍针对高速公路基本路段通行能力与服务水平的分析方法。

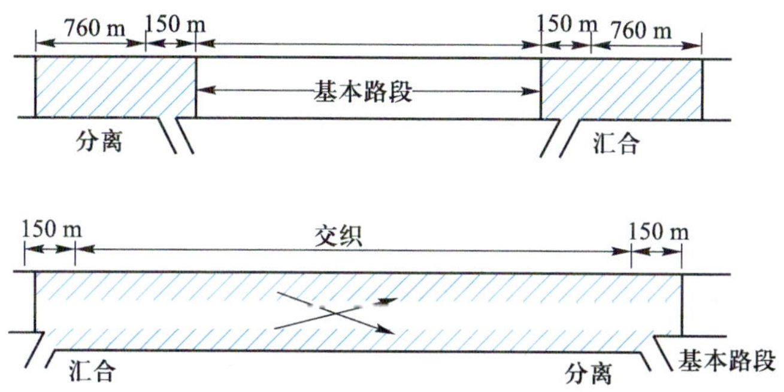

图 6.4 高速公路基本路段示意图

此外，在分析高速公路通行能力时应该注意分方向进行流量计算。因为计算流量的目的是测算公路的最大拥挤程度，由于交通量存在方向上的不均衡性（例如，早高峰时期更多的交通量是前往中心城区，而晚高峰时期更多的交通量是离开中心城区），所以分方向计算交通量能更加准确地反映真实的交通拥堵状况。

6.3.2 高速公路基本路段的理想条件与服务水平

6.3.2.1 高速公路基本路段的理想条件

高速公路基本路段的理想条件包括：

① 3.75 m≤车道宽度≤4.50 m；

② 行车道边缘线与右侧障碍物之间的净空为 1.75 m；

③ 多车道，且设计时速为 120 km/h；

④ 交通流中全部为小客车；

⑤ 平原地形（纵坡不超过 2%）；

⑥ 双车道公路中没有禁止超车区；

⑦ 没有行人和自行车的干扰；

⑧ 没有交通控制或转弯车辆干扰直行车的运行；

⑨ 驾驶员均为经常行驶高速公路且技术熟练、遵守交通法规者。

当实际情况与理想条件有区别时，需要做出相应的修正。

6.3.2.2　高速公路基本路段的服务水平

高速公路基本路段的服务水平可以通过交通流密度、车速、V/C 进行评价。根据这些评价指标，我国的交通研究者将高速公路基本路段的服务水平分为四级，设计速度 120 km/h 的基本路段在理想条件下的各级服务水平所对应的密度、行驶速度、V/C 及最大服务交通量如表 6.1 所示，其余设计速度下的各级服务水平所对应的各项参数参见《公路通行能力手册》。

表 6.1　设计速度 120 km/h 高速公路服务水平分级表

服务水平等级		密度/(pcu/km/ln)	行驶速度/(km/h)	V/C	最大服务交通量/(pcu/h/ln)
一级（自由流）		≤7	≥109	0.34	750
二级（稳定流上段）		≤18	≥91	0.74	1 600
三级（稳定流）		≤25	≥78	0.88	1 950
四级	（饱和流）	≤45	≥48	接近 1.00	2 200
	（强制流）	>45	<48	>1.00	

注：在理想条件下各级服务水平通行的最大交通量，pcu/h/ln 表示：小客车/小时/车道。

6.3.3　高速公路基本路段的通行能力计算

6.3.3.1　最大服务交通量

最大服务交通量是指在通常的道路条件、交通条件和管制条件及规定的服务水平下，道路的某一段面或均匀路段在单位时间内所能通过的最大小时交通量，用符号 MSV_i 表示。

$$MSV_i = C_B \cdot (V/C)_i \tag{6.1}$$

式中：MSV_i——第 i 级服务水平的最大服务交通量（pcu/h/ln）；

C_B——基本通行能力（pcu/h/ln），查表 6.2 确定；

$(V/C)_i$——第 i 级服务水平所对应的最大服务交通量与基本通行能力的比值。

表 6.2　我国高速公路基本通行能力表

设计速度/(km/h)	120	100	80
基本通行能力/(pcu/h/ln)	2 200	2 100	2 000

6.3.3.2 设计通行能力

高速公路基本路段的单向设计通行能力可按下式计算：

$$C_D = MSV_i \cdot N \cdot f_W \cdot f_{HV} \cdot f_P \tag{6.2}$$

或

$$C_D = C_B \cdot (V/C)_i \cdot N \cdot f_W \cdot f_{HV} \cdot f_P \tag{6.3}$$

式中：C_D——在实际的道路和交通条件下，i 级服务水平下单向 N 条车道的设计通行能力（pcu/h）。

6.3.3.3 可能通行能力

高速公路基本路段的单向可能通行能力可按下式计算：

$$C_P = C_B \cdot N \cdot f_W \cdot f_{HV} \cdot f_P \tag{6.4}$$

式中：C_P——在实际的道路和交通条件下，不论服务水平如何，单向 N 条车道的可能通行能力（pcu/h）；

C_B——高速公路基本路段一条车道的基本通行能力（pcu/h/ln）；

N——单向车道数量；

f_W——考虑车道宽度和侧向净空影响的修正系数；

f_{HV}——考虑重型车对通行能力影响的修正系数；

f_P——考虑驾驶员条件的修正系数。

6.3.3.4 修正系数

1. 车道宽度和侧向净空修正系数 f_W

当道路的车道宽度小于规定的最小宽度 3.75 m 时，路段的通行能力会有所下降。类似地，当左侧路缘带宽度和右侧路肩宽度受限时，即当路边的障碍物与行驶道路之间的距离小于 1.75 m 时，也会导致路段通行能力的降低。修正系数 f_W 可用于修正上述因素对通行能力的影响。表 6.3 根据道路车道宽度及不同侧向净空给出了相应的修正系数。

表 6.3 车道宽度和侧向净空修正系数 f_W 表

侧向净空/m	行车道一边有障碍物		行车道两边有障碍物	
	车道宽度/m			
	3.75	3.50	3.75	3.50
有中央分隔带的四车道公路（每边有两个车道）				
≥1.75	1.00	0.97	1.00	0.97
1.60	0.99	0.96	0.99	0.96
1.20	0.99	0.96	0.98	0.95

续表

侧向净空/m	行车道一边有障碍物		行车道两边有障碍物	
	车道宽度/m			
	3.75	3.50	3.75	3.50
有中央分隔带的四车道公路（每边有两个车道）				
0.90	0.98	0.95	0.96	0.93
0.60	0.97	0.94	0.97	0.91
0.30	0.93	0.90	0.87	0.85
0.00	0.90	0.87	0.81	0.79
有中央分隔带的六或八车道公路（每边有三个或者四个车道）				
≥1.75	1.00	0.96	1.00	0.96
1.60	0.99	0.95	0.99	0.95
1.20	0.99	0.95	0.98	0.94
0.90	0.98	0.94	0.97	0.93
0.60	0.97	0.93	0.96	0.92
0.30	0.95	0.92	0.93	0.89
0.00	0.94	0.91	0.91	0.87

注：侧向净空是指车道外边缘至路侧障碍物（护墙、桥栏、挡墙、灯柱、临时停放的车辆等）的横向距离。

2. 重型车辆修正系数f_{HV}

货车、公交车等车辆体型较大，都有加速慢和刹车距离长的特点，它们对道路通行能力有着不利的影响。因此当车流中存在重型车辆时，需要用修正系数f_{HV}将实际情况中的重型车辆转换成等效的小客车数量。为计算修正系数f_{HV}，首先需要确定重型车相对应的小客车换算系数E_{HV_i}，然后根据对应的重型车在总交通量中的比例P_{HV_i}，用公式（6.5）求出f_{HV}。其中系数E_{HV_i}表明该数量的小客车对道路通行能力的影响等同于一辆重型车对通行能力的影响。

$$f_{HV}=\frac{1}{1+\sum P_{HV_i}(E_{HV_i}-1)} \tag{6.5}$$

式中：f_{HV}——重型车辆修正系数；

P_{HV_i}——车型i的交通量在总交通量中的比例；

E_{HV_i}——车型i的换算系数。

由于重型车辆在坡道上行驶相对小客车困难，且自身车型较大，容易挡住后方车辆的视线，所以在不同的地形条件下的运行特点会不同，对应的车型修正系数也不同，见表 6.4。交通工程中通常对地形条件进行如下分类：

平坦地形　在任意横向定线和竖向定线的组合情况下，重型车辆和小客车的行驶速度大致相同。该种地形具有较低的坡度，坡度不超过 2%。

丘陵地形　在任意横向定线和竖向定线的组合情况下，重型车辆需降低行驶速度，行驶速度比小客车的小很多。但是在丘陵地形下，重型车辆并没有因为较高的坡道阻力而需要长时间或者频繁地使用极限速度运行。

山岭地形　在任意横向定线和竖向定线的组合情况下，重型车辆长时间或者频繁地使用极限速度在道路上行驶。

表 6.4　高速公路、一级公路车型修正系数

地形 / 修正系数 / 车型	平原	微丘	重丘		山区
	高速公路、一级公路		高速公路	一级公路	—
大型车[①②]	1.7	2.0	2.5	3.0	3.0
小客车[③]	1.0	1.0	1.0	1.0	1.0

注：① 大型车包括中型及重型载货汽车、单车通道式大客车；
② 对特定纵坡上坡路段应考虑坡值，坡长另行换算；
③ 小客车包括吉普车、摩托车、载重≤2 t 的货车、面包车。

值得注意的是，对于表 6.5 与表 6.6 中规定的特定上坡路段，应使用对应特性纵坡路段的车型修正系数。当中型车（122 kg/kW 及以下）较多，成为影响设计通行能力的主要因素时，则特定上坡段的坡度、坡长范围及 E_{HV} 值可查表 6.5。当重型车中大型车（177 kg/kW 及以上）较多，对设计通行能力起主要影响时，则特定上坡段的坡度、坡长范围及 E_{HV} 值可查表 6.6。

表 6.5　特定上坡路段中型车的车型修正系数 E_{HV}

坡度/%	坡长/m	四车道高速公路	六或八车道高速公路
2	≥1 000	3	3
3	400～1 000	3	3
	≥1 000	4	4

续表

坡度/%	坡长/m	四车道高速公路	六或八车道高速公路
4	<400	3	3
	400~800	4	4
	≥800	5	4
5	<300	4	4
	300~500	5	4
	500~1 000	6	5
	≥1 000	7	6
6	<300	5	4
	300~500	6	5
	500~1 000	7	6
	≥1 000	8	7

表 6.6　特定上坡路段大型车的车型修正系数 E_{HV}

坡度/%	坡长/m	四车道高速公路	六或八车道高速公路
2	400~1 200	3	3
	≥1 200	4	4
3	400~800	4	4
	800~1 200	5	4
	≥1 200	6	5
4	<400	3	3
	400~800	5	4
	800~1 200	6	5
	1 200~1 600	7	6
	≥1 600	8	7
5	<300	4	4
	300~700	6	6
	700~1 200	10	8
	≥1 200	12	10

续表

坡度/%	坡长/m	四车道高速公路	六或八车道高速公路
6	<300	5	4
	300~600	8	7
	≥600	16	12

在特定上坡路段，由于重型车的车型修正系数较大，换算后的标准车交通量也随之增大，因此常常成为服务水平较差的路段。如果特定上坡路段的设计小时交通量超过其设计通行能力，则需要设置爬坡车道。

此外，在下坡时往往也需要考虑车型修正系数。由于重型车辆的制动特性相对较差，在下坡时对交通流的影响比在平坦地形上对交通流的影响更大。因此，要对特定纵坡上坡路段和下坡路段分别进行通行能力和服务水平的分析计算，并分别以其中 E_{HV} 值最大的特定上（下）坡路段作为控制段。

美国道路通行手册（HCM 2010）对特定纵坡路段的通行能力，特别是对大中型载重汽车在一定的坡度、坡长范围内的大型车换算成小客车的系数 E_{HV} 进行了系统的说明。国内借鉴美国的办法，在《公路通行能力手册》中规定：

① 在特定纵坡下坡段重型车中以中型车（122 kg/kW 及以下）占主导地位时，当纵坡坡度为3%且坡长≥1 000 m 时，当纵坡坡度为4%且坡长≥400 m 时，以及纵坡坡度大于4%时的下坡路段（不论单一坡或组合坡段），E_{HV} 可应用同样坡度、坡长上坡段 E_{HV} 值的 1/2。在特定纵坡下坡段重型车中以大型车（177 kg/kW 及以上）占主导地位时，当纵坡坡度为2%且坡长≥1 200 m 时，当纵坡坡度为 3%且坡长≥400 m 时，当纵坡坡度为 4%且坡长≥400 m 时，以及坡度大于4%时的下坡路段（不论单一坡或组合坡段），E_{HV} 可应用同样坡度、坡长上坡段 E_{HV} 值的 1/2。

② 坡度、坡长小于①中所述范围的特定下坡路段的 E_{HV} 值可应用表 6.4 平原、微丘地形中的 E_{HV} 值。

例 6.1 重型车辆修正系数计算

一条四车道高速公路坡长 1 300 m，上坡坡度为 4%，观测到小时交通量 1 000 pcu/h/ln，交通流中有 8%的中型货车，2%的拖挂车。计算重型车辆修正系数 f_{HV}。

解： 四车道高速公路坡长 1 300 m，坡度为 4%，查表 6.5 和表 6.6 得：$E_{HV_1}=5$，$E_{HV_2}=7$。同时由题干已知：$P_{HV_1}=0.08$，$P_{HV_2}=0.02$。

利用公式（6.5），计算重型车辆修正系数：

$$f_{HV}=\frac{1}{1+0.08\times(5-1)+0.02\times(7-1)}=0.694$$

该修正系数表明，例题中含有重型车辆的交通流相对于基础条件下没有重型车辆的交通流，道路的通行能力减少了30.6%。

3. 驾驶员特征的修正系数f_P

根据驾驶员的技术熟练程度、遵守交通法规的程度、在高速公路上的行驶经验以及驾驶员的健康状况，修正系数f_P通常在0.9~1.0之间取值。

6.3.4　服务水平评价

公路的服务水平评价指标有交通流密度、车速、延误率、V/C等，其中V/C适用于不同等级的公路。因此本书6.3节至6.5节的高速公路、多车道公路以及双车道公路的服务水平评价均采用V/C作为指标，本小节给出了计算V/C的方法。

6.3.4.1　计算高峰小时流率

正如第四章中提到，高峰小时中不同时段的道路流量分布是不均匀的，因此在分析道路通行能力时也需要考虑这种不均匀性，并用高峰小时系数（Peak Hour Factor，PHF）描述这种不均匀性：

$$PHF=\frac{V}{V_{15}\times4} \tag{6.6}$$

式中：PHF——高峰小时系数；

V——高峰小时交通量；

V_{15}——流量最高的15 min的交通量。

高峰小时系数的理论取值范围在0.25~1之间。PHF值为0.25时代表1 h内所有的交通量都集中在最高峰的15 min；PHF值为1时代表交通流在各15 min的时段内均匀分布。通过观测到的小时交通量与高峰小时系数，可通过公式（6.7）换算得到高峰小时流率：

$$V_P=\frac{V}{PHF} \tag{6.7}$$

式中：V_P——高峰小时流率（pcu/h）；

V——观测到的高峰小时交通量（pcu/h）；

PHF——高峰小时系数。

例6.2　计算高峰小时流率

现有两条道路，观测到的高峰小时交通量均为1 800 pcu/h。第一条道路的高峰小时系数PHF_1为0.75，第二条道路的高峰小时系数PHF_2为0.9，试计算两条道路的高峰小时流率。

解：利用公式（6.7），计算第一条道路高峰小时流率：

$$V_{P1}=\frac{V_1}{PHF_1}=\frac{1\,800}{0.75}\text{pcu/h}=2\,400\text{ pcu/h}$$

计算第二条道路高峰小时流率：

$$V_{P2}=\frac{V_2}{PHF_2}=\frac{1\,800}{0.9}\text{pcu/h}=2\,000\text{ pcu/h}$$

6.3.4.2 计算饱和度 V/C

通过计算 V/C 值，查表 6.1 寻找其位于的 V/C 区间，即可得对应的服务水平等级。V/C 值可按下式计算：

$$V/C=V_P/C_P \tag{6.8}$$

式中：V_P——高峰小时流率（pcu/h）；

C_P——公路单向可能通行能力（pcu/h）。

例 6.3 利用饱和度确定服务水平等级

现有一高速公路某基本路段，设计速度为 120 km/h，单向高峰小时流率 V_P 为 1 600 pcu/h，单向可能通行能力为 2 400 pcu/h，试确定该基本路段的服务水平等级。

解：利用公式（6.8）计算饱和度：

$$V/C=V_P/C_P=1\,600/2\,400=0.67$$

查表 6.1，得到在设计速度 120 km/h 下，V/C 值为 0.67，因此服务水平为二级。

例 6.4 高速公路服务水平分析

已知一四车道高速公路，重丘地形，设计速度为 120 km/h。实地勘察资料如下：分析路段长 2 km，车道宽 3.5 m，车行道两侧均有障碍物，侧向净空 1.75 m，交通流中大客车占 17%，中型货车占 19%，单向高峰小时流率 V_P 为 2 000 pcu/h，驾驶员条件修正系数取 1.0。试分析其服务水平并确定达到其可能通行能力之前还可增加多少交通量。

解：（1）由题设及查表 6.3 和表 6.4，得各项修正系数：

$$f_W=0.97,\ E_{HV}=2.5,\ P_{HV}=0.36$$

$$f_{HV}=\frac{1}{1+0.36\times(2.5-1)}=0.649$$

（2）计算单向可能通行能力。

首先根据设计速度 120 km/h，查表 6.2 得一条车道的基本通行能力 C_B 为 2 200 pcu/h/ln，则公路单向可能通行能力 C_P 为

$C_P = C_B \cdot N \cdot f_W \cdot f_{HV} \cdot f_P = 2\ 200 \times 2 \times 0.97 \times 0.649 \times 1.00\ \text{pcu/h} = 2\ 770\ \text{pcu/h}$

（3）计算 V/C 值：

$$V/C = V_P/C_P = 2\ 000/2\ 770 = 0.722$$

（4）查表 6.1 可知，该路段服务水平处于二级服务水平。

（5）确定达到可能通行能力前可增加的交通量：

$$\Delta V = (2\ 770 - 2\ 000)\ \text{pcu/h} = 770\ \text{pcu/h}$$

因此，达到可能通行能力前可增加的交通量为 770 pcu/h。

6.4　多车道公路的通行能力

6.4.1　概述

多车道公路和高速公路的道路有很多相似之处，但仍存在一些关键差别，主要区别如下：

① 车辆可以在平面交叉口或匝道进入或者驶离道路，多车道公路没有完全控制出入；

② 多车道公路不同方向的车流可以被隔离也可以不用隔离，隔离物可以是障碍物或者专设的中央隔离带；而高速公路不同方向的车流常常是被隔离的；

③ 可以存在交通信号；

④ 设计标准（比如设计速度等）比高速公路的要求低；

⑤ 多车道公路的周边环境通常比高速公路更容易让驾驶者分心。

多车道公路通常是双向四车道或双向六车道，规定的限制速度是 60～100 km/h，可以设置中央隔离带隔离双向左转车道，或无中央隔离带，如图 6.5 所示。

图 6.5　多车道实例图

多车道公路服务水平的确定与高速公路类似，主要区别在于修正系数的类型以及对应的取值有所不同。在确定通行能力与服务水平方面，相较于高速公路，多车道公路需要多考虑交叉口和路侧交通与环境的干扰。

6.4.2 多车道公路的理想条件与服务水平

6.4.2.1 多车道公路的理想条件

多车道公路的理想条件如下：

① 车道最低宽度为 3.75 m；

② 没有出入口；

③ 路基宽度 24.5 m，路面宽度 15 m，中间带宽度 3 m，硬路肩 2.5 m，土路肩 0.75 m；

④ 设计速度 100 km/h；

⑤ 视距大于 160 m；

⑥ 行驶方向上车辆与路旁物体（右侧路肩和中央隔离带）的最小横向间隔为 3.6 m；

⑦ 地形为平原、微丘，坡度不超过 2%，且横向干扰很小；

⑧ 车流均为小客车；

⑨ 路面平整度较好，对速度没有影响；

⑩ 大多数驾驶者熟悉道路情况；

⑪ 交通管理状况良好。

当实际情况与理想条件有区别时，需要做出相应的修正。

6.4.2.2 多车道公路的服务水平

由于多车道公路和高速公路很相似，因此交通流密度、行驶速度、V/C 同样也是确定多车道公路服务水平的指标，如表 6.7 所示为速度 100 km/h 多车道公路的服务水平标准，其余速度下的各级服务水平对应的各项参数见《公路通行能力手册》。多车道公路和高速公路的一到四级服务水平下最大密度值是一致的。除了交通流密度、速度、V/C 之外，表 6.7 还提供了设计速度 100 km/h 的多车道公路在各类服务水平下对应的最大服务交通量。

表 6.7 理想条件下设计速度 100 km/h 多车道公路的服务水平标准

服务水平等级	最大密度 /(pcu/km/ln)	平均速度 /(km/h)	V/C	最大服务交通量 /(pcu/h/ln)
一	≤7	≥96	0.35	1 000
二	≤15	≥87	0.65	1 300

续表

服务水平等级	最大密度 /(pcu/km/ln)	平均速度 /(km/h)	V/C	最大服务交通量 /(pcu/h/ln)
三	≤20	≥80	0.80	1 600
四	≤40	≥50	1.00	2 000
	>40	<50		

6.4.3　多车道公路的通行能力计算

6.4.3.1　最大服务交通量

多车道公路各级服务水平所对应的一条车道的最大服务交通量计算：

$$MSV_i = C_B \cdot (V/C)_i \tag{6.9}$$

式中：MSV_i——第 i 级服务水平的最大服务交通量（pcu/h/ln）；

C_B——基本通行能力（pcu/h/ln），查表 6.8 确定；

$(V/C)_i$——第 i 级服务水平所对应的最大服务交通量与基本通行能力的比值。

表 6.8　多车道公路基本通行能力推荐值

设计速度/(km/h)	基本通行能力/(pcu/h/ln)
100	2 000
80	1 800
60	1 600

6.4.3.2　设计通行能力

多车道公路单向设计通行能力可按下式计算：

$$C_D = MSV_i \cdot N \cdot f_W \cdot f_{HV} \cdot f_E \cdot f_P \tag{6.10}$$

或

$$C_D = C_B \cdot (V/C)_i \cdot N \cdot f_W \cdot f_{HV} \cdot f_E \cdot f_P \tag{6.11}$$

式中：C_D——多车道公路单向 N 车道的设计通行能力（pcu/h）；

C_B——对应于设计速度的一条车道的基本通行能力（pcu/h/ln）；

$(V/C)_i$——i 级服务水平下最大服务交通量与最大通行能力的比值；

N——单向车道数；

f_W——车道宽度和侧向净空影响修正系数（一般当车道宽度为 3.75 m 时取 1.00，车道宽度为 3.50 m 时取 0.96）；

f_{HV}——重型车辆修正系数；

f_E——路侧干扰影响修正系数；

f_P——驾驶员特征影响修正系数（通常取1.00）。

6.4.3.3 可能通行能力

多车道公路单向可能通行能力可按下式计算：

$$C_P = C_B \cdot N \cdot f_W \cdot f_{HV} \cdot f_E \cdot f_P \tag{6.12}$$

式中：C_P——在实际的道路和交通条件下，不论服务水平如何，单向 N 条车道的实际通行能力。

6.4.3.4 修正系数

1. 重型车辆修正系数 f_{HV}

当多车道公路上存在体型较大的货车、公交车、旅游车等重型车辆时，其通行能力会受到不利影响，需要对通行能力进行修正。重型车辆修正系数 f_{HV} 的计算公式如下：

$$f_{HV} = \frac{1}{1+\sum P_i(E_i-1)} \tag{6.13}$$

式中：P_i——车型 i 的交通量占总交通量的百分比；

E_i——车型 i 的车型修正系数，见表6.4。

2. 路侧干扰影响修正系数 f_E

由于多车道公路没有完全控制进出，因此在多车道公路的路侧可以存在行人与非机动车，路侧环境通常也劣于高速公路，所以其通行能力会受到路侧交通与环境的影响，需要对通行能力进行修正。路侧干扰影响修正系数 f_e 可通过查表6.9得到。

表6.9 路侧干扰影响修正系数 f_E

路侧干扰	路侧干扰等级	修正系数 f_E	典型情况描述
轻微	1	0.95	道路、交通状况基本符合理想条件
较轻	2	0.90	两侧为农田，存在少量行人和自行车
中等	3	0.85	穿过村镇，支路上有车辆进出或路侧停车
严重	4	0.75	有大量慢速车或拖拉机混杂行驶

例6.5 多车道公路运行状况分析

我国中部平原地区一无中央分隔的双向四车道一级公路，在5.23 km的路段上，车道宽度为3.75 m，设计速度为100 km/h，高峰小时交通量为1 800 pcu/h，*PHF* 为0.926。车辆组成：大型车占25%，其余为小型车；侧向干扰情况较轻；驾驶员总体特征影响修正系数取 1.00。试分析该路段的高峰小时服务水平。

解：（1）由题干已知内容，查表 6.4 和表 6.9，得各项修正系数如下：

$$f_W=1.00,\ f_E=0.90,\ f_P=1.00,\ f_{HV}=\frac{1}{1+0.25\times(1.7-1)}=0.85$$

（2）计算可能通行能力：首先确定一条车道的基本通行能力 C_B，根据设计速度 100 km/h，查表 6.8 得该路段一条车道的基本通行能力为 2 000 pcu/h/ln，则单向可能通行能力 C_P 为

$$C_P=2\,000\times2\times1.00\times0.85\times0.90\times1.00\ \text{pcu/h}=3\,060\ \text{pcu/h}$$

（3）计算高峰小时流率：

$$V_P=\frac{V}{PHF}=\frac{1\,800}{0.926}\ \text{pcu/h}=1\,944\ \text{pcu/h}$$

（4）计算饱和度 V/C：

$$V/C=\frac{V_P}{C_P}=\frac{1\,944}{3\,060}=0.64$$

（5）确定服务水平：查表 6.7 得该段公路的 V/C 比值在 0.35~0.65 之间，属二级服务水平。

例 6.6　多车道公路的规划分析

现欲在某重丘地带新建一多车道公路，单方向设计小时交通量为 1 000 pcu/h；设计速度 100 km/h；交通组成：小型车占 80%，大型车占 20%；侧向干扰情况较轻；驾驶员总体特征影响修正系数取 1.00。试分析确定满足二级服务水平的车道数。

解：（1）由题设和查表 6.4、表 6.9 得各项修正系数如下：

$$f_W=1.00;\ f_E=0.90;\ f_P=1.00;\ f_{HV}=\frac{1}{1+0.2\times(3-1)}=0.71$$

（2）计算一条车道的设计通行能力：

根据设计速度 60 km/h，查表 6.8 可得对应的一条车道的基本通行能力为 1 600 pcu/h/ln，则一条车道的设计通行能力为

$$C_D=1\,600\times(V/C)\times1\times1.00\times0.71\times0.90\times1.00=1\,022(V/C)$$

（3）确定二级服务水平 V/C 值的区间：

查表 6.7 得多车道公路二级服务水平的 V/C 值在 0.35~0.65 之间。

（4）计算所需车道数：

$$N=\frac{V}{C_D}=\frac{1\,000}{1\,022(V/C)}\quad 条$$

将第三步中的 V/C 值区间代入上式，得所需车道数的区间为 1.50～2.80 条，向上取整得所需车道数为 3 条，即双向四车道。

6.5 双车道公路的通行能力

6.5.1 概述

双车道是我国公路网中最普遍的一种公路形式。如图 6.6 所示，每条车道用于一个方向的交通，在视距和对向交通流间隔允许的地点，可占用对向车道，超越慢速车辆，然后再回到本向车道。因此，双车道公路中任何一个方向的车流运行都受到对向交通的制约。故不能对单个方向而必须对车行道双向通行能力和服务水平进行总的分析计算。

图 6.6　双车道公路

6.5.2 双车道公路的理想条件与服务水平

6.5.2.1 双车道公路的理想条件

双车道公路的理想条件如下：

① 设计速度大于或等于 80 km/h；

② 车道宽度大于或等于 4.00 m，但不大于 4.50 m；

③ 侧向净空大于或等于 1.75 m；

④ 公路上无“不准超车区”；

⑤ 交通流中全部为小型客车；

⑥ 两个方向交通量之比为 50/50；

⑦ 对过境交通没有横向干扰且交通秩序良好；

⑧ 处于平原微丘地形。

6.5.2.2　双车道公路的服务水平

双车道公路的服务水平指标与高速公路、多车道公路的服务水平指标略有不同。由于双车道公路不具有分隔设施，可在视距和对向交通流间隔允许的地点占用对向车道进行超车，因此在对双车道服务水平进行评价时常常通过不准超车区、平均行车速度、V/C 进行评价。如表 6.10 所示，为设计速度 80 km/h 双车道公路路段服务水平标准，其余速度下的各级服务水平所对应的各项参数参见《公路通行能力手册》。在兼顾节省建设经费和高效运营原则的基础上，二、三级双车道公路在设计过程中通常采用三级服务水平作为设计服务水平。

表 6.10　设计速度 80 km/h 双车道公路路段服务水平标准

服务水平等级	延误率/%	速度/(km/h)	视距不足比例/%		
			<30	30~70	>70
一	≤30	≥76	0.15	0.13	0.12
二	≤60	≥67	0.40	0.34	0.31
三	≤80	≥58	0.64	0.60	0.57
四	<100	≥48 <48	1.0	1.0	1.0

6.5.3　双车道公路的通行能力计算

6.5.3.1　最大服务交通量

双车道公路的最大服务交通量计算公式与一般高速公路与多车道公路的最大服务交通量计算公式相同，但由于双车道公路存在占用对侧车道进行超车的情况，需要对双向两条车道一并考虑，因此 C_B 的取值应是双向车道的基本通行能力。

$$MSV_i = C_B \cdot (V/C)_i \tag{6.14}$$

式中：MSV_i——在理想条件下，第 i 级服务水平的车行道双向最大服务交通量（pcu/h）；

C_B——基本通行能力，理想条件下车行道每小时双向期望能通行的最大交通量，$C_B = 2\,500$ pcu/h；

$(V/C)_i$——第 i 级服务水平所对应的最大服务交通量与基本通行能力的比值。

6.5.3.2 设计通行能力

双车道公路设计通行能力可用下式求得：

$$C_D = C_B \cdot (V/C)_i \cdot f_S \cdot f_W \cdot f_D \cdot f_E \cdot f_{HV} \tag{6.15}$$

式中：C_D——设计通行能力，是 i 级服务水平下车行道的双向设计交通量；

C_B——基本通行能力，理想条件下车行道每小时双向期望能通行的最大交通量，通常取 $C_B = 2\,500$ pcu/h；

$(V/C)_i$——i 级服务水平下最大服务交通量与基本通行能力的比值；

f_S——设计速度小于 80 km/h 时对通行能力的修正系数；

f_W——车道宽度和侧向净空影响修正系数；

f_D——方向分布对通行能力的修正系数；

f_E——侧向干扰对通行能力的修正系数；

f_{HV}——交通组成对通行能力的修正系数。

6.5.3.3 可能通行能力

双车道可能通行能力可用下式求得：

$$C_P = C_B \cdot f_S \cdot f_W \cdot f_D \cdot f_E \cdot f_{HV} \tag{6.16}$$

式中：C_P——可能通行能力，是不论服务水平如何，车行道的双向实际通行能力；

f_S——设计速度小于 80 km/h 时对通行能力的修正系数；

f_W——车道宽度和侧向净空影响修正系数；

f_D——方向分布对通行能力的修正系数；

f_E——侧向干扰对通行能力的修正系数；

f_{HV}——交通组成对通行能力的修正系数。

6.5.3.4 修正系数

1. 设计速度小于 80 km/h 时的修正系数 f_S

当设计速度小于 80 km/h 时已不满足双车道公路的理想条件，该设计速度下的基本通行能力将比 C_B 的取值小，因此需要进行修正，修正系数见表 6.11。

表 6.11 设计速度修正系数

设计速度/(km/h)	80	70	60	50	40
f_S	1.00	0.98	0.96	0.94	0.92

2. 车道宽度及侧向净空修正系数 f_W

车道宽度及侧向净空是决定道路上车辆行驶速度的重要因素，车辆行驶速度对双车道通行能力存在一定影响，具体修正系数见表 6. 12。

表 6. 12 车道宽度及侧向净空影响修正系数

侧向净空/m \ 车道宽/m	4. 00~4. 50	3. 50	3. 00
1. 75	1. 00	0. 96	0. 84
1. 50	0. 96	0. 92	0. 80
1. 00	0. 88	0. 84	0. 74
0. 75	0. 84	0. 80	0. 70
0. 50	0. 79	0. 76	0. 66
0. 00	0. 70	0. 67	0. 58

3. 方向分布修正系数 f_D

双车道公路并未彻底避免对向车流的干扰，因此方向分布对通行能力仍有较大影响，具体修正系数见表 6. 13。

表 6. 13 方向分布对通行能力的修正系数

方向分布/%	50/50	55/45	60/40	65/35	70/30
f_D	1	0. 97	0. 94	0. 91	0. 88

4. 侧向干扰修正系数 f_E

侧向干扰影响双车道公路的车辆行驶速度、交通秩序、交通流等，通行能力随侧向干扰等级的增大而减少，具体修正系数可查表 6. 14。

表 6. 14 侧向干扰对通行能力的修正系数

侧向干扰等级	1	2	3	4	5
修正系数 f_E	0. 95	0. 85	0. 75	0. 65	0. 55

5. 交通组成修正系数 f_{HV}

交通组成修正系数的计算公式与重型车辆修正系数［式（6. 13）］相同，但具体车辆修正系数略有差异。按照下式进行计算：

$$f_{HV}=\frac{1}{1+\sum p_i(E_i-1)} \tag{6.17}$$

式中：p_i——车型 i 的交通量占总交通量的百分比；

E_i——车型 i 的车型修正系数；其中，双车道公路中车型 i 包括当流量大于 10 pcu/h 的中型车、大型车、拖挂车和拖拉机，如果某类车流量小于 10 pcu/h，则忽略该类车的影响，而将其数量计入其类似的车型。具体取值见表 6.15。

表 6.15 双车道公路的车型修正系数

设计速度 /(km/h)	交通量 /(pcu/h)	车型修正系数（小客车为 1.0）			
		中型车	大型车	拖挂车	拖拉机
80	<1 400	1.5	2	3	3
	<2 800	2.5	3.5	3.5	4.5
	≥2 800	1.5	3	3	4
60	<1 200	2	3	4	4
	<2 400	3	5	5	6
	≥2 400	2.5	4	4	5
40	<1 000	2.5	4.5	6	/
	<2 000	5.5	8	8	/
	≥2 000	4	7	7	/

例 6.7 双车道公路的通行能力分析

已知某平原区二级公路，规划年限的设计小时交通量为 900 pcu/h，高峰小时系数 *PHF* 为 0.935；设计速度为 80 km/h；设计服务水平为三级，不准超车区为 20%；方向分布系数为 50/50，将行车道宽度初步定为 3.75 m，两侧硬路肩宽度合计 1.5 m；侧向干扰等级为二级；交通组成定为：小型车比例 65%，中型车比例 30%，大型车比例 5%。试分析评价假设条件能否保证规划、设计公路在要求的服务水平下运行。

解：（1）查表 6.11—表 6.15，得各项修正系数如下：

$$f_W=0.92;\ f_E=0.85;\ f_D=1.00;\ f_S=1.00$$

$$f_{HV}=\frac{1}{1+0.65\times(1-1)+0.3\times(1.5-1)+0.05\times(2-1)}=0.83$$

（2）计算可能通行能力：

$$C_P=2\,500\times1.00\times0.92\times1.00\times0.85\times0.83\ \text{pcu/h}=1\,623\ \text{pcu/h}$$

（3）计算高峰小时流率：

$$V_P=\frac{V}{PHF}=\frac{900}{0.935}\ \text{pcu/h}=963\ \text{pcu/h}$$

（4）计算饱和度 V/C：

$$V/C=\frac{V_{\mathrm{P}}}{C_{\mathrm{P}}}=\frac{963}{1\,623}=0.59$$

（5）分析运行情况。由题干已知不准超车区为 20%，查表 6.10 可知饱和度 V/C 位于［0.40，0.64］区间，服务水平属三级，因此在假设条件下能够保证规划、设计公路在要求的服务水平下运行。

6.6　设计交通量

本章前 5 节介绍了在给定的小时交通量情况下分析与评价道路通行能力和服务水平的方法。然而，需要注意交通量在时间和空间上都是变化的，有时不易确定。尤其是在设计一条新的道路时，在计算需要的车道数前选择一个合适的小时交通量是至关重要的。

第一，需要认识到在不同类型的道路上，交通量在一天、一周、一年中是不断变化的。这一点我们在 4.2.3 小节有过介绍。第二，在了解交通流的时变特征情况下，选择什么样的小时交通量用于设计分析？为解决这个问题，图 6.7 中描述了年平均日交通量（*AADT*）的百分比和每年超过这个交通量的累计小时数。例如，在观测道路上，最高的小时交通量将达到年平均日交通量的 0.148 倍（0.148×*AADT* 的小时交通量），一年内有 60 h 的道路交通量超过 0.11×*AADT*。

在设计一条新道路时，如果使用一年里最拥堵的小时交通量数据（最高的小时交通量，如图 6.7 中的 0.148×*AADT*）显然会导致道路资源的浪费，因为在全年中除了该小时外的其他所有的时间内道路通行能力都会显著地超过实际交通量。相反，如果设计小时交通量越小，道路的建设规模就越小，建设费用也就越低。但是，过度的降低设计小时交通量会使道路的交通条件恶化（如果使用第 100 位的交通量作为设计依据，一年中将会出现 100 次道路的实际交通量超过设计交通量），服务水平降低，交通阻塞和交通事故增多，这样，尽管节约了一些建设费用，但道路使用者因经常性的交通拥挤所支出的费用将会明显提高，使道路的综合经济效益降低。因此，需要选择合适的设计小时交通量。

美国的做法通常是使用介于第 10 位和第 50 位之间的年最高小时交通量作为设计小时交通量，具体选择第几位的小时交通量则取决于道路的地理位置、类型、当地交通量数据和工程评价。其中最常用的是选择第 30 位年最高小时交通量作为设计小时交通量。实际应用中，使用系数 K 来将年平均日交通量（*AADT*）转换为第 30 位最高小时交通量。*K* 的定义和计算公式如下：

$$K=\frac{DHV}{AADT} \tag{6.18}$$

式中：*K*——用于将年平均日交通量转换为特定的年小时交通量的系数；

DHV——设计小时交通量，通常情况下选择第 30 位年最高小时交通量（pcu/h）；

AADT——年平均日交通量（pcu/d）。

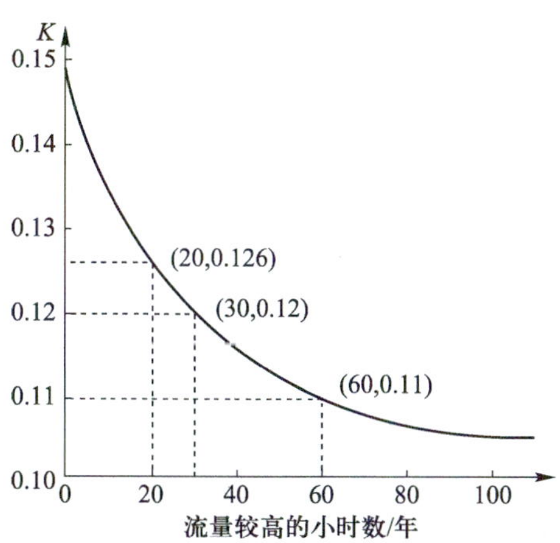

图 6.7　观测道路在一年内最高 100 h 的交通量

如图 6.7 中所示，第 30 位最高小时交通量对应的 *K* 的取值为 0.12。一般而言，K_i 的定义为系数 *K* 对应的第 *i* 位年最高小时交通量，例如从图 6.7 可知第 20 位年最高小时交通量的因素 K_{20} 的值为 0.126。如果对 *K* 没有特别说明，该值就默认对应第 30 位年最高小时交通量（$K=K_{30}$）。

最后，在公路（包括高速公路、多车道公路和双车道公路）设计和分析时，需要考虑的另一个关键问题是：将设计年限的年平均日交通量换算成为单方向设计小时交通量。同理，使用方向不均匀系数来反映在单方向上高峰小时交通量所占的比例，用符号 *D* 表示，应用以下公式来确定单方向的设计小时交通量：

$$DDHV=K \times D \times AADT \tag{6.19}$$

式中：*DDHV*——单方向设计小时交通量（pcu/h）；

D——方向不均匀系数，通常取 0.5，即按两个方向交通量无明显差异进行处理。

例 6.8　计算单方向设计小时交通量

现需要设计一条城市公路，预测设计目标年的年平均日交通量 *AADT* 为 60 000 pcu/d，选择第 30 位年最高小时交通量作为设计小时交通量（图 6.7），取方向不均匀系数 D 为 0.5，试求单方向设计小时交通量 *DDHV*。

解：

$$年平均日交通量\ AADT=60\ 000\ \text{pcu/d}$$

选择第 30 位年最高小时交通量作为设计小时交通量，则 $K=0.12$，方向不均匀系数 $D=0.5$，利用公式（6.19）计算单方向设计小时交通量：

$$单方向设计小时交通量\ DDHV=K\times D\times AADT=0.12\times0.5\times60\ 000\ \text{pcu/h}=3\ 600\ \text{pcu/h}$$

第六章
习题解答

习　题

6.1　高速公路的交通流特性同其他公路有何区别？其实际运行状况通行能力分析同其他公路有何区别？

6.2　如何选择高速公路服务水平的衡量指标？选定衡量指标后，如何确定高速公路的服务水平？

6.3　道路通行能力分为哪几类？各自的定义如何？

6.4　双车道公路具有哪些交通特性？

6.5　计算双车道公路路段通行能力时需要考虑哪些因素的影响？试分别予以说明。

6.6　公路路段可以划分为哪几部分？其各有何特性？

6.7　已知某平原地区一四车道高速公路基本路段，设计速度为 120 km/h，单向高峰小时交通量为 2 100 pcu/h，其中大型车占 38%，高峰小时系数 $PHF=0.9$，车道宽度 3.5 m，车行道两侧障碍物距离路缘线 0.9 m，试确定该高速公路基本路段的服务水平及设计通行能力。

6.8　要在平原地区设计一条高速公路路段，车道宽度 3.75 m，无侧向障碍物，设计速度 120 km/h，要求二级服务水平，单向设计交通量 $DDHV=3\ 500$ pcu/h，其中大型车占交通量的 20%，该路段的高峰小时系数为 0.95。试确定车道数 N。

6.9　我国中部平原地区一无中央分隔的双向四车道公路，在某一路段上，车道宽度为 3.5 m，设计速度为 80 km/h，高峰小时交通量为 1 500 pcu/h，*PHF* 为 0.926。车辆组成：大型车占 20%，其余为小型车；侧向干扰情况轻微。试分析该路段的高峰小时服务水平。

6.10　现欲在某一微丘地带新建一多车道公路，规划总宽度为 27.4 m，车道宽度和侧向净空为理想条件。单方向设计小时交通量为 1 200 pcu/h，*PHF* 为 0.901，设计速度 80 km/h，交通组成：小型车占 70%，大型车占 30%，侧向干扰情况较轻。试分析确定满足三级服务水平的车道数。

6.11　现有某平原区双车道公路，服务等级二级，不许超车区 20%，设计速度为 60 km/h，车道宽度为 3.5 m，两侧各有 1.5 m 宽的硬化路肩，路侧有少量行人和自行车，没有出入口，路侧干扰等级为 3 级，对向车流量相当，其中小型车比例为 67%，中型车比例为 21%，大型车为 12%，无拖拉机及畜力车行驶。试确定该双车道公路的设计通行能力。

6.12　设有平原区双车道公路，柔性路面，规划年限的设计小时交通量为 1 000 pcu/h，高峰小时系数 *PHF* 为 0.916，设计速度为 80 km/h，服务水平为三级，不准超车区为 40%，行车道宽度为 3.75 m，两侧硬路肩宽度合计 2.5 m，记录有二级侧向干扰事件，方向分布为 40/60。小型车比例为 58%，中型车比例为 36%。大型车比例为 6%，非机动车流量可忽略。试分析该双车道公路的服务水平。

参考文献

[1] ROESS R P, PRASSAS E S, MCSHANE W R. Traffic Engineering [M]. 4th ed. New York: Pearson/Prentice Hall, 2011.

[2] MANNERING F L, WASHBURN S S. Principles of Highway Engineering and Traffic Analysis [M]. 5th ed. New Jersey: John Wiley & Sons, 2013.

[3] GARBER N J, HOEL L A. Traffic and Highway Engineering [M]. 5th ed. Boston: Cengage Learning Int, 2014.

[4] Transportation Officials. A Policy on Geometric Design of Highways and Streets [M]. Washington D. C.: AASHTO, 2011.

[5] Transportation Research Board. Highway Capacity Manual [M]. Washington, D. C.: National Research Council, 2010.

[6] 中华人民共和国交通运输部. 公路路线设计规范 [S]: JTG D20—2017. 北京：人民交通出版社，2017.

[7] 中华人民共和国住房和城乡建设部. 城市道路工程设计规范 [S]: CJJ37—2012. 北京：中国建筑工业出版社，2012.

[8] 周荣贵，钟连德. 公路通行能力手册 [M]. 北京：人民交通出版社，2017.

第七章 交通管理与控制

课件 7

7.1 概　　述

交通管理是根据有关交通法规和政策措施，采用交通工程科学与技术，对交通系统中的人、车、路和环境进行管理，特别是对交通流合理地引导、限制、组织和指挥，以保障交通安全、有序、畅通、舒适、高效、环保。交通控制是运用各种控制软硬设备，如人工、交通信号、电子计算机、可变标志等手段来合理地指挥和控制交通运动过程。

交通管理与控制的核心主体是城市道路交叉口交通秩序的综合治理，其关键技术是交叉口交通信号控制，以及高速公路的交通控制。相应地，其主要内容还包括城市道路干线和网络的交通信号系统控制、交通控制设备、公交优先控制、交通政策与法规等。

从宏观概念上讲，交通管理包含了交通控制的内容，交通控制是交通管理在处理交通运动过程控制方面的一类专门技术。因此，交通管理与交通控制是一个有机整体。正如交通系统管理（Transportation System Management，TSM）的理念及其方法所表达的那样，交通系统管理就是结合交通需求的变化规律，结合既有交通基础设施条件下，通过交通法规或者行政管理、工程技术管理、交通信号控制技术等方面的综合技术应用，实现交通系统的安全、有序、畅通和可持续发展等目标。

交通管理与控制的微观对象和重点是网络交通的关键部位——交叉口及其交通流运动上。所以，其核心问题是交叉口交通信号控制。本章重点介绍交叉口信号控制的原理，并简要介绍高速公路交通控制与交通管理的相关内容。

7.2 交叉口信号控制原理

7.2.1 基本原理

在平面交叉口，来自不同方向的机动车交通流要在同一时间完成方向转换和通行过程，因此不同方向的交通流间存在不同性质的交通冲突（如图 7.1 所示）。如果同时考虑有非机动车和行人通行的话情况更为复杂。所以，进行交叉口交通控制首先要对交叉口空间进行渠化，通过空间路权分配的方式限定交通流运动轨迹，分离相互间的干扰和冲突，固定或控制冲突点的位置。在此基础上，通过对不同性质的交通流设置具有通行和禁止（包括等待）含义的灯色与符号指示，在时间上分离冲突交通流。因此，交叉口信号控制实质上，就是通过对交通流在交叉口的时间通行权的分配，也就是确定不同流向、不同种类交通流的时间路权，以分离和控制冲突点上冲突现象的发生。这种对时间路权的分配，需要根据不同条件、不同对象，在解决好空间渠化、控制对象的交通流数据规范化的基础上，设计适当的信号相位及信号时长（时间通行权分配方案），在时间和空间上综合协调地解决交通流通行的时空冲突问题。

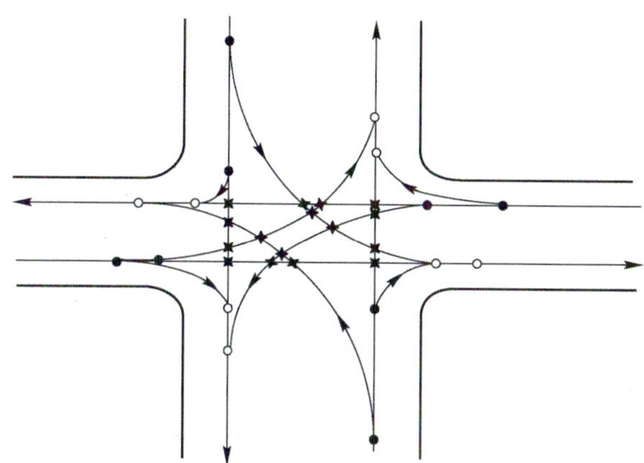

○ 合流冲突点(8个)
● 分流冲突点(8个)
✖ 交叉流冲突点(16个)

不同性质的交通冲突点，对交通秩序和行车安全的影响程度依次为：交叉流冲突点＞合流冲突点＞分流冲突点。

图 7.1 典型平面交叉口的交通冲突

7.2.2　信号控制交叉口的交通流通行模式

对交叉口设置信号控制后，其车流运行具有不同于无控制交叉口的通行特性，这与信号配时的设计密切相关。在 20 世纪 40 年代初出现了一些关于信号控制交叉口交通流通行模式的奠基性成果，克莱顿（Clayton）提出了车流通过交叉口时的基本运动模式，后来沃德洛尔、韦伯斯特和柯布等学者沿用并发展了这一模式，使之成为今天我们看到如图 7.2 所示的信号控制交叉口车流通行模式，该模式一直作为研究信号控制交叉口车流运行特性的主要依据。

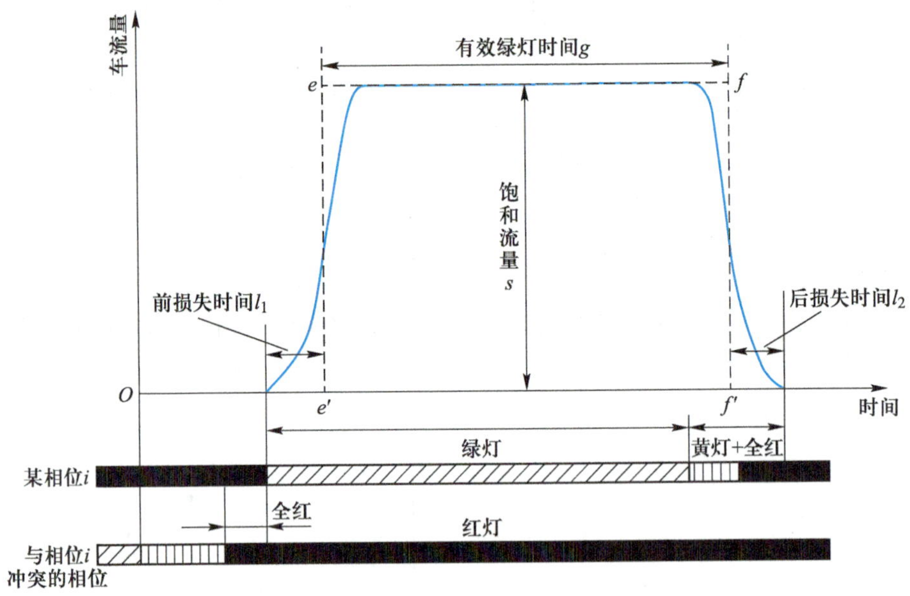

图 7.2　绿灯期间车流通过交叉口的流量图

图 7.2 显示，当信号灯转为绿灯时，原先等候在停车线后面的车流便开始向前运动，车辆依次越过停车线，其流率由零很快增至一个稳定的数值，该数值是能通过进口道停车线的最大流率，即“饱和流量”。在绿灯启亮的最初几秒，车辆从原来的静止状态开始加速，速度逐步由零变为正常行驶速度，流率变化很快。在此期间，车辆通过交叉口（停车线）的车流量比饱和流量低。同理，绿灯开始闪烁后或者在绿灯结束后的黄灯时间，由于部分车辆采取制动措施开始减速，部分车辆则经过逐渐减速而停止前进，因此通过交叉口（停车线）的流量便由原来保持的饱和流量水平逐渐地降下来。

为了便于研究，图 7.2 中实曲线所代表的实际流量过程线可用虚折线来加以近似，虚线与横坐标轴所包围的矩形面积与实曲线所包围的面积相等。这样矩形的高就代表饱和流量的值，而矩形的宽则代表信号开放期间实际可用于交通流以饱和流量通行的时间，这种对应于交通流实际通行效果的等效绿灯实际称之为“有效绿灯时间”，矩形 $ee'f'f$ 的面积恰好等于一个周期内实际通过交叉口的平均车辆数。

从图 7.2 还可以看出，绿灯信号的实际显示时段与有效绿灯时段不完全一致。有效绿灯时间的起点滞后于绿灯实际起点。由于这段时间未被有效使用，所以该时间差被称为“前损失时间”。相似地，在黄灯时间和全红时间中也有一段时间未被有效使用，所以这段时间被称为“后损失时间”。在一个信号相位上的损失时间等于“前损失时间”与“后损失时间”之和。

7.2.3 信号控制交叉口的交通延误

信号控制交叉口的延误机理比较复杂，既受到信号时长、饱和流量等相对确定因素的影响，也受到如到达流率、离开流率、驾驶行为等随机性较强因素的影响。为了便于对信号控制交叉口延误问题进行定量分析，这里介绍一种较简单的方法。该方法首先要做出比较强的假设：① 假设车辆均匀到达和均匀离开（到达率与离开率均为定值）；② 假设车辆排队为点队列（即车队没有物理长度）。此时信号控制交叉口的车辆受阻通行过程可简化为如图 7.3 所示。

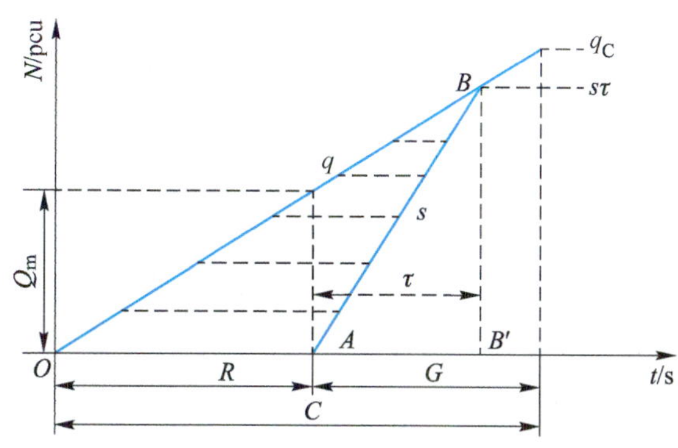

图 7.3 车流通行延误分析

在图 7.3 中，车辆到达率为 q，红灯时间（R）排队，绿灯时间（G）放行。在红灯时间结束时刻，进口道上排队长度达最大值 Q_m。绿灯时间开始后，车队以饱和流量 s 消散，驶离停车线。当进口道车队长度由其最大值 Q_m，逐渐减少至 0 时，对应进口道车辆到达流率和排队车辆离开流率的

两条斜线交于点 B，所耗费的时间称之为消散时间 τ。

由此，计算 $\triangle AOB$ 的面积，可得在一个信号周期 C 内，车辆通行延误 W 为

$$W=\frac{sqR^2}{2(s-q)}=\frac{qR^2}{2(1-y)} \tag{7.1}$$

式中：W——车辆通行延误（pcu · s）；

q——车辆到达率（pcu/s）；

R——红灯时间（s）；

s——饱和流量（pcu/s）；

y——流量比，$y=\frac{q}{s}$。

一个周期内车辆平均延误为

$$d_1=\frac{qR^2}{2(1-y)}\cdot\frac{1}{qC}=\frac{R^2}{2C(1-y)} \tag{7.2}$$

式中：d_1——一个周期内车辆平均延误（s）；

C——信号周期长度（s）；

其他变量如前所述。

由于工程中习惯用周期长度与有效绿灯时间来进行交通分析，所以式（7.2）可以改写为

$$d_1=\frac{0.5C(1-g/C)^2}{1-(g/C)x}=\frac{C(1-\lambda)^2}{2(1-\lambda x)} \tag{7.3}$$

式中：g——有效绿灯时间（s）；

λ——绿信比，$\lambda=g/C$；

x——饱和度，$x=V/C$，此处 C 为通行能力，为与信号周期长度 C 区分，称之为流量-通行能力比。

上述推导假定交通流均匀到达，但实际上车流到达存在不同程度的波动，交通流的波动不仅是一个随机过程，还经常伴随着很多偶发、不可重复的现象，所以在计算交通延误时应考虑随机延误等附加延误。为此，假定交通流的到达服从泊松分布时，车辆随机延误的理论公式为

$$d_2=\frac{x^2}{2q(1-x)} \tag{7.4}$$

式中：d_2——车辆随机延误（s）；

其他变量如前所述。

研究发现，当使用上式中推导的均匀延误加上随机延误（d_1+d_2）估

算的周期平均延误值通常会过高。因此可以再减去一个修正项d_3，即

$$d_3=0.65\left(\frac{C}{q^2}\right)^{1/3}x^{2+5\lambda} \tag{7.5}$$

韦伯斯特延误模型的最终形式为

$$d=\frac{C(1-\lambda)^2}{2(1-\lambda x)}+\frac{x^2}{2q(1-x)}-0.65\left(\frac{C}{q^2}\right)^{1/3}x^{2+5\lambda} \tag{7.6}$$

或进一步近似简化为

$$d=0.90(d_1+d_2) \tag{7.7}$$

虽然该模型只适用于欠饱和状况下（$V/C \leqslant 0.85$）车辆延误的估计，但它揭示了信号控制交叉口的车辆通行延误形成的核心规律，成为交叉口信号配时方案优化计算的理论基础。上述原理还可以用在刻画在持续时间 T 内，信号控制交叉口车辆通行产生的周期性交通延误过程，如图 7.4 所示。

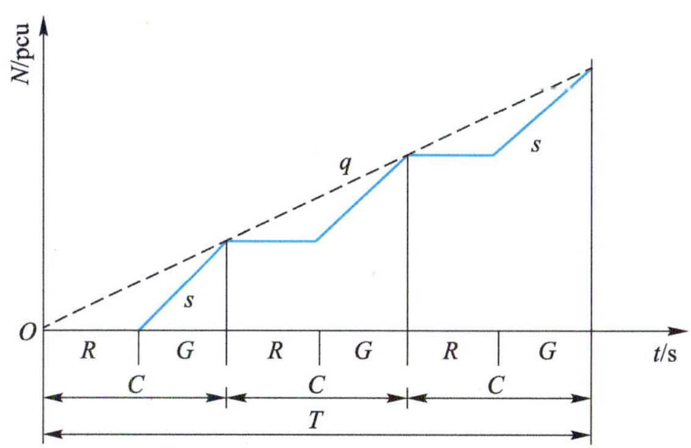

图 7.4　持续时间 T 车辆延误过程

7.3　交叉口信号控制设计

图 7.1 所示的十字交叉口是各种形式交叉路口中的一种典型形式，对十字路口信号控制方案的设计和交通流特性分析，是路网各种交通信号控制问题的核心，其原理和方法具有代表性和拓展性。

7.3.1　信号控制基本参数

周期与周期长度：信号周期（Cycle）是指所有信号指示的一个循环。**周期长度（C）**是指完成整个信号指示周期所用的时间。周期长度等于绿灯时间、黄灯时间以及红灯时间之和（$C=G+Y+R$），以 s 为单位。

绿灯时间（G）： 周期内某进口道显示绿灯时间的长度，以 s 为单位。

红灯时间（R）： 周期内某进口道显示红灯时间的长度，以 s 为单位。

黄灯时间（Y）： 周期内某进口道显示黄灯时间的长度，以 s 为单位。

全红时间（AR）： 周期内所有进口道都显示红灯时间的长度，以 s 为单位。

相位（Phase）： 信号相位，是指交叉口信号灯给予某一方向交通流或多个方向交通流的通行权，是在一个周期中的某一灯色（图案）或几种灯色（图案）的组合。信号相位设计的目标是将交叉口中存在冲突的交通流分隔到不同的信号相位中分别加以放行，使得处于同一信号相位中的交通流不存在冲突或仅存在可接受的轻微干扰。在一个周期内，所有信号相位的总和称为信号序列或信号相位序列。

保护相位（Protected Phase）： 赋予具有专用路权且不必避让冲突交通运动（如对向机动车或相交方向的行人交通）的某种交通运动的通行权。这种受保护的直行、左转及右转运动通常显示为箭头信号。

允许相位（Permitted Phase）： 赋予必须避让对向或冲突交通流的某种交通运动的通行权。这种交通通行安排在对向或冲突交通流运动的间隔时段内，绿灯信号显示允许左转或右转运动，在这种情况下，左转车辆在转向前须等待对向直行交通流中出现可插间隙，右转车辆在转向前须避让相邻人行横道的行人。

前损失时间（Start-up Lost Time，l_1）： 又称启动损失时间，是指绿灯刚启亮时由于驾驶员的反应延迟、车辆从静止加速到正常行驶速度造成的时间损失，以 s 为单位。

后损失时间（Clearance Lost Time，l_2）： 又称清尾损失时间，是指某一相位绿灯末期，到另一个相位绿灯启亮前，清空交叉口期间造成的时间损失，以 s 为单位。

信号损失时间（t_L）： 某进口道前损失时间和后损失时间之和。

周期总信号损失时间（L）： 一个信号周期中的信号损失时间之和。

有效绿灯时间（g）： 可有效用于某进口道交通通行的绿灯时间。是指一信号周期内能够以饱和流量通行的时间，等于绿灯时间与黄灯时间、全红时间之和，再减掉该进口道的信号损失时间。

绿信比（Green Ratio）： 一个信号周期内某相位的有效绿灯时长与周期长度的比值称为该相位的绿信比。一般以 λ 表示。

相位差（Offset）： 也称为绿灯起步时距或绿时差，是一个用于信号协调控制的参数，表示不同信号灯之间开放绿灯的时差，可细分为绝对相位差和相对相位差。

绝对相位差： 各个信号灯的绿灯的起点相对于某一个标准信号灯的绿灯起点的时间之差。

相对相位差： 两相邻信号灯的绿灯起点时间之差。两个信号灯的相对相位差等于其绝对相位差之差。

7.3.2 交通流特性参数

7.3.2.1 饱和流量

当绿灯信号开始时，由于车辆的起动特性、司机的反应时间和某些环境条件所限，车辆需要一段时间起动并加速到正常行驶速度，几秒钟以后车辆才能以一个大致稳定的流率通过交叉口停车线，该稳定流率就是饱和流量。其严格定义为：在一次连续的绿灯信号时间内，进口道上一列连续车队能通过进口道停车线的最大流率，单位是 pcu/h，其大小受交叉口空间几何因素、渠化方式、各转向车流量的比例及各流向交通冲突等情况影响。

7.3.2.2 流量比

流量比为交叉口某一进口道实际到达车流量与其饱和流量的比值，可由下式求出：

$$y=\frac{q}{s} \tag{7.8}$$

式中：y——流量比；

q——交通流量（pcu/h）；

s——饱和流量（pcu/h）。

流量比是交叉路口阻塞程度的一个衡量尺度，其本质上反映的是交通负荷水平，所以它也是交叉口信号控制方案设计的主要基础参数之一。

7.3.2.3 饱和度

某一交叉口进口道的车流量与该进口道的通行能力的比称为该进口道的饱和度，即 V/C，由下式计算：

$$x=\frac{q}{\lambda s} \tag{7.9}$$

式中：x——饱和度；

q——交通流量（pcu/h）；

λ——绿信比；

s——饱和流量（pcu/h）。

7.3.2.4 排队长度

排队长度是指信号交叉口前排队车辆的长度，一般以排队车辆的辆数或队列长度来计量。在较拥堵的情况下，车队尾部个别车辆可能会错过绿灯而不得不等候下一周期绿灯的启亮，此外红灯期间也会有少量转弯进来的车辆以及从路边停车带驶出的车辆，在上游交叉口的车队到达之前，这些车辆就已经在停车线前排队。由于这些因素，用传统的交通调查方法，要估计交叉口停车线前的平均排队长度比较困难而且需要花费大量的费用。随着智能交通系统技术的发展，基于固定式（如线圈）车辆检测器与移动式检测器（如 GPS）采集到的数据可以较准确地自动估计排队长度。由于排队长度在不同信号周期内可能有较大波动，因此，在工程实践中对交叉口车辆排队长度的检测、分析、估计和预测是非常重要的。感兴趣的读者可以参考文献［7］［8］。

7.3.3 信号设置的准则与控制方式

通常，对于主次通行权分明以及交通量较低的交叉口，采用停车让路控制或减速让路控制；对于交通量较大的交叉口则采用信号控制。决定是否将停车让路控制或减速让路控制改变为信号控制时，应以提升交叉口的通行能力和安全水平、减少延误为目标，系统分析交通状况、技术优劣和经济成本三个方面的因素，权衡利弊得失，综合决策，以此作为设置信号控制的依据。

为达到从时间上分离冲突交通流的目的，信号灯的设置要解决两种主要的车流冲突情况，即：当交叉口交通流量达到某一量值，以至于不同方向冲突车辆不能选择一个安全间隙来通过时，这种情况视为最小交通流量条件；当交叉口一个方向交通流量过大导致另一个方向车辆在无信号情况下不能安全通过交叉口时，称之为连续流中断条件。为此，一般采用高峰小时流量、连续 8 h 交通流量、4 h 交通流量等流量条件来指导机动车信号的设置。

美国统一交通控制设备手册（Manual on Uniform Traffic Control Devices, MUTCD）给出了 8 项条件，认为一个交叉口要设置信号控制至少要达到其中一项：

① 8 h 交通流量；

② 4 h 交通流量；

③ 高峰小时流量；

④ 行人流量；

⑤ 有学校过街人行道；

⑥ 信号协调系统需要；

⑦ 发生过一定的碰撞事故；

⑧ 路网控制需要。

在我国交通信号控制实践中，国家标准《道路交通信号灯设置与安装规范》（GB 14886—2016）规定了应根据路口等级、交通流量和交通事故状况等条件确定交叉口信号灯的设置。同时，还提出了设置公交专用信号灯和道口信号灯的要求。

7.3.3.1 路口条件

（1）符合下列条件的城市道路路口应设置信号灯：

① 城市道路主干路与主干路平交的路口；

② 城市道路主干路与次干路平交的路口；

③ 按照《城市道路交叉口规划规范》（GB 50647—2011）的 3.2.3 规划、设计的平 A1 类（交通信号控制、进口道展宽交叉口）、平 A2 类（交通信号控制、进口道不展宽交叉口）路口。

（2）符合下列条件的公路路口应设置信号灯：

① 一级公路与一级公路平交的路口；

② 按照《公路路线设计规范》（JTG D20—2017）中 10.1.3 采用信号交通管理方式设计的路口。

（3）平面交叉路口的安全停车视距三角形限界内有妨碍机动车驾驶人视线的障碍物时，宜设置信号灯。

7.3.3.2 机动车流量条件

路口机动车高峰小时流量超过表 7.1 所列数值时，应设置信号灯。

表 7.1 路口机动车高峰小时流量

主要道路单向车道数/条	次要道路单向车道数/条	主要道路双向高峰小时流量/(pcu/h)	流量较大次要道路单向高峰小时流量/(pcu/h)
1	1	750	300
		900	230
		1 200	140
1	≥2	750	400
		900	340
		1 200	220
≥2	1	900	340
		1 050	280
		1 400	160

续表

主要道路单向车道数/条	次要道路单向车道数/条	主要道路双向高峰小时流量/(pcu/h)	流量较大次要道路单向高峰小时流量/(pcu/h)
≥2	≥2	900	420
		1 050	350
		1 400	200

注：1. 主要道路指两条相交道路中流量较大的道路；

2. 次要道路指两条相交道路中流量较小的道路；

3. 车道数以路口 50 m 以上的渠化段或路段数计；

4. 在无专用非机动车道的进口，应将该进口进入路口非机动车流量折算成当量小汽车流量并统一考虑；

5. 在统计次要道路单向流量时应取每一个流量统计时间段内两个进口的较大值累计。

路口任意连续 8 h 的机动车平均小时流量超过表 7.2 所列数值时，应设置信号灯。

表 7.2 路口任意连续 8 h 机动车小时流量

主要道路单向车道数/条	次要道路单向车道数/条	主要道路双向任意连续 8 h 平均小时流量/(pcu/h)	流量较大次要道路单向任意连续 8 h 平均小时流量/(pcu/h)
1	1	750	75
		500	150
1	≥2	750	100
		500	200
≥2	1	900	75
		600	150
≥2	≥2	900	100
		600	200

7.3.3.3 交通事故等条件

除了流量条件，信号灯的设置与否还应该根据交通事故条件和综合条件来确定。例如，根据路口一定时期发生交通事故的次数或发生交通事故的风险，根据两个或两个以上流量条件的组合，考虑警卫路线的安排和交通信号系统协调控制的需要，隔离行人及非机动车与机动车的冲突，保护学校上下学的学生穿行，以及路网的整体情况，等等。

如上所述，交通信号设置的准则是以流量和安全条件为主，兼顾技术、经济等因素综合决策。

7.3.4 信号配时方案设计步骤

7.3.4.1 确定信号相位的基本方案

进行信号相位方案设计，除了基本相位及相序的配置外，重点是对左转相位的分析和设置。基本相位及相序如图 7.5 所示。

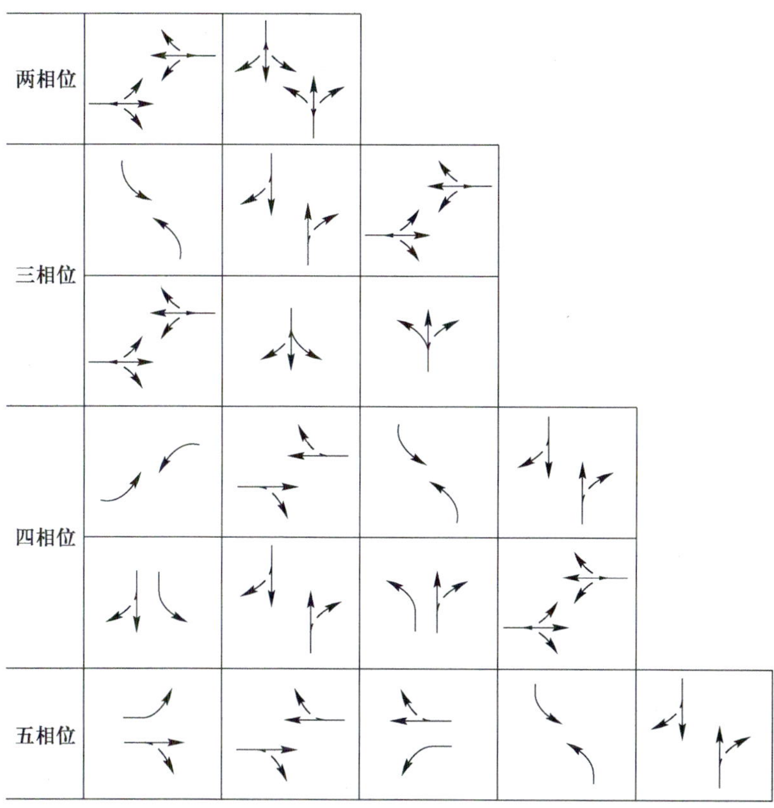

图 7.5 十字交叉路口信号控制的基本相位方案

判断是否需要采用左转保护相位的方法如下：

① 左转车少于 100 pcu/h 时一般不设置左转保护相位。

② 左转车大于 200 pcu/h 时通常应考虑设置左转保护相位。

③ 左转车数介于两者之间时，左转保护相位的设置应考虑对向直行交通量及车道数、历史事故情况、区域信号协调控制及其他相关的因素。当无历史事故情况、区域信号协调控制等相关信息时，可以采用以下方法进

行判断：若左转车流量与对向单车道平均直行车流量的乘积大于 50 000 时，需设置左转保护相位；反之可以不设。

若所有进口方向都不需要设置左转保护相位，则该交叉口可以采用两相位信号控制。若仅有位于同一条道路上的两个进口方向需要设置左转保护相位，则采用三相位信号控制。若 4 个进口方向都需要设置左转保护相位，则采用四相位信号控制设计。

需要注意的是，当各方向进口道左转车流量相近时，宜采用双向左转保护相位（即对向左转车流一起放行），否则，采用单向左转保护相位（对向左转车流分别放行）。当按照上述基本信号相位方案进行控制出现同一相位下进口方向车流量不均衡时，则可以考虑调整某一方向绿灯起始或结束时间来提高交叉口通行效率。

7.3.4.2　划分车道组并确定关键车道（组）

交叉口各入口方向应分开单独处理，各进口道应根据所属相位分成若干车道组，每个车道组在后续分析中作为一个独立的单元处理。一般来说，应在保证刻画交叉口交通运行状况的情况下采用最小车道组数。

车道分组通常按以下原则进行：① 专用转向车道应单独作为一个车道组处理；② 共享车道应单独作为一个车道组处理；③ 剩下的车道（往往是直行专用车道），应单独作为一个车道组处理。典型车道分组如图 7.6 所示。

进口道车道数	不同方向的车道组
1	左转+直行+右转
2	左转 直行+右转
2	左转+直行 直行+右转
3	左转 直行 直行+右转
3	左转 直行 右转

图 7.6　典型车道分组

对于某一相位，决定最小绿灯时间的车道组称之为关键车道组，该车道组的流量比最大，这一比值即为关键车道组流量比，简称关键流量比，数学定义见下式：

$$y_i=\left(\frac{q}{s}\right)_{Ci} \tag{7.10}$$

式中：y_i——第 i 组关键流量比。

其他数学符号已在前文定义。

关键流量比之和可记为 $Y_C=\sum_{i=1}^{n} y_i$，其中 n 为关键车道组数量。

7.3.4.3 确定基础数据

信号配时的基础数据主要包括饱和流量、设计交通量、损失时间、黄灯时间和全红时间等。一般情况下，应尽量采用实测数据。在无法或无必要取得实测数据时，如新建交叉口设计时，可采用理想公式计算结合经验修正的方法。

7.3.4.4 计算周期长度

周期长度是各个相位长度的总和。在现实中，周期长度通常保持尽可能短，通常在 60~75 s 之间。然而，具有五个或更多相位的复杂交叉口可以有 120 s 或更长的周期长度。交叉口的交通量和相位方案所要求的最佳周期长度由下式给出：

$$C_{opt}=\frac{1.5L+5}{1-Y_C} \tag{7.11}$$

式中：C_{opt}——最佳周期长度，通常向上取最接近的 5 s 的倍数值（s）；

L——周期总损失时间（s）；

Y_C——关键流量比之和。

该公式是韦伯斯特（Webster）为使周期车辆延误最小而提出的一种简便计算方法。事实上，计算最优信号长度通常是一个较复杂的问题，除了将车辆延误最小作为优化目标以外，常见的优化目标还包括停车次数、通过交叉口的流量、交通排放与油耗等。

7.3.4.5 分配绿灯时间

在计算出周期长度之后，信号配时的下一个步骤是确定每个相位的绿灯配时。因为周期长度是所有相位的有效绿灯时间加上总损失时间。因此，用周期长度减去总损失时间之后，剩余时间即为可分配的有效绿灯时间，如下式所示：

$$g_{tot}=C-L \tag{7.12}$$

式中：g_{tot}——周期内总的有效绿灯时间（s）；

其他数学符号已在前文定义。

接下来，可以将总的有效绿灯时间按照各相位的关键流量比与周期关键流量比之和的比值，分配到各相位，方法见下式：

$$g_i = g_{tot}\frac{y_i}{Y_C} \tag{7.13}$$

式中：g_i——相位 i 的有效绿灯时长（s）；

其他数学符号已在前文定义。

在计算各相位的有效绿灯时长后，可确定各相位的（实际）绿灯时间 G_i。例如第 i 相位的绿灯显示时间为：$G_i = g_i + t_{Li} - Y_i - AR_i$。

7.3.4.6　校核行人交通需求

在实际的信号控制方案设计过程中，除了考虑机动车，还要对行人以及非机动车因素进行考虑。在对单个交叉口进行配时优化时，一定要使绿灯时间满足行人及非机动车过街的需求。满足行人过街的最短绿灯时间可按公式（7.14）中的简易方法计算：

$$g_{min} = 7 + \frac{L_p}{v_p} - Y - AR \tag{7.14}$$

式中：g_{min}——满足行人过街要求的最短绿灯时间（s）；

L_p——行人过街道长度（m）；

v_p——行人过街步行速度（m/s）；

其他数学符号已在前文定义。

例 7.1　十字交叉口信号配时方案设计

图 7.7 所示的交叉口，其进口道各转向的高峰小时流量以及各进口道速度如图 7.7 所示；交叉口其余相关参数如下：车道宽度为 3.5 m；南北向车道黄灯时间为 4 s，全红时间为 2 s；东西向车道黄灯时间为 4 s，全红时间为 1 s。试：

（1）判断各方向左转是否需要左转相位，并设计基本的相位控制方案；

（2）划分车道组；

（3）根据表 7.3 给出的交叉口三相位方案的饱和流量，计算关键流量比之和；

（4）假设周期内总损失时间为 12 s，计算该交叉口信号的最优周期长度与周期内有效绿灯时间，并分配绿灯时间。

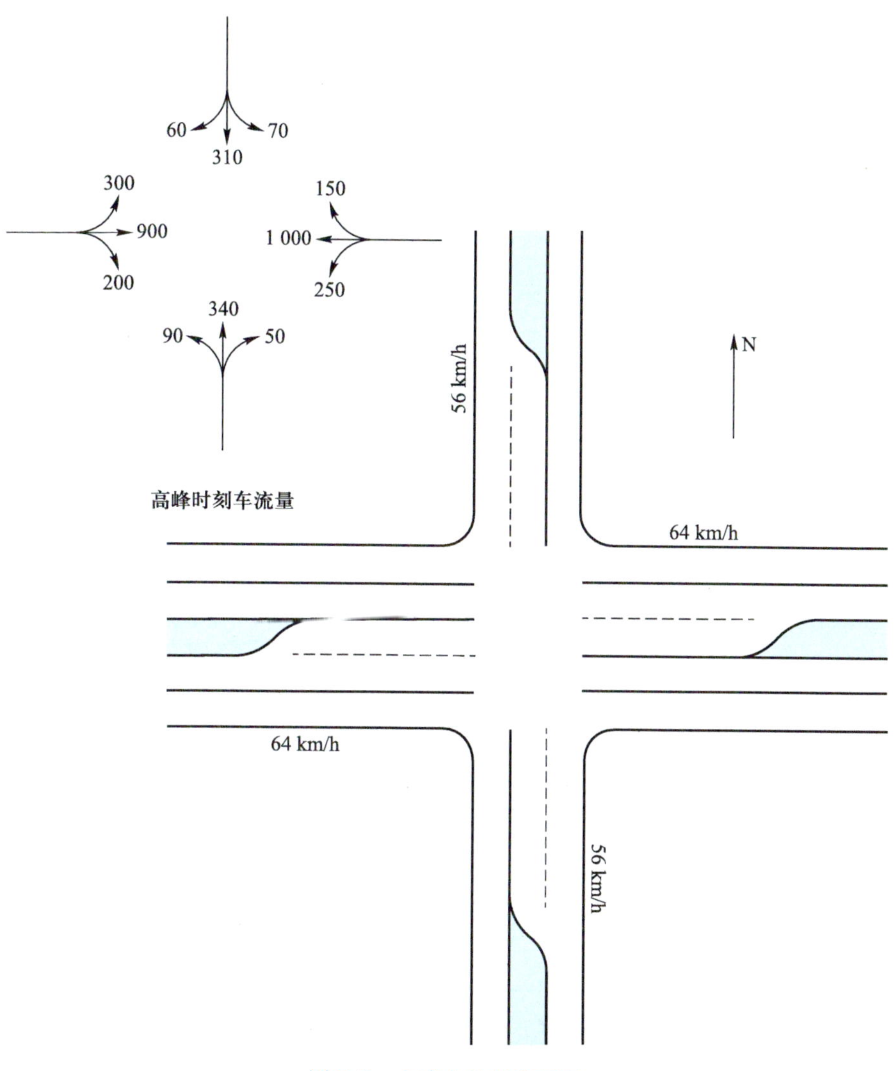

图 7.7 全感应控制流程图

表 7.3 交叉口三相位方案饱和流量

<table>
<tr><th>相位 1</th><th>相位 2</th><th>相位 3</th></tr>
<tr><td rowspan="2">东进口左转：
1 750 pcu/h</td><td rowspan="2">东进口直行与右转：
3 400 pcu/h</td><td>南进口左转：450 pcu/h</td></tr>
<tr><td>北进口左转：475 pcu/h</td></tr>
<tr><td rowspan="2">西进口左转：
1 750 pcu/h</td><td rowspan="2">西进口直行与右转：
3 400 pcu/h</td><td>南进口直行与右转：1 800 pcu/h</td></tr>
<tr><td>北进口直行与右转：1 800 pcu/h</td></tr>
</table>

解：

（1）首先确定是否设置左转保护相位。

北进口：$q_L=70<200$，无需设置左转保护相位。

南进口：$q_L=90<200$，无需设置左转保护相位。

东进口：$q_L=250>200$，且 $250\times(900/2)=112\ 500>50\ 000$，需要设置左转保护相位。

西进口：$q_L=300>200$，且 $300\times(1\ 000/2)=150\ 000>50\ 000$，需要设置左转保护相位。

同时可以看出，东西进口道的左转流量较为接近，因此可以设置对称式左转保护相位。基本相位控制方案如图 7.8 所示：

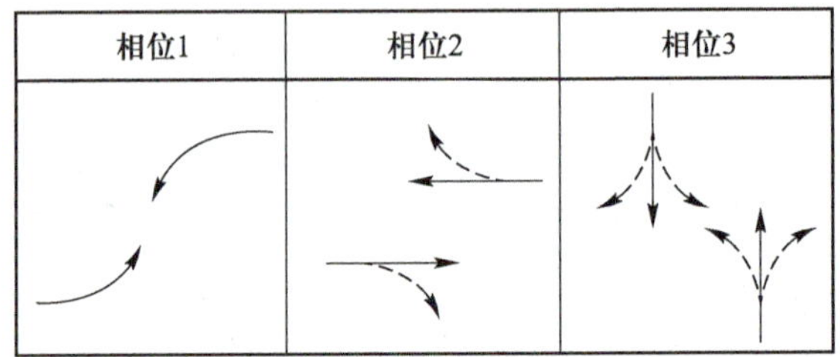

图 7.8　基本相位控制方案

（2）结合本题第（1）问以及图 7.6 典型车道分组示意图，可以得到该交叉口的三相位控制方法车道组，如图 7.9 所示。

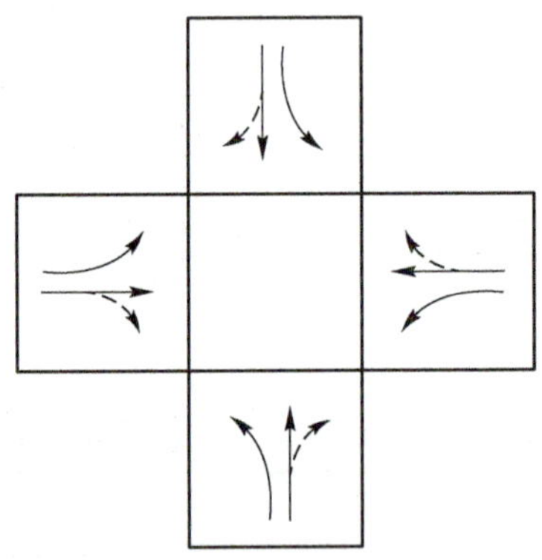

图 7.9　交叉口三相位控制方案车道组

（3）结合表 7.3 中三相位方案饱和流量以及公式（7.10），对关键流量比进行计算。

相位 1：

东进口左转 $y_{EL}=\left(\frac{q}{s}\right)_{EL}=\frac{250}{1\ 750}=0.143$

西进口左转 $y_{WL}=\left(\frac{q}{s}\right)_{WL}=\frac{300}{1\ 750}=0.171$

相位 2：

东进口直行与右转 $y_{ETR}=\left(\frac{q}{s}\right)_{ETR}=\frac{1\ 150}{3\ 400}=0.338$

西进口直行与右转 $y_{WTR}=\left(\frac{q}{s}\right)_{WTR}=\frac{1\ 100}{3\ 400}=0.324$

相位 3：

南进口左转 $y_{SL}=\left(\frac{q}{s}\right)_{SL}=\frac{90}{450}=0.200$

北进口左转 $y_{NL}=\left(\frac{q}{s}\right)_{NL}=\frac{70}{475}=0.147$

南进口直行与右转 $y_{STR}=\left(\frac{q}{s}\right)_{STR}=\frac{390}{1\ 800}=0.217$

北进口直行与右转 $y_{NTR}=\left(\frac{q}{s}\right)_{NTR}=\frac{370}{1\ 800}=0.206$

三个相位的关键流量比之和 $Y_C=0.171+0.338+0.217=0.726$

（4）对于上述三相位控制交叉口，关键流量比之和与周期内总损失的时间分别为 0.726 和 12 s。根据公式（7.11），最佳周期长度为：

$$C_{opt}=\frac{1.5\times12+5}{1.0-0.726}\text{ s}=83.9\text{ s}\approx85\text{ s}$$

根据公式（7.12）有效绿灯时间为：$g_{tot}=85\text{ s}-12\text{ s}=73\text{ s}$。则分配给各相位的有效绿灯时长可以由公式（7.13）计算得到，具体结果如下：

$g_1=g_{tot}\frac{y_1}{Y_C}=73\times\frac{0.171}{0.726}\text{ s}=17.2\text{ s}\approx17\text{ s}$（东进口道和西进口道左转车辆）

$g_2=g_{tot}\frac{y_2}{Y_C}=73\times\frac{0.338}{0.726}\text{ s}=34.0\text{ s}\approx34\text{ s}$（东进口道和西进口道直行和右转车辆）

$g_3=g_{tot}\frac{y_3}{Y_C}=73\times\frac{0.217}{0.726}\text{ s}=21.8\text{ s}\approx22\text{ s}$（北进口道和南进口道左转、直行和右转车辆）

累加进行校核：$g_1+g_2+g_3+12\text{ s}=(17+34+22+12)\text{ s}=85\text{ s}=C_{opt}$，即分配的绿灯时间与周期内总损失时间累加等于周期长度，结果符合要求。

7.3.5 信号控制交叉口通行能力与服务水平

美国公路通行能力手册（HCM）将通行能力定义为：在现行的道路、交通、控制、环境条件下，人和车辆通过车道或道路上的一点或均匀断面的最大小时交通量。在城市道路通行能力计算中，主要包括路段通行能力计算与交叉口通行能力计算两方面。由于城市道路通行能力主要受到交叉口通行能力制约，若交叉口管理不善，路段通行能力再大也难以发挥作用。因此，交叉口通行能力计算是城市道路通行能力计算中的重点。

交叉口的通行能力以饱和流量的概念为基础，但与饱和流量有所区别。交叉口各车道组的通行能力可表示为车道组的饱和流量与其对应的信号相位绿信比的乘积，为与周期长度（C）区别，用 c 表示通行能力：

$$c_i = s_i \frac{g_i}{C} \tag{7.15}$$

式中：c_i——车道组 i 的通行能力；

s_i——车道组 i 的饱和流量；

g_i/C——车道组 i 的绿信比。

对于信号控制交叉口来说，美国道路通行能力手册（Highway Capacity Manual 2010，HCM2010）认为衡量其服务水平的一般性指标是交叉口延误。交叉口延误可以由各进口道及进口道各车道组的延误加权计算得出，相关计算公式如下：

$$d_I = \frac{\sum_i d_i q_i}{\sum_i q_i} \tag{7.16}$$

$$d_i = \frac{\sum_j d_j q_j}{\sum_j q_j} \tag{7.17}$$

式中：d_I——交叉口平均延误（s）；

q_i——交叉口进口 i 的设计高峰小时交通量（pcu/h）；

d_i——交叉口进口 i 的平均延误（s）；

q_j——交叉口进口 i 中车道 j 的设计高峰小时交通量（pcu/h）；

d_j——交叉口进口 i 中车道 j 的平均延误（s）。

根据计算出的交叉口延误 d_I 的值以及 HCM2010 所给出的信号交叉口延误-服务水平对照表（表 7.4）可以得到信号交叉口的服务水平。类似地，该对照表还可以用来确定各车道组及进口道的服务水平。

表 7.4 信号交叉口延误-服务水平对照表

服务水平分级	信号控制延误/(s/pcu)
A	≤10
B	(10,20]
C	(20,35]
D	(35,55]
E	(55,80]
F	>80

例 7.2 信号控制交叉口服务水平计算

表 7.5 为某交叉口进口道在高峰小时中每 15 min 的累计流量。试：

表 7.5 某交叉口进口道观测交通量

时 间	交通量/pcu
6:00-6:15 P. M.	375
6:15-6:30 P. M.	380
6:30-6:45 P. M.	412
6:45-7:00 P. M.	390

（1）计算高峰小时系数和高峰小时流量；

（2）假设该交叉口为十字交叉口，东进口道的左转相位的平均延误为 68.3 s，直行相位的平均延误为 29.5 s，请分别确定东进口道左转相位以及直行相位的服务水平；

（3）若东进口道左转相位的设计高峰小时交通量为 400 pcu/h，直行相位的设计高峰小时交通量为 1 400 pcu/h，请计算该交叉口东进口道的服务水平。

解：（1）

$$\text{高峰小时交通量}=(375+380+412+390)\text{ pcu}=1\ 557\text{ pcu}$$

$$\text{最高 15 min 交通量}=412\text{ pcu}$$

计算高峰小时系数：

$$PHF=\frac{\text{高峰小时交通量}}{4\times\text{最高 15 min 交通量}}=\frac{1\ 557}{4\times412}=0.945$$

计算高峰小时流量：

$$V_p=\frac{\text{高峰小时总流量}}{PHF}=\frac{1\ 557}{0.945}\ \text{pcu/h}=1\ 648\ \text{pcu/h}$$

(2) 对照表 7.4 可得东进口道左转相位服务水平为 E，直行相位服务水平 C。

(3) 根据公式（7.17）计算可得东进口道的延误：

$$d_E=\frac{68.3\times400+27.5\times1\ 400}{400+1\ 400}\ \text{s}=\frac{65\ 820}{1\ 800}\ \text{s}=36.57\ \text{s}$$

对照表 7.4，该交叉口东进口道的服务水平为 D。

7.4　交通控制设施与设备

7.4.1　交通标志与标线

交通标志与标线是最常用的两种交通控制设施设备。交通标志是用图形、符号、颜色及其组合形式、包括应用现代光电技术手段，向交通参与者传递管制指令、指示及诱导信息的设施设备，总体上划分为管制标志（Regulatory Signs）、警告标志（Warning Signs）、导引标志（Guide Signs）。管制标志用于传递一些特定的交通规则，比如路权、限速、道路使用特性、停车等；警告标志用于提醒驾驶员可能发生的危险或是及时采取安全措施；导引标志提供类似路线、目的地等信息诱导和指引。在中国也常被细分为警告标志、警令标志、指示标志和指路标志。指示标志用于指示车辆、行人行进，指路标志用于传递道路方向、地点和距离信息。

交通标线是用不同颜色、线条、符号、文字、立面标记、突起路标和路边轮廓标线等组合敷设或漆划于路面及构造物上，可同标志配合，用于引导交通、保障交通安全。交通标线是形式多样的一种交通设施，在功能上可划分为指示标线（Indicator Markers）、禁止标线（Prohibit Markers）和警告标线（Warning Markers），在形式上可划分为纵向标线、横向标线、实体反光标线（Object Markers and Delineators）。纵横向标线用某些材料（大部分是油漆和热塑性材料）附着于道路表面。为了有更好的夜视能力，可以在油漆中混合玻璃微珠或者在原有标线上再附着一层玻璃微珠（Glass Beads）材料。实体反光标线是一种反光器附着在标杆或地面凸起物等实物上的小型设施，也称轮廓标，作为路侧标志在恶劣天气下提供给驾驶员必要的信息。现在使用普遍的还有一种具有震动功能的标线，也称震荡标线、振荡标线或噪声标线。

交通标线共有五种颜色，黄白红蓝黑，一般有以下用途：

黄标线分隔对向车流；白线分割同向车流并用于所有横向标线；红线用来描绘不可使用的道路空间；蓝线描绘残疾人士的停车空间；黑线用于结合其他标志因素。

7.4.2 交通检测器

交通检测器是通过运用电磁传感、超声波、雷达、红外线、视频检测等技术，结合计算机技术等对道路上的车辆进行检测，获取车辆的通过或其存在的状况以及车流信息等参数，并将这些参数提供给控制系统进行优化控制。关于交通检测器我们在第四章有较详细的介绍，这里不再重复介绍。

7.4.3 交通信号灯

交通信号灯在世界各国有形式多样的应用，常见的有机动车交通信号、非机动车信号、行人信号、应急车辆控制信号、单车道与双向交通控制信号、高速公路匝道交通控制信号、移动式交通信号、闪光信号、车道信号，以及信号倒计时显示器等。

交通信号灯最初使用白炽灯作为发光单元，20 世纪 90 年代后使用 LED（Light Emitting Diode）器件的交通信号灯得到了广泛应用，这种信号灯的亮度被提高了 1 倍以上，且可靠性高、寿命长、成本低，在雨雾天穿透力强。

7.4.4 交通信号控制机

交通信号控制机根据固定或可变的配时方案改变信号灯显示的颜色，在适当的时候分配不同交通方式的通行权，指挥车辆和行人的交通行为。信号控制机的基本功能包括数据采集与监控、交通控制与优化、系统干预、系统监视、系统日志管理，具体在信号控制方面，可实现多时段控制、感应控制、自适应控制、分时控制功能，同时控制机还支持网络通信功能、绿灯冲突和模拟运行功能、手动控制功能等。

7.4.5 联网设备

在信号协调控制系统或独立控制的联网信号系统中，交通控制器之间的通信或交通控制器与中央计算机之间的通信，都需要不同类型的联网设备和网络通信方式。

7.4.6　信号显示等附属设备

信号显示形式多样，常见的有圆形信号灯和箭头信号灯。值得注意的是，这两种形式在交通控制上具有不同的指令含义，前者用于允许相位，后者用于保护相位。同时，信号的颜色和排列方式也都有明确的含义和规范。

此外，信号显示还有行人和非机动车图案、倒计时光带和数字、停车标志等多种形式，并使用信号指示辅助标志、信号灯杆、供电、避雷等各种附属设备。

7.5　感应信号控制

感应信号控制，也称为触发式交通信号控制（Actuated Signal Control），是使用感应式信号控制机，通过在交叉口处设置车辆检测器获取车辆到达信息，据此向信号灯发出信号变换指令来控制交通流。交通感应控制相比于定时控制而言，弥补了后者需要对之前收集的交通流信息进行分析处理的滞后性，在一定程度上做到了实时控制。

7.5.1　工作原理及其控制参数

7.5.1.1　感应式信号控制的控制原理

感应信号控制采用相对灵活的相位长度，它的基本工作原理如图 7.10 所示（图中上方箭头代表车辆到达或预设的触发信号）：在感应信号机内先预设一个最小绿灯时间和一个最大绿灯时间，当某一相位获得通行权，信号机给此相位一个最小绿灯时间，同时信号机会接收处理检测器检测到的车辆到达信息。如果在最小绿灯时间结束后一段时间内没有车辆通过，则变换信号相位；如果在这一段时间内检测到有车辆通过，则延长一个单位绿灯延长时间。在这个延长时间内，如果还有车辆通过，则继续延长一个单位绿灯延长时间，直至没有车辆到达或者有车到达但绿灯总时间已达到最大绿灯时间，此时中断该相位的通行权，转换信号相位。感应信号控制每一个相位的时长，可根据实际车辆通行状况在最大和最小绿灯时间范围内进行调整。

7.5.1.2　感应信号控制的基本控制参数

感应信号控制的基本控制参数主要有最小绿灯时间、单位绿灯延长时间和最大绿灯时间，它们分别在信号控制的不同阶段起着不同的作用，是进行感应控制的关键参数。

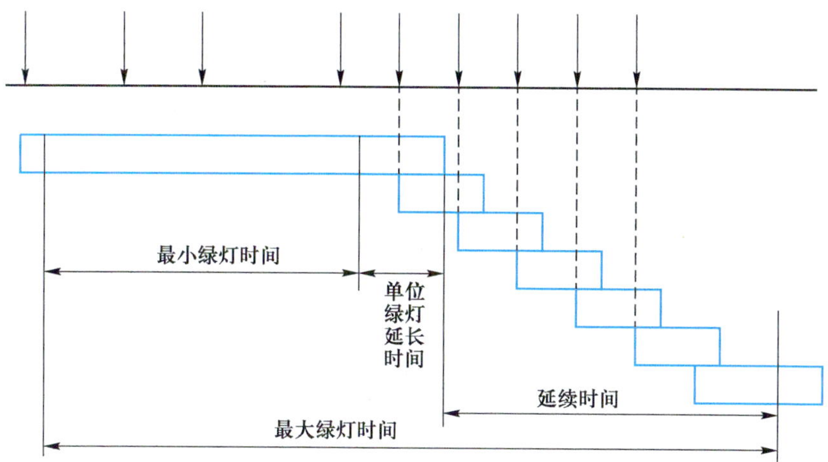

图 7.10 感应控制的控制原理图

(1) 最小绿灯时间

它是给每个相位预先设置的最小绿灯时间，在这段时间内，不管是否有车辆通过，绿灯都不得终止。最小绿灯时间的长短取决于检测器的位置和检测器到停车线间可停放的车辆数。同时设置最小绿灯时间时还要考虑检测器与停车线之间的所有车辆通过交叉口所需的最短时间以及行人安全过街所需的时间。

(2) 单位绿灯延长时间

在最小绿灯时间结束后，在一定时间间隔内，测得有车辆到达时所延长的绿灯时间。确定单位绿灯延长时间时，应保证提供的延长时间能够使车辆从检测器驶出停车线，同时尽量不产生绿灯损失。另外，采用时变单位绿灯延长时间（即绿灯延长时间逐渐变短），可有效降低最大绿灯时间出现的概率，从而降低冲突相位的延误。

(3) 最大绿灯时间

它是为了保证最佳绿信比而对各相位规定的绿灯时间的延长限度。绿灯时长达到此限度时，强制绿灯结束并更换相位，让另一方向的车辆通行。通常采用经验值 30~60 s。

7.5.2 半感应控制与全感应控制

根据检测器设置的不同，感应信号控制可以分为两类：半感应控制和全感应控制。

7.5.2.1　半感应控制

半感应控制是指仅在支路进口道上或主路进口道上设置检测器的控制方式，主要适应于主次道路相交且交通量变化较大的信号交叉口，这种控制方式可以分为两类：第一类是将检测器设在次要道路上，称之为次路优先，如图 7.11a 所示；第二类是将检测器设在主要道路上，称之为主路优先，如图 7.11b 所示。控制流程如图 7.12 所示。

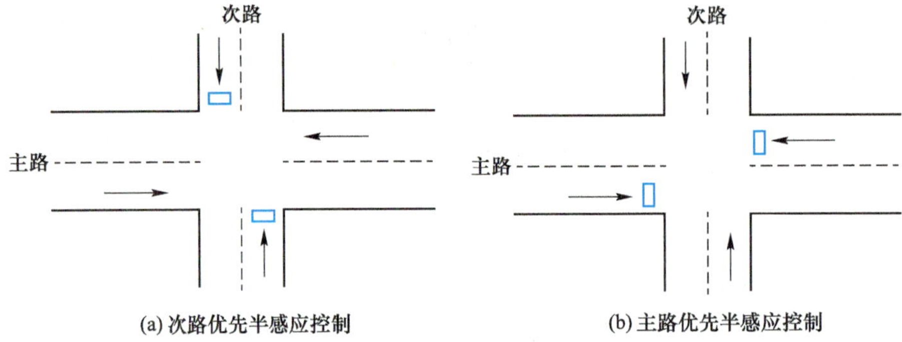

图 7.11　半感应控制

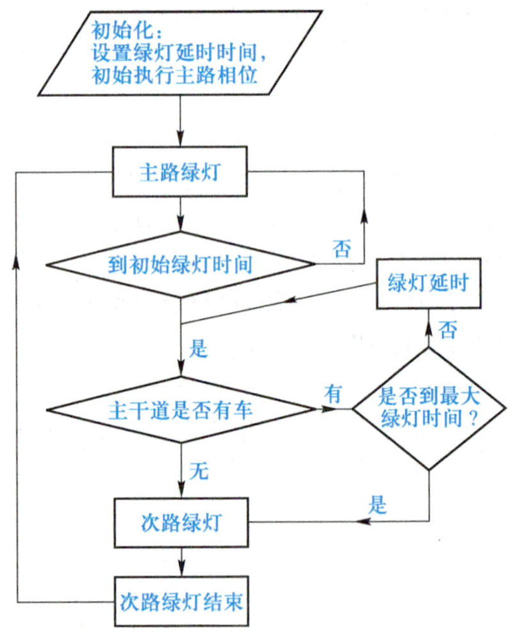

图 7.12　主路优先半感应控制流程图

7.5.2.2 全感应控制

全感应控制是在所有的进道口上都设置检测器的控制方式，如图 7.13 所示，适用于相交道路等级相当、交通量相近且变化较大的交叉口，在这种控制方式下的所有相位都通过检测器所获得的交通信息进行控制，控制流程如图 7.14 所示。

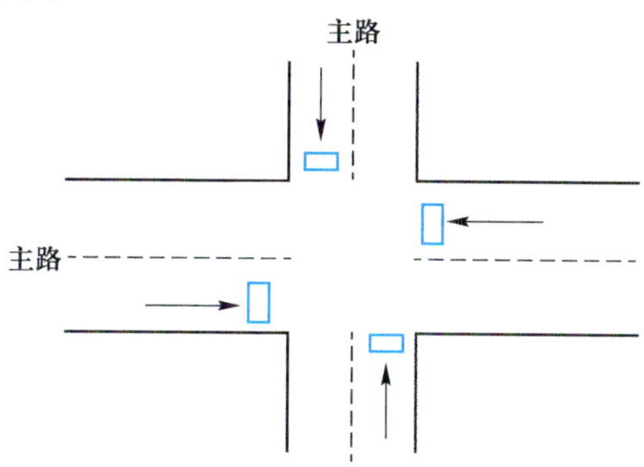

图 7.13 全感应控制检测器布置示意图

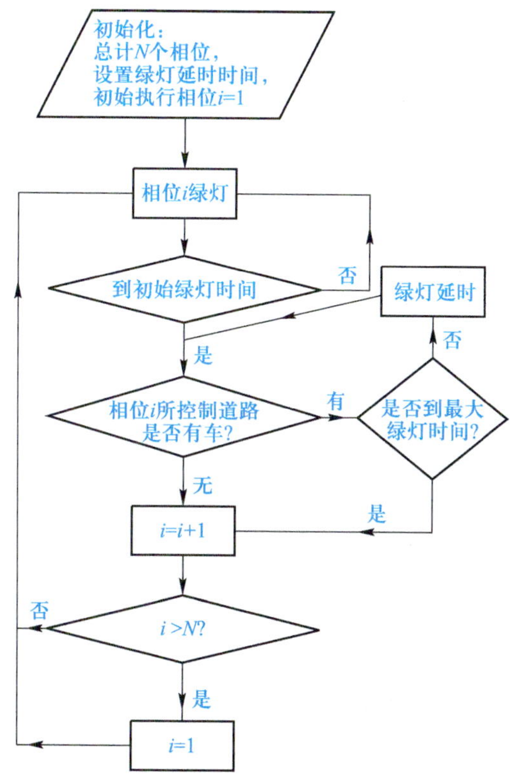

图 7.14 全感应控制流程图

7.6　信号协调控制

7.6.1　交叉口群协调

交叉口群是城市道路交通中时空关联性较强、控制特性相似的交叉口的集合。进行交叉口群信号协调控制时，首先要合理划分交叉口群，按照通行能力匹配、饱和度均衡的原则进行设计，同时处理好公交优先优化设计和车流协调控制等关键问题，一般常用“线控制”协调配时，并配合交叉口和路段的协调优化设计。

7.6.2　干道协调

干道协调控制是通过调节主干道上各信号交叉口之间的相位差，使干道上按规定车速行驶的车辆获得尽可能不停顿的通行权，形成连续的交通流。这种控制方式简称“线控制”，又称“绿波带”控制。

7.6.2.1　干道协调控制方式分类

干道协调控制方式可以分为单向协调控制以及双向协调控制两种控制方式。

（1）单向协调控制

适应于单向交通的干道。单向交通的街道因为交通流向一致，减少了受对向车流的影响，便于实现协调控制，能产生较好的效果。单向协调控制需满足以下公式：

$$O = 3\,600l/q \tag{7.18}$$

式中：O——相邻信号交叉口之间的相位差（s）；

l——相邻信号交叉口之间的间距（m）；

q——实行协调控制的路段上行驶车辆所需保持的车速（km/h）。

（2）双向协调控制

双向交通干道的交通情况远比单向交通干道复杂，尤其是难以控制好环境因素，一般较难实现“绿波带”。但在各交叉口间距相等时，比较容易实现“绿波带”，且当交叉口之间的车辆行驶时间正好等于周期长度的整倍数时，可以获得理想的“绿波带”。

尽管双向协调控制较难实现“绿波带”，但“线控制”依旧能大大提高干线的通行能力。双向交通干道定时式控制系统一般有三种协调方式：同步式协调控制、交互式协调控制和连续递进式协调控制。

同步式协调控制是指系统中的全部信号在同一时刻对干道车流显示完全相同的灯色。适用于交叉口间距相当短且干线方向交通量远大于其他方向交通量，以及干线方向交通量接近通行能力，下游交叉口红灯车辆排队有可能越过上游交叉口等情况。交互式协调控制是指系统的相邻交叉口信号在同一时刻显示完全相反的灯色。其与同步式相似，适用性不强，实践中较少单独采用。连续递进式协调控制指根据干道所要求的车速和交叉口间的距离，确定合适的时差，用以协调各相邻交叉口上的绿灯启亮时刻，尽量使得在上游交叉口绿灯启亮后开出的车辆以适当的车速行驶，可正好在下游交叉口绿灯启亮前后到达。该控制方式与同步式、交互式相比，具有更强的实践性。

7.6.2.2 干道协调控制的主要参数

信号协调控制涉及多个交叉口时，其主要的控制参数有：信号周期、绿信比、相位差、带速等。

7.6.2.3 干道协调控制的实施条件

干道协调控制要得到有效实施，对象系统需满足一定的条件，包括：车流具有脉冲式车队形态，信号交叉口间的距离不宜超过 600 m，单向交通运行，交叉口相位数少、设置简单，等等。

7.6.3 区域信号协调控制

区域信号协调控制又称“面控”，是将整个区域内所有交叉口关联起来，采用综合集成控制方法，对该区域所有信号灯进行协调配置，提高区域的通行能力，减少通过该区域车辆的平均延误。对范围较小的区域，可以进行集中控制；而范围较大的区域，则需要分区分级控制，有时会形成点、线、面控制的综合分级控制系统。区域信号协调控制可分为静态定时控制系统与动态自适应控制系统。

7.6.3.1 静态定时控制系统

该系统是一种定时脱机式控制系统，它是对交通流历史及现状调查数据进行脱机统计分析和优化处理，将得到的最优配时方案存入信号控制器中，从而对整区交通实施多时段定时控制。定时脱机式控制系统简单有效，但难以适应交通流的偶发性变化。由于其配时方案对历史数据有较强依赖性，必须及时更新系统数据，否则数据失效后，会导致控制效果明显降低。

7.6.3.2 动态自适应控制系统

该系统是一种联机感应式控制系统，分为方案选择式与方案形成式两类。其中方案选择式以 SCATS 系统为代表，方案形成式以 SCOOT 系统为代表。

7.6.3.3　控制参数

区域协调控制通过对各子系统信号周期、绿信比、相位差的优化调整，达到其控制目的，并从延误时间、停车率、平均排队长度、通行能力、饱和度等方面对控制效果进行评价。

7.7　公交优先信号

7.7.1　主动式公交优先

主动式公交优先信号控制需要有专门的公交检测器检测公交车是否到达交叉口等相关信息。当检测到有公交车即将通过交叉口时，检测器会向信号控制器发出相应信号，并根据当前相位状态，采用延长当前相位绿灯时间、提前进入下一相位绿灯时间、插入公交专用相位等不同策略，使公交车辆尽快通过交叉口路段。

（1）延长当前相位绿灯时间策略

当某一进口道绿灯时间即将结束时，公交检测器检测到有公交车辆需要通过交叉口，则延长该相位绿灯时间使公交车辆顺利通过。若一直有公交车通过，为保证其他相位的最小绿灯时间，当绿灯时间延长到预设的极限值时，则不再延长。

（2）提前进入下一相位绿灯时间策略

当检测器检测到公交车辆到达某一进口道时，该进口道正处于红灯时间。则在保证其他相位最小绿灯时间的前提下，尽可能缩短其他相位绿灯时间，使有公交车辆到达的进口道尽快转换到绿灯时间。

（3）插入公交专用相位策略

当检测器检测到公交车辆到达某一进口道时，该进口道正处于红灯时间，且下一相位也不是公交相位，则可考虑在当前相位结束时插入公交专用相位，使公交车辆提前通过。

7.7.2　被动式公交优先

被动式公交优先信号控制无需交通检测器，而是在预先进行相位配时，对历史的交通流数据、公交车辆通过情况等进行研究。通过对各车道组的相位、相序、绿信比以及信号周期的设计，减少公交车辆的延误、停车次数，达到公交车辆优先通行的目的。

7.7.3 公交优先信号的辅助设施设备

结合信号控制策略，采用下列几种设施可更好地达到公交优先的目的。

(1) 动态公交专用道

当无公交车辆通过时，社会车辆可以使用该车道；当公交车辆到达该车道时，非公交车辆禁止驶入该车道，但在公交车辆前的非公交车辆无需驶出专用道；随着公交车辆移动，后续车辆可再使用该车道。在提供动态公交专用道时，必须结合公交优先信号控制策略。

(2) 排队绕行车道

当公交车辆到达有排队的交叉口时，可使用右转专用车道绕开排队车流。

(3) 公交专用道动态优先

与动态公交专用道类似，在无公交车流通过时，其他车辆可使用该车道。但当公交车辆到达时，要求在前方一段距离之内的其他车辆驶离专用道。随着公交车辆移动，后续车辆可再使用该车道。

7.8 高速公路交通控制

高速公路的交通控制是指对一些主要的交通参数，如交通量、交通密度、速度、占有率、拥挤度、交通状况、路面状况、气象参数等进行实时观测，结合相关历史数据，按照某种预定的性能准则和控制模型来调节、优化高速公路上的交通参数，使高速公路自动保持最佳运行状态。

7.8.1 匝道控制

匝道控制即限制进入高速公路的车辆数量，保证高速公路的交通量处于非拥挤状态，从而提高高速公路的运行效率及安全性。匝道控制分为入口匝道控制与出口匝道控制，前者目前被更广泛地采用。入口匝道控制的方式有匝道关闭、匝道定时控制、交通感应控制、汇合控制等。

匝道关闭是对所有或部分入口匝道进行关闭，不允许车辆通过这些匝道进入高速公路。有在高峰期与偶发拥挤期的短期关闭，也有在与立交十分接近、交织问题非常严重处的永久性关闭。

匝道定时控制是通过限制交通流的方法，以一定调节率（限流率）控制进入高速公路的交通量，以改善高速公路的运行效率。其中调节率需根据定时控制的不同目的（减小拥堵、改善汇合处运行安全）进行选择。定时控制方式分为单车定时控制与车队定时控制两种，根据不同方式的选择进行配时调整。其中单车定时控制是在一个绿灯时间内仅放行一辆车进入高速公路。车队定时控制是每周期放行两辆或以上的车辆进入高速公路。当调节率大于 900 pcu/h 时，必须采用车队定时控制。

当进行匝道整体定时控制时，则需要额外考虑上下游匝道的相互依赖性。此时各匝道的调节率需根据整个系统的容量减去交通需求的差额来确定。

交通感应控制是通过实时检测匝道车辆到达数据与主线交通状况来确定调节率，该控制方法能较好适应交通流的随机变化。

汇合控制是以安全交汇为原则的控制方法，其目标是使驶入高速公路的车辆准确地利用高速公路上车辆间的间隙完成合流。因此，仅当检测器检测到外侧车道车流间隙不小于可插车间隙时，才允许车辆通过匝道汇入主线。

7.8.2 主线控制

主线控制是通过对高速公路主线交通流的诱导、警告，达到提高高速公路运行安全与效益的目的，分为定时主线控制与感应主线控制，主要方式有车道关闭、可变速度控制、驾驶员信息诱导等。

车道关闭是通过关闭一条或多条车道，来达到转移交通、改善入口匝道汇合运行状况、隧道控制等目的。

可变速度控制是通过在主线上设置可变限速标志来诱导车辆平稳地加减速，保证交通流的均匀稳定，从而提高道路的通行能力。

驾驶员信息诱导是通过视觉方法（如信号、单一信息标志、可变信息标志等）与音响方法（如警告信号、无线电广播等），向驾驶员传递前方的实时交通状况，保证驾驶员的行车安全。

7.8.3 通道控制

通道控制是为了使高速公路的交通需求与通道通行能力之间达到平衡的一种控制方法，其原理是对通道系统的交通量进行协调、管理、诱导和警告，控制方式主要有限制和分流两种。限制是指控制各通道上的交通需求，使其低于通道的通行能力，可通过匝道控制、主线控制、相邻道路单个交叉口控制及道路网控制共同完成。分流则是将位于超出通行能力的主线上的车流引导到有剩余通行能力的其他道路上去。

7.8.4 智能控制

高速公路的智能控制系统一般包含以下子系统：交通信息采集与显示子系统、交通诱导子系统、计算机网络子系统、交通信息处理与状态监测子系统、交通控制子系统。其基本功能是对高速公路交通流运行状态、交通设施以及交通环境的监视、控制与诱导，实现功能的基本步骤如下：

① 通过对高速公路交通数据的采集，判断当前交通状态。

② 根据交通状态，设计控制策略，确定控制参数。

③ 执行控制策略，对车流实施监视、控制、诱导，使高速公路达到最佳的运行状态。

7.9 交通管理

7.9.1 概述

在技术层面上，交通管理是在现有的信息系统与基础设施条件上，通过相应技术或政策调整优化交通需求，充分利用交通供给（包括时间和空间资源），从而最大限度实现交通系统的基本目标。

狭义的交通管理，侧重于某一项设施、设备的配置和运用，或政策、法规的制定和实施等，主要研究标志与标线、停车管理、交通能力与服务水平、车道管理、交通稳静化、车道管理等。随着交通系统的复杂化和相关技术的进步，人们试图更广泛、深入地从系统的角度探讨交通管理组合措施对局部路网或全路网的影响和作用。例如，交通影响分析（Traffic Impact Analysis，TIA）、交通需求管理（Traffic Demand Management，TDM）和交通系统管理（Traffic System Management，TSM）都是现代交通管理的典型理论与方法。

7.9.2 交通系统管理

交通系统管理着眼于解决交通管理中道路使用者、车辆、道路交通资源与交通管理控制措施之间的矛盾，涉及交通系统的规划和运行作业，是把不同空间的交通资源、不同时间的交通运动、汽车、公共交通、出租汽车、行人和自行车等看成一个整体，通过运营、管理和服务政策来协调交通系统的组成部分，使这个系统在整体上取得最大的交通效益，对于缓解城市交通问题发挥着重要作用。

传统交通管理是着眼于局部交通问题的单一孤立的治理措施，对当地的交通问题可以起到缓解的作用，但治理的结果往往是把该地的交通问题转移到附近其他地区，而且单一孤立的治理措施也未必是交通效益最优的措施。交通系统管理则是着眼于整个交通运输系统，探求能使现有系统发挥其最优效益的综合治理方案，可避免各个局部措施只是把交通问题在时空上做了转移的弊端，又可得到系统效益最优的方案。

交通系统管理措施涵盖了公共交通辅助系统、公共交通运行管理、存车管理、行人/自行车管理、优先通行管理、交通工程技术措施、交通限制措施、货运交通管理、收费管理、上班方式调节等方面。

第七章
习题解答

习　　题

7.1　交通管理与交通控制方面最近几年有何新的实施方法？

7.2　分析交通需求管理在交通规划和交通管理中的应用。

7.3　简述交通渠化设计与信号相位设计的关系。

7.4　根据图 7.3，分析车流通过交叉口的饱和流量图示，结合各个配时参数之间的数学关系，推导公式（7.1）与公式（7.2）。

7.5　“绿波”是指什么？能否运用于公交优先信号中？

7.6　一两相位信号控制的交叉口，已知相位 A 关键进口道的高峰小时车流到达率 $q_1=540$ pcu/h（0.15 pcu/s），相位 B 关键进口道的高峰小时车流到达率 $q_2=324$ pcu/h（0.09 pcu/s），各进口道的高峰小时系数 $PHF=0.75$，各相位的饱和流量为 $s=144$ pcu/h（0.4 pcu/s），各相位黄灯均为 $Y=4$ s，各相位全红时间均为 $AR=1$ s，各相位损失时间均为 $l=4$ s。试求：

（1）路口此时信号控制所需的周期；

（2）各相位的最佳绿信比；

（3）各相位的有效绿灯时间；

（4）各相位的显示绿灯时间和显示红灯时间；

7.7　假如某交叉口信号控制周期 $T=90$ s，不考虑黄灯时间，绿灯时间 $T_G=65$ s，红灯时间 $T_R=25$ s，车辆到达率 v 和饱和流量 s 为常数，且满足 $s>v$。如果饱和流量 $s=4\,000$ pcu/h，车辆到达率 q 按下式变化：

$$q=\begin{cases}2000\ \text{pcu/h} & 0\leqslant t\leqslant 150\ \text{s}\\ 4500\ \text{pcu/h} & 150\ \text{s}\leqslant t\leqslant 300\ \text{s}\\ 2500\ \text{pcu/h} & 300\ \text{s}\leqslant t\leqslant 500\ \text{s}\end{cases}$$

设 $t=0$，红灯开始时交叉口排队车辆数为 0，求在 5 个信号控制周期内车辆的总延误时间、平均延误时间、最大排队长度出现时刻和最大排队长度。

参考文献

[1] ROESS R P, PRASSAS E S, MCSHANE W R. Traffic Engineering [M]. 4th ed. New York: Pearson/Prentice Hall, 2011.

[2] MANNERING F L, WASHBURN S S. Principles of Highway Engineering and Traffic Analysis [M]. 5th ed. New Jersey: John Wiley & Sons, 2013.

[3] GARBER N J, HOEL L A. Traffic and Highway Engineering [M]. 5th ed. Boston: Cengage Learning Int, 2014.

[4] 王炜，过秀成. 交通工程学 [M]. 2 版. 南京：东南大学出版社，2011.

[5] 任福田. 新编交通工程学导论 [M]. 北京：中国建筑工业出版社，2011.

[6] 陈峻，徐良杰，朱顺应，等. 交通管理与控制 [M]. 北京：人民交通出版社，2012.

[7] LIU H, WU X, MA W, et, al. Time-dependent Queue Length Estimation for Arterial Links under Congestion [J]. Transportation Research Part C, 2009, 17 (4).

[8] BAN X, HAO P, SUN Z. Real Time Queue Length Estimation for Signalized Intersections Using Sample Travel Times from Mobile Sensors [J]. Transportation Research Part C, 2011, 19 (6).

[9] FHWA U. Manual on Uniform Traffic Control Devices (2009) [J]. Baton Rouge: Claitor's Law Books and Publishing, 2010: 137-179.

[10] 中华人民共和国国家质量监督检验检疫总局. 道路交通信号灯设置与安装规范 [S]: GB 14886—2016. 北京：中国标准出版社，2016.

[11] 中华人民共和国住房和城乡建设部. 城市道路交叉口规划规范 [S]: GB 50647—2011. 北京：中国标准出版社，2011.

[12] 中华人民共和国交通运输部. 公路路线设计规范 [S]: JTG D20—2017. 北京：中国标准出版社，2017.

第八章

交通需求分析和预测

课件 8

交通量是描述交通流特性最重要的三个参数之一，交通量在时间、空间上的变化，主要受到社会经济活动的波动以及路网规划建设的影响，这两个因素之间也都相互作用。一方面，社会经济活动能够反映出人们的出行偏好，住宅区、商业区与工业区的分布以及城市交通网络的雏形，这些都会成为后续路网规划与发展参考的重要指标；另一方面，路网的规划与建设会在一定时期内影响人们的出行选择，例如由于道路施工引起的拥堵会使得驾驶员重新规划出行路线或改变出行时间，新建公交线和地铁线能够吸引更多人选择公共交通出行。交通需求分析与预测可以为交通规划、道路建设、交通控制与管理等提供必要的数据，而路网中任何一部分的通行能力或服务水平的改变都将影响周围其他路段的交通量变化。因此，需要从系统的角度出发，建立完善的方法论进行交通需求分析与预测。

本章将重点学习交通需求分析与预测中最经典的四阶段法的内容，即交通生成、交通分布、交通方式划分和交通流分配。

8.1 概　　述

交通需求分析与预测本质上是在研究出行决策问题，出行者做出出行相关的决策从根本上决定了道路网上机动车的数量以及时空分布。出行决策包含四个子决策：时间决策、目的地决策、方式决策以及路径决策。时间决策包含决定是否出行以及何时出行；目的地决策需要明确出行的目的地（购物中心、工作地点等）；方式决策是选择什么样的交通工具出行（开车、乘坐公交车、步行或骑自行车）；路径决策则涉及从出行起点（出行者的起始位置）到想要到达的目的地之间的路径选择。图 8.1 给出了影响这些决策的长期和短期因素。对于目的地以及出行方式的决策，一般受到住宅与商业区分布、基础设施水平以及可选择的出行方式等长期因素的影响，这些因素在时间上的改变较慢。而短期因素，比如交通流状态，在第六章中我们已经知道交通流状态是动态变化的，因此会实时地影响出行者的路径选择。

图 8.1 中反映的不仅是长期和短期因素影响着出行者的出行决策，出行决策反过来也影响着长期和短期因素。例如，出行者一般在选择路径时都会优先选择行程时间更短的路径，不同路径的行程时间与路线距离和路径上的交通流情况存在关系。我们可以从出行者的路径选择上大体推算出基于他们路径选择的交通情况。图 8.2 给出了这两者相互影响的关系。除了个人的这种路径选择，持续较大的交通流量也可能会导致公路基础设施的改变（为了减少拥堵而增加车道或者新建公路），再次引起相互影响关系。这种相互影响关系在模型中一般称为均衡问题，在后续小节将详细介绍。

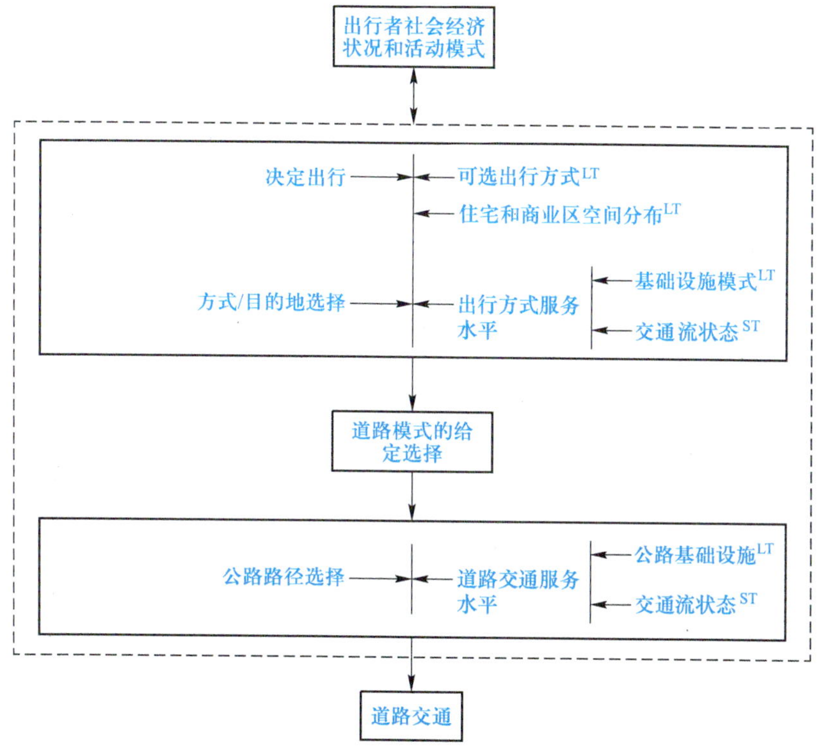

图 8.1　决定公路交通过程概述（LT：长期因素；ST：短期因素）

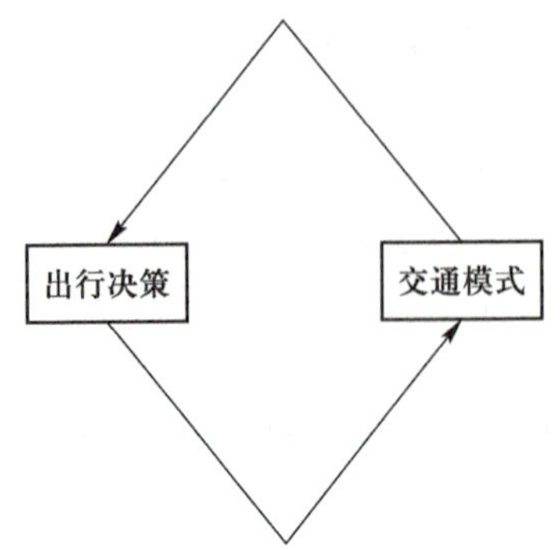

图 8.2　出行决策与交通流量的相互影响关系

上述内容大致上反映出交通量分析的复杂度，在交通规划中一般使用四阶段法来进行交通需求分析与预测，四阶段法作为经典的出行预测模型，从上述出行决策的四个子决策入手，分析交通需求，最终预测出道路网中交通量的变化。四阶段法能够对交通量进行较合理的预测，但同时也存在较大不足，尤其是缺乏对出行行为的本源性解析。针对四阶段法的这些不足，新的趋势是用基于活动的交通需求模型来更好地解释由交通这一派生需求所产生的行为活动。这些新的模型在本章不做过多讨论，感兴趣的读者可以参考文献［7］。

8.2　交通生成

四阶段法中的第一阶段是对生成交通量的预测，这也是交通需求分析工作中最基础的部分。由于出行包括发生端和吸引端，对交通生成的预测也就是对发生与吸引交通量的预测。交通生成的预测精度会直接影响后续阶段的预测精度。本小节主要讨论交通生成的预测方法及模型。

8.2.1　影响交通生成的因素

① 家庭规模和人员的构成：家庭是构成人们出行的基础，上班、购物、社交娱乐多以家庭为出发点。家庭规模和人员构成是影响家庭出行的主要因素。

② 汽车保有率：汽车保有率增加，人均出行量增加，主要是由于出行需求高的人购买车辆，出行次数多，且购买车辆以后更容易诱发出行。

③ 家庭收入：高收入的家庭，汽车购买率高，购物、社交娱乐等需求也高，平均出行次数多。

④ 自由时间：这里将自由时间定义为除去生活必要时间（饮食睡觉）和工作学习等约束时间的剩余值。自由时间增加后，用于出行的时间增加，出行也会增加。

⑤ 其他：天气、工作日、季节等的不同也影响人们的出行，雨雪天气出行不便，出行量小；工作日出行量大且时间集中；春秋气候宜人，出行量相较冬夏更多。

8.2.2 生成交通量的预测方法

图 8.3 列出了一个出行者在一天内的出行活动。针对交通生成的复杂性，常用到以下预测方法。

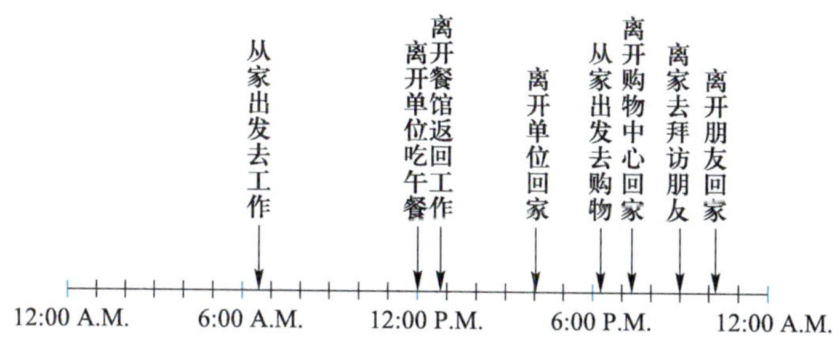

图 8.3 工作日的交通生成

8.2.2.1 原单位法

原单位法是将交通源产生的平均交通量作为原单位，将原单位与总单位数量相乘而得到整个研究地区的总生成交通量。计算原单位的原则通常有两种：一种是用居住人口或就业人口每人平均的交通生成量来推算的个人原单位法；另一种是以不同用途的土地面积或单位办公面积平均发生的交通量来预测的面积原单位法。面积原单位法相对粗糙，所以通常用来预测新开发区域的交通生成。

8.2.2.2 增长系数法

增长系数法是把已有小区的发生、吸引交通量乘上增长率，得到各小区目标（未来）年的发生、吸引交通量。这种方法的关键是如何确定增长率。一般的分析认为各交通小区的交通量增长率等于各交通小区与交通需求相关指标的增长率。增长系数法简洁方便，但是增长率的确定办法较为粗略，通常精度较低。

8.2.2.3 交叉分类法

交叉分类法的基本思想是把家庭按类型分类，从而求得不同类型家庭的平均出行率。研究认为小汽车拥有量、家庭规模和家庭收入是决定交通发生的三个主要影响因素。因此，根据这些变量把家庭分类，并且由家庭访问调查资料计算每一类的平均出行生成率，预测时以将来同类家庭数的预测值乘以相应的出行生成率。

8.2.2.4　回归分析法

回归分析法是交通产生、吸引预测中最常用的方法。它是在分析小区发生量、吸引量与其影响因素，如小区人口、就业岗位等指标的相关关系的基础上，得出的预测模型。交通生成模型通常采用多元线性回归模型。有时也采用指数函数、对数函数及幂函数等函数形式，这些函数形式大多可以转化为多元线性回归模型。

1. 多元线性回归模型

多元线性回归模型的数学形式如下：

$$T_i=b_0+b_1z_{1i}+b_2z_{2i}+\cdots+b_kz_{ki} \tag{8.1}$$

式中：T_i——在特定的时间段内，家庭 i 的出行量；

z_{ki}——家庭 i 的特征 k（家庭收入、家庭成员数量、家庭小汽车数量等）；

b_k——特征 k 所对应的出行量估算系数。

通过收集的出行调查数据，利用线性回归方法（如最小二乘法）估算系数（b_k），从而建立出行量与出行特征之间的关系。因为本书的长度限制，我们只给出线性回归模型的一般形式，关于该模型方法的详细介绍不在本书中讨论，感兴趣的读者可以参考［8］。

例 8.1　购物交通生成

假设某一个家庭有 5 个家庭成员，年收入 55 000 元。原居住小区周边有 480 个零售业就业人员，搬家后的新小区周边有 160 个零售业就业人员。使用以下线性回归模型预测他们搬家前后在高峰时段去购物中心购物出行生成的交通量：

$$T_{购物}=0.12+0.09z_1+0.011z_2-0.15z_3$$

其中$T_{购物}$为每个家庭高峰时段乘车去购物中心购物出行的次数；z_1为家庭规模；z_2为家庭年收入，单位千元；z_3为小区周边零售业就业人数，单位百人。

解： 模型中系数+0.09 和+0.011 表示家庭成员数量和收入增加，去购物中心购物出行的次数相应的增加。系数为负数（−0.15）表示当小区周边零售业就业人数增长时，去购物中心购物出行行为将减少。

搬家之前：

$T_{购物}=(0.12+0.09\times5+0.011\times55-0.15\times4.8)$ 次 $=0.455$ 次

搬家之后：

$T_{购物}=(0.12+0.09\times5+0.011\times55-0.15\times1.6)$ 次 $=0.935$ 次

因此使用该模型预测出的结论为：搬家后的小区周边零售业就业人数的减少，去购物中心购物出行几率增加，在高峰时期去购物中心购物出行的次数增长 0.48。

例 8.2　社交娱乐交通生成

假设例 8.1 中描述的家庭有一个就业人员，使用以下线性回归模型预测该家庭在高峰时段的社交娱乐出行生成的交通量：

$$T_{社交娱乐}=0.04+0.018z_1+0.01z_2+0.16z_4$$

其中 $T_{社交娱乐}$ 为每个家庭高峰时期乘车社交娱乐的出行次数；z_1 为家庭规模；z_2 为家庭年收入，单位千元；z_4 为无工作的家庭成员数量，单位人。

解：模型系数全部为正，表示增加家庭规模、家庭年收入以及无工作的家庭成员数量将导致更多的社交娱乐出行。

$T_{社交娱乐}=(0.04+0.018\times5+0.01\times55+0.16\times4)$ 次 $=1.32$ 次

例 8.3　总的交通生成

某小区周边有 240 个零售业就业人员，小区共有 800 户家庭，可分为 4 种类型，每一种类型的特征如下：

类型	家庭规模	年收入/元	无工作人数	有工作人数
1	2	35 000	1	1
2	3	55 000	2	1
3	3	60 000	1	2
4	4	50 000	3	1

类型 1 中包含 200 个家庭，类型 2 中包含 300 个，类型 3 中包含 250 个，类型 4 中包含 50 个。假设购物、社交娱乐以及工作出行的高峰都在相同的时间段，使用例 8.1 和例 8.2 中描述的交通生成模型预测高峰时间出行（购物、社交娱乐）总的交通量。

解：购物出行：

类型 1　$T_{购物}=(0.12+0.09\times2+0.011\times35-0.15\times2.4)$ 次 $=0.325$ 次

类型 2　$T_{购物}=(0.12+0.09\times3+0.011\times55-0.15\times2.4)$ 次 $=0.635$ 次

类型 3　$T_{购物}=(0.12+0.09\times3+0.011\times60-0.15\times2.4)$ 次 $=0.69$ 次

类型 4　$T_{购物}=(0.12+0.09\times4+0.011\times50-0.15\times2.4)$ 次 $=0.67$ 次

乘车购物出行总交通量：

(0. 325×200+0. 635×300+0. 69×250+0. 67×50)次=461. 5 次

社交娱乐出行：

类型 1　$T_{社交娱乐}$=(0. 04+0. 018×2+0. 01×35+0. 16×1)次=0. 586 次

类型 2　$T_{社交娱乐}$=(0. 04+0. 018×3+0. 01×55+0. 16×2)次=0. 964 次

类型 3　$T_{社交娱乐}$=(0. 04+0. 018×3+0. 01×60+0. 16×1)次=0. 854 次

类型 4　$T_{社交娱乐}$=(0. 04+0. 018×4+0. 01×50+0. 16×3)次=1. 092 次

乘车社交娱乐出行总交通量：

(0. 586×200+0. 964×300+0. 854×250+1. 092×50)次=674. 5 次

2. 泊松分布模型

使用上述线性回归模型预测高峰时段内的出行量有明显不合理的地方。在例 8. 2 中预测出的高峰期社交娱乐出行量为 1. 32 次，用小数表示的出行次数通常是不符合实际出行情况的。泊松分布模型可作为一种改进办法，其数学形式如下：

$$P(T_i)=\frac{e^{-\lambda_i}\lambda_i^{T_i}}{T_i!} \tag{8.2}$$

式中：T_i——家庭 i 在某特定时间段内给定出行目的的乘车出行量；

$P(T_i)$——家庭 i 做出T_i次出行的可能性（其中T_i为非负整数）；

e——自然对数（e=2. 718）；

λ_i——家庭 i 的泊松系数（出行率），等于家庭 i 在某特定时间段内出行量的期望值，$E(T_i)$。

泊松分布是通过特定的泊松系数λ_i来建立的，其与估计参数呈指数关系：

$$\lambda_i=e^{BZ_i} \tag{8.3}$$

式中　Z_i——决定交通生成的家庭 i 的特征向量。

B——特征向量对应的系数向量，可用极大似然法来估计。

例 8. 4　泊松模型的购物交通生成

根据例 8. 1 的情况，使用泊松分布模型预测高峰时段购物出行交通量的期望值，并计算该家庭在高峰时段没有购物出行的概率。估计参数为：

$$BZ_i=-0.35+0.03z_1+0.004z_2-0.1z_3$$

其中 z_1为家庭规模；z_2为家庭年收入，单位千元；z_3为小区周边零售业就业人数，单位百人。

解：高峰时段购物交通生成量的期望值为：

$$E[T_i]=\lambda_i=e^{BZ_i}=e^{-0.35+0.03\times5+0.004\times5.5-0.1\times1.6}=0.869$$

运用公式（8. 2），求出高峰时段没有购物交通出行的概率：

$$P(0)=\frac{e^{-0.869}0.869^0}{0!}=0.419$$

8.2.3 交通量守恒

在预测了各小区的发生、吸引交通量之后，还需要注意满足交通量守恒的条件，即总发生量与总吸引量应当相等。由于交通发生与吸引的计算可以使用不同模型，并且计算的范围会有所不同，所以得到的总和会有所不同，需要进行平衡。通常认为发生交通量的预测较为准确，并通过调整吸引交通量来使得总发生量与吸引量相等。计算方法如下：

$$f=\frac{T}{\sum_i A_i}=\frac{\sum_i P_i}{\sum_i A_i} \tag{8.4}$$

$$A_i'=A_i\cdot f \tag{8.5}$$

式中：T——总发生量（次）；

A_i——i 小区的吸引交通量（次）；

f——修正系数；

A_i'——i 小区调整后的吸引交通量（次）；

P_i——i 小区的发生交通量（次）。

8.3 交通分布

交通分布的预测是将各交通小区规划年的出行发生量和吸引量转化成为各小区之间的出行交换量的过程，即要得出由交通生成模型所预测的各出行端交通量与区间出行交换量的关系。分布交通量预测是交通需求分析的主要步骤之一，是交通设施规划和交通政策制定不可或缺的资料。

8.3.1 OD 表

交通分布中最基本的概念之一是 OD 表。O 表示出发地（Origin），D 表示目的地（Destination）。交通分布通常用一个二维矩阵表示，表 8.1 给出了一个小区数为 n 的区域 OD 表。

表中，q_{ij}表示以小区 i 为起点，小区 j 为终点的交通量。O_i是以小区 i 为起点的交通量，D_j是以小区 j 为终点的交通量；T 为研究对象区域的总生成交通量。

表 8.1　OD 表示例

O \ D	1	2	…	n	发生量
1	q_{11}	q_{12}	…	q_{1n}	O_1
2	q_{21}	q_{22}	…	q_{2n}	O_2
…	…	…	…	…	…
n	q_{n1}	q_{n2}	…	q_{nn}	O_n
吸引量	D_1	D_2	…	D_n	T

对于 OD 表，存在以下流量守恒：

$$\sum_j q_{ij} = O_i,\ \sum_i q_{ij} = D_j,\ \sum_i \sum_j q_{ij} = \sum_i O_i = \sum_j D_j = T \tag{8.6}$$

8.3.2　交通分布预测模型

8.3.2.1　增长系数法

增长系数法利用现状 OD 表和预测的未来交通发生与吸引，考虑各小区发生量、吸引量的增长率来推算未来的 OD 表。增长系数法的算法步骤如下。

步骤 1　令迭代次数 $m=0$；

步骤 2　给定现状 OD 表中$q_{ij}^m, O_i^m, D_i^m, T^m$及未来 OD 表中的$U_i, V_j$。

步骤 3　求出各小区的发生与吸引交通量的增长率F_{Oi}^m、F_{Dj}^m。

$$F_{Oi}^m = U_i / O_i^m \tag{8.7}$$

$$F_{Dj}^m = V_j / D_j^m \tag{8.8}$$

步骤 4　求第 $m+1$ 次分布交通量的近似值q_{ij}^{m+1}：

$$q_{ij}^{m+1} = q_{ij}^m \cdot f(F_{Oi}^m, F_{Dj}^m) \tag{8.9}$$

步骤 5　收敛判断：

$$O_i^{m+1} = \sum_j q_{ij}^{m+1} \tag{8.10}$$

$$D_j^{m+1} = \sum_j q_{ij}^{m+1} \tag{8.11}$$

若满足下列要求：

$$1-\varepsilon < F_{Oi}^{m+1} = U_i / O_i^{m+1} < 1+\varepsilon \tag{8.12}$$

$$1-\varepsilon < F_{Dj}^{m+1} = V_j / D_j^{m+1} < 1+\varepsilon \tag{8.13}$$

则停止迭代；否则，令 $m=m+1$，返回步骤 2 继续迭代。

式中：U_i——未来的发生交通量；

V_j——未来的吸引交通量；

q_{ij}^{m}——未来 OD 表中的交通分布量；

F_{Oi}^{m}——i 小区的第 m 次迭代的交通发生增长系数；

F_{Dj}^{m}——j 小区的第 m 次迭代的交通吸引增长系数；

ε——可容许误差率。

根据函数 $f(F_{Oi}^{m}, F_{Dj}^{m})$ 的种类不同，增长系数法可以分为常增长系数法（Unique Growth Factor Method）、平均增长系数法（Average Growth Factor Method）、底特律法（Detroit Method）、福莱特法（Fratar Method）和佛尼斯法（Furness Method）。这里我们简单介绍常增长系数法和平均增长系数法。

1. 常增长系数法

常增长系数法假定增长系数仅与 i 小区的发生量增长率有关，或仅与 j 小区的吸引量增长率有关，或仅与总生成量的增长率有关，是一个常量。

其增长函数为：

$$f(F_{Oi}^{m}, F_{Dj}^{m}) = \text{常量} \tag{8.14}$$

该方法只考虑未来发生量、吸引量或生成量当中的某一个量的增长率，忽略了其他变量对增长函数的影响。因此尽管计算非常简单，但由于发生量与吸引量不对称，因此预测精度不高，不能保证交通量的守恒约束条件。

例 8.5　常增长系数法求交通分布

试利用表 8.2 中 3 个小区目标年发生交通量预测值和基础年的出行分布矩阵，求解目标年的出行分布矩阵。

表 8.2　现状 OD 表和将来各小区的预测值　　万次

D \ O	1	2	3	合计	预测值
1	4	2	2	8	20
2	3	5	4	12	20
3	2	3	3	8	25
合计	9	10	9	28	65

解：（1）求各个小区的发生增长系数：

$$F_{O1} = U_1/O_1 = 20/8 = 2.5$$

$$F_{O2} = U_2/O_2 = 20/12 = 1.667$$

$$F_{O3} = U_3/O_3 = 25/8 = 3.125$$

（2）以表 8.2 为基础矩阵，各项均乘以发生增长系数，则得到表 8.3 的将来年出行分布矩阵。此 OD 表满足出行发生的约束条件，故为所求的将来年分布矩阵。

表 8.3 常增长系数计算得到的 OD 表 万次

D \ O	1	2	3	合计	目标值
1	10	5	5	20	20
2	5	8.333	6.667	20	20
3	6.250	9.375	9.375	25	25
合计	21.250	22.708	21.042	65	65

2. 平均增长系数法

平均增长系数法假设 i，j 小区之间的分布交通量q_{ij}的增长系数是 i 小区出行发生量增长系数和 j 小区出行吸引量增长系数的平均值，即：

$$f(F_{Oi}^{m}, F_{Dj}^{m}) = \frac{1}{2}(F_{Oi}^{m} + F_{Dj}^{m}) \tag{8.15}$$

例 8.6 平均增长系数法求交通分布

试利用给出的现状分布交通量（表 8.4），将来发生与吸引交通量（表 8.5）和平均增长系数法，求解 3 个交通小区将来的分布交通量。设定收敛标准 $\varepsilon=5\%$。

表 8.4 现状 OD 表 万次

D \ O	1	2	3	合计
1	4.0	2.0	2.0	8.0
2	3.0	5.0	4.0	12.0
3	2.0	3.0	3.0	8.0
合计	9.0	10.0	9.0	28.0

表 8.5 将来的发生与吸引交通量 万次

D \ O	1	2	3	合计
1				20
2				20
3				25
合计	25	18	22	65

解：（1）求发生交通量增长系数F_{Oi}^{0}和吸引交通量增长系数F_{Dj}^{0}：

$$F_{O1}^{0} = U_1/O_1^0 = 20/8 = 2.500$$

$$F_{O2}^{0} = U_2/O_2^0 = 20/12 = 1.667$$

$$F_{O3}^{0} = U_3/O_3^0 = 25/8 = 3.125$$

$$F_{D1}^0=V_1/D_1^0=25/9=2.778$$
$$F_{D2}^0=V_2/D_2^0=18/10=1.800$$
$$F_{D3}^0=V_3/D_3^0=22/9=2.444$$

（2）第一次近似$q_{ij}^1=q_{ij}^0\times(F_{Oi}^0+F_{Dj}^0)/2$：

$$q_{11}^1=q_{11}^0\times\frac{F_{O1}^0+F_{D1}^0}{2}=4.0\times\frac{2.500+2.778}{2}=10.556$$
$$q_{12}^1=q_{12}^0\times\frac{F_{O1}^0+F_{D2}^0}{2}=2.0\times\frac{2.500+1.800}{2}=4.300$$
$$q_{13}^1=q_{13}^0\times\frac{F_{O1}^0+F_{D3}^0}{2}=2.0\times\frac{2.500+2.444}{2}=4.944$$
$$q_{21}^1=q_{21}^0\times\frac{F_{O2}^0+F_{D1}^0}{2}=3.0\times\frac{1.667+2.778}{2}=6.667$$
$$q_{22}^1=q_{22}^0\times\frac{F_{O2}^0+F_{D2}^0}{2}=5.0\times\frac{1.667+1.800}{2}=8.667$$
$$q_{23}^1=q_{23}^0\times\frac{F_{O2}^0+F_{D3}^0}{2}=4.0\times\frac{1.667+2.444}{2}=8.222$$
$$q_{31}^1=q_{31}^0\times\frac{F_{O3}^0+F_{D1}^0}{2}=2.0\times\frac{3.125+2.778}{2}=5.903$$
$$q_{32}^1=q_{32}^0\times\frac{F_{O3}^0+F_{D2}^0}{2}=3.0\times\frac{3.125+1.800}{2}=7.388$$
$$q_{33}^1=q_{33}^0\times\frac{F_{O3}^0+F_{D3}^0}{2}=3.0\times\frac{3.125+2.444}{2}=8.354$$

计算后得表 8.6：

表 8.6　第一次迭代计算 OD 表

D \ O	1	2	3	合计
1	10.556	4.300	4.944	19.800
2	6.6675	8.667	8.222	23.556
3	5.903	7.388	8.354	21.645
合计	23.126	20.355	21.520	65.001

（3）重新计算F_{Oi}^1和F_{Dj}^1：

$$F_{O1}^1=U_1/O_1^1=20/19.8=1.010$$
$$F_{O2}^1=U_2/O_2^1=20/23.556=0.849$$
$$F_{O3}^1=U_3/O_3^1=25/21.645=1.155$$

$$F_{D1}^1=V_1/D_1^1=25/23.126=1.081$$
$$F_{D2}^1=V_2/D_2^1=18/20.355=0.884$$
$$F_{D3}^1=V_3/D_3^1=22/21.520=1.022$$

（4）收敛判定。

由于F_{Oi}^1和F_{Dj}^1部分系数大于5%的误差，因此需要重新进行迭代。

（5）第二次近似$q_{ij}^2=q_{ij}^1\times(F_{Oi}^1+F_{Dj}^1)/2$：

$$q_{11}^2=q_{11}^1\times\frac{F_{O1}^1+F_{D1}^1}{2}=10.556\times\frac{1.010+1.081}{2}=11.037$$
$$q_{12}^2=q_{12}^1\times\frac{F_{O1}^1+F_{D2}^1}{2}=4.300\times\frac{1.010+0.884}{2}=4.073$$
$$q_{13}^2=q_{13}^1\times\frac{F_{O1}^1+F_{D3}^1}{2}=4.944\times\frac{1.010+1.022}{2}=5.024$$
$$q_{21}^2=q_{21}^1\times\frac{F_{O2}^1+F_{D1}^1}{2}=6.667\times\frac{0.849+1.081}{2}=6.434$$
$$q_{22}^2=q_{22}^1\times\frac{F_{O2}^1+F_{D2}^1}{2}=8.667\times\frac{0.849+0.884}{2}=7.511$$
$$q_{23}^2=q_{23}^1\times\frac{F_{O2}^1+F_{D3}^1}{2}=8.222\times\frac{0.849+1.022}{2}=7.693$$
$$q_{31}^2=q_{31}^1\times\frac{F_{O3}^1+F_{D1}^1}{2}=5.903\times\frac{1.155+1.010}{2}=6.600$$
$$q_{32}^2=q_{32}^1\times\frac{F_{O3}^1+F_{D2}^1}{2}=7.388\times\frac{1.155+0.884}{2}=7.533$$
$$q_{33}^2=q_{33}^1\times\frac{F_{O3}^1+F_{D3}^1}{2}=6.8535\times\frac{1.155+1.022}{2}=9.095$$

计算后得表8.7：

表8.7　第二次迭代计算OD表

D＼O	1	2	3	合计
1	11.037	4.073	5.024	20.134
2	6.434	7.511	7.693	21.638
3	6.600	7.533	9.095	23.228
合计	24.071	19.117	20.812	65.000

（6）重新计算F_{Oi}^2和F_{Dj}^2：

$$F_{O1}^2=U_1/O_1^2=20/20.134=0.993$$

$$F_{O2}^2=U_2/O_2^2=20/21.638=0.924$$
$$F_{O3}^2=U_3/O_3^2=25/23.227=1.076$$
$$F_{D1}^2=V_1/D_1^2=25/24.070=1.039$$
$$F_{D2}^2=V_2/D_2^2=18/19.117=0.942$$
$$F_{D3}^2=V_3/D_3^2=22/21.812=1.009$$

（7）收敛判定。

由于F_{Oi}^2和F_{Dj}^2部分系数大于5%的误差，因此需要重新进行迭代。

（8）第三次近似$q_{ij}^3=q_{ij}^2\times(F_{Oi}^2+F_{Dj}^2)/2$。

$$q_{11}^3=q_{11}^2\times\frac{F_{O1}^2+F_{D1}^2}{2}=11.037\times\frac{0.993+1.039}{2}=11.214$$
$$q_{12}^3=q_{12}^2\times\frac{F_{O1}^2+F_{D2}^2}{2}=4.073\times\frac{0.993+0.942}{2}=3.940$$
$$q_{13}^3=q_{13}^2\times\frac{F_{O1}^2+F_{D3}^2}{2}=5.024\times\frac{0.993+1.009}{2}=5.029$$
$$q_{21}^3=q_{21}^2\times\frac{F_{O2}^2+F_{D1}^2}{2}=6.434\times\frac{0.924+1.039}{2}=6.314$$
$$q_{22}^3=q_{22}^2\times\frac{F_{O2}^2+F_{D2}^2}{2}=7.511\times\frac{0.924+0.942}{2}=7.008$$
$$q_{23}^3=q_{23}^2\times\frac{F_{O2}^2+F_{D3}^2}{2}=7.693\times\frac{0.924+1.009}{2}=7.435$$
$$q_{31}^3=q_{31}^2\times\frac{F_{O3}^2+F_{D1}^2}{2}=6.600\times\frac{1.070+1.005}{2}=6.979$$
$$q_{32}^3=q_{32}^2\times\frac{F_{O3}^2+F_{D2}^2}{2}=7.533\times\frac{1.070+0.905}{2}=7.600$$
$$q_{33}^3=q_{33}^2\times\frac{F_{O3}^2+F_{D3}^2}{2}=9.095\times\frac{1.070+1.087}{2}=9.481$$

计算后得表8.8：

表8.8　第三次迭代计算OD表

D \ O	1	2	3	合计
1	11.214	3.940	5.029	20.183
2	6.314	7.008	7.435	20.757
3	6.979	7.600	9.481	24.060
合计	24.507	18.548	21.945	65.000

（9）重新计算F_{Oi}^3和F_{Dj}^3：

$$F_{O1}^3=U_1/O_1^3=20/20.183=0.991$$
$$F_{O2}^3=U_2/O_2^3=20/20.757=0.964$$
$$F_{O3}^3=U_3/O_3^3=25/24.060=1.039$$
$$F_{D1}^3=V_1/D_1^3=25/24.507=1.020$$
$$F_{D2}^3=V_2/D_2^3=18/18.548=0.970$$
$$F_{D3}^3=V_3/D_3^3=22/21.945=1.002$$

（10）收敛判定。

由于F_{Oi}^3和F_{Dj}^3系数均小于5%的误差，因此不需要再进行迭代。表8.8即为平均增长系数法所求将来分布交通量。该方法的优点是公式简明，易于计算；其缺点是收敛慢，迭代次数多。

8.3.2.2 重力模型法

重力模型法（Gravity Model）是计算交通分布最常用的方法，它是根据牛顿的万有引力定律类推而成。重力模型考虑了两个交通小区的吸引强度和他们之间的阻力，认为两个交通小区的出行吸引与两个交通小区的出行发生量与吸引量成正比，而与交通小区之间的交通阻抗成反比。在用重力模型进行出行分布预测时，最常采用的是无约束重力模型。

Casey在1955年提出了如下重力模型，该模型也是最早出现的重力模型：

$$q_{ij}=\alpha\frac{P_iP_j}{d_{ij}^2} \tag{8.16}$$

式中：P_i,P_j——小区i和小区j的人口；

d_{ij}——小区i，j之间的距离；

α——模型系数。

此模型为无约束重力模型，模型本身不满足交通量守恒的约束条件。需结合其他方法进行迭代计算。由于该模型简单地模仿了牛顿的万有引力定律，后来对它进行了许多改进，包括用交通发生与吸引量代替人口数，将d_{ij}的幂扩展为需要计算的参数；更一般地，可以用出行费用函数$f(c_{ij})$来表示交通阻抗。因此，修正重力模型可以表示为：

$$q_{ij}=\alpha O_i^{\beta}D_j^{\gamma}/f(c_{ij}) \tag{8.17}$$

常见的交通阻抗函数有以下几种形式：

幂函数 $f(c_{ij})=c_{ij}^{\varphi}$

指数函数 $f(c_{ij})=\mathrm{e}^{\varphi c_{ij}}$

组合函数 $f(c_{ij})=c_{ij}\cdot e^{\varphi c_{ij}}$

式中：c_{ij}——出行成本，通常可由出行时间、出行花费等因素确定。

上述参数 α、β、γ、φ 都需计算确定。可将模型取对数，使之线性化，再利用最小二乘法确定。

例 8.7　重点模型法求交通分布

按例题 8.6 中表 8.4 和表 8.5 给出的现状 OD 表和将来发生与吸引交通量，以及表 8.9 给出的出行成本，试利用重力模型和平均增长系数法，求出将来 OD 表，设定收敛标准为 5%。交通阻抗函数取幂函数形式。

表 8.9　出行成本矩阵

c_{ij}	1	2	3
1	14	32	40
2	32	16	22
3	40	22	12

解：（1）用以下无约束重力模型进行求解：

$$q_{ij}=\alpha\frac{O_i^{\beta}D_j^{\gamma}}{c_{ij}^{\varphi}}$$

对模型两边取对数，得：

$$\ln q_{ij}=\ln\alpha+\beta\ln(O_i)+\gamma\ln D_j-\varphi\ln c_{ij}$$

此公式为二元线性回归方程，$\alpha,\beta,\gamma,\varphi$ 为待标定参数，通过表 8.4 和表 8.5 获取 9 个样本数据，如表 8.10 所示：

表 8.10　样本数据

q_{ij}	$\ln q_{ij}$	O_i	D_j	c_{ij}	$\ln O_i$	$\ln D_j$	$\ln c_{ij}$
4	1.39	8	9	14	2.08	2.20	2.64
2	0.69	8	10	32	2.08	2.30	3.47
2	0.69	8	9	40	2.08	2.20	3.69
3	1.10	12	9	32	2.48	2.20	3.47
5	1.61	12	10	16	2.48	2.30	2.77
4	1.39	12	9	22	2.48	2.20	3.09
2	0.69	8	9	40	2.08	2.20	3.69
3	1.10	8	10	22	2.08	2.30	3.09
3	1.10	8	9	12	2.08	2.20	2.48

使用线性回归估计参数并得到：

$$\ln\alpha=-0.18,\ \alpha=0.83,\ \beta=0.95,\ \gamma=0.37,\ \varphi=0.53$$

则标定的重力模型为：

$$q_{ij}=0.83\frac{O_i^{0.95}D_j^{0.37}}{c_{ij}^{0.53}}$$

（2）利用已标定重力模型预测规划年 OD 矩阵：

$$q_{11}=0.83\times\frac{20^{0.95}\times25^{0.37}}{14^{0.53}}=11.61$$

$$q_{12}=0.83\times\frac{20^{0.95}\times18^{0.37}}{32^{0.53}}=6.63$$

$$q_{13}=0.83\times\frac{20^{0.95}\times22^{0.37}}{40^{0.53}}=6.35$$

$$q_{21}=0.83\times\frac{20^{0.95}\times25^{0.37}}{32^{0.53}}=7.49$$

$$q_{22}=0.83\times\frac{20^{0.95}\times18^{0.37}}{16^{0.53}}=9.58$$

$$q_{23}=0.83\times\frac{20^{0.95}\times22^{0.37}}{22^{0.53}}=8.72$$

$$q_{31}=0.83\times\frac{25^{0.95}\times25^{0.37}}{40^{0.53}}=8.23$$

$$q_{32}=0.83\times\frac{25^{0.95}\times18^{0.37}}{22^{0.53}}=10.00$$

$$q_{33}=0.83\times\frac{25^{0.95}\times22^{0.37}}{12^{0.53}}=14.85$$

由此计算得到规划年的发生与吸引交通量，如表 8.11 所示：

表 8.11　第一次计算得到的 OD 表

D \ O	1	2	3	合计
1	11.61	6.63	6.35	24.59
2	7.49	9.58	8.72	25.79
3	8.23	10.00	14.85	33.08
合计	27.33	26.22	29.92	83.46

（3）计算F_{Oi}^1和F_{Dj}^1：

$$F_{O1}^1=U_1/O_1^1=20/24.59=0.8133$$

$$F_{O2}^1=U_2/O_2^1=20/25.79=0.7755$$

$$F_{O3}^1 = U_3/O_3^1 = 25/33.08 = 0.7557$$
$$F_{D1}^1 = V_1/D_1^1 = 25/27.33 = 0.9147$$
$$F_{D2}^1 = V_2/D_2^1 = 18/26.22 = 0.6865$$
$$F_{D3}^1 = V_3/D_3^1 = 22/29.92 = 0.7353$$

（4）通过无约束重力模型计算得到的 OD 表不满足出行分布的约束条件，因此还需要用其他方法进行迭代，这里采用平均增长系数法进行迭代计算，计算结果如表 8.12 和表 8.13 所示。

表 8.12 用平均增长系数法第一次迭代计算 OD 表

O \ D	1	2	3	合计	增长系数
1	10.03	4.97	4.92	19.92	1.004 0
2	6.33	7.00	6.59	19.92	1.004 0
3	6.87	7.21	11.07	25.16	0.993 8
合计	23.24	19.19	22.57	65.00	
增长系数	1.075 9	0.938 2	0.974 5		

表 8.13 用平均增长系数法第二次迭代计算 OD 表

O \ D	1	2	3	合计	增长系数
1	10.43	4.83	4.86	20.12	0.993 8
2	6.58	6.80	6.52	19.90	1.005 0
3	7.11	6.97	10.90	24.98	1.001 0
合计	24.13	18.59	22.28	65.00	
增长系数	1.036 1	0.968 0	0.987 6		

8.4 交通方式划分

在预测出各交通区之间的出行分布后，还必须进行交通方式划分，才能换算成交通区之间的不同交通方式的交通量，从而进一步在道路网上进行分配。交通方式划分是指出行者选择交通工具的比例，它以居民出行调查的数据为基础，研究人们出行的交通方式选择行为，建立模型，从而预测基础设施或服务等条件变化时，不同交通方式交通需求的变化。

8.4.1 影响出行方式选择的因素

影响居民出行方式的因素很多。社会、经济、政策、城市布局、交通基础设施水平、地理环境及居民出行行为心理、生活水平等因素均在不同程度上影响居民出行方式选择。这些影响因素可以分为以下三类：

1. 出行者特征

如个人是否拥有小汽车或其他机动交通工具，是否有驾驶执照及其职业、性别、年龄、收入、支出、家庭构成、住房形式和居住条件等。

2. 出行特征

包括交通目的、出行时段、出行距离等不同的目的导致不同的选择。如上下班强调快速，游览则期望舒适，购物一般喜欢步行，公务就以乘车居多，深夜出行一般不可能采用公共交通。城市规模对出行方式也有着重要影响。

3. 交通方式特征

包括行程时间、交通费用、各种交通方式的车内时间、步行距离长短、候车、票价、燃油费、车速、载客量、机动性、准时程度、舒适程度、安全性等。

8.4.2 交通方式划分预测模型

最早的交通规划理论没有研究交通方式划分这块内容，只研究交通生成、交通分布、交通分配。到 20 世纪中 60 年代中叶，日本学者首先提出交通方式划分问题。早期主要从集计的角度研究该问题。集计方法是从宏观角度以一批出行者或者交通小区作为分析单位，将有关他们的调查数据先作统计处理，如求平均值、比例等，然后对这些量进行进一步的分析和研究，前面的交通生成、交通分布预测都属于集计模型。

20 世纪 70 年代以来，以 McFadden 为代表的一批学者将经济学中的效用理论引用过来，并以概率论为基础，从非集计的角度对方式划分展开了研究。非集计方法是以单个出行者为分析对象，充分利用每个调查样本的数据，求出描述个体行为的概率值。相比而言，交通方式划分的集计模型比较简单，非集计模型复杂得多，利用非集计模型的交通需求分析是在适应时代性、技术性要求的背景下研究开发的。下面主要介绍集计模型中的 Logit 模型。

8.4.2.1 Logit 模型

非集计模型，根据以下所示的备选出行方式的随机效益函数 V_{im} 进行决策。

$$V_{im} = \sum_{k} b_{mk} z_{imk} + \varepsilon_{im} \tag{8.18}$$

式中：V_{im}——出行者 i 选择出行方式 m 的总效益；

b_{mk}——出行方式 m，出行特征 k 所对应的估算系数，由出行调查数据估算得出；

z_{imk}——出行者 i 选择出行方式 m，其出行特征为 k（例如出行者收入、出行时间等）；

ε_{im}——随机项，即为出行者 i 选择出行方式 m 效益的不确定部分。

为了方便计算，可以将非随机部分的效益定义成如下形式：

$$U_{im} = \sum_{k} b_{mk} z_{imk} \tag{8.19}$$

根据以上定义可知，当出行者 i 选择出行方式 m 的总效益比选择其他出行方式的总效益大时，出行方案 m 被选择，因此，出行者 i 选择出行方式 m 的概率表达式为：

$$P_{im} = \text{prob}[U_{im} + \varepsilon_{im} > U_{is} + \varepsilon_{is}, \forall s \neq m] \tag{8.20}$$

式中：P_{im}——出行者 i 选择出行方式 m 的概率；

prob[·]——概率符号；

s——可选择的出行方式；

其他符号参考之前定义。

基于上述的效益表达式和概率表达式，可以得到一个概率选择模型。效益函数中的系数（b_{mk}）由出行调查数据估算得出，与交通生成模型中的系数取值方法一致。对于随机项部分，通常假设该随机项服从广义极值分布，根据该假设，通过一系列推导可得出 Logit 模型的表达式：

$$P_{im} = \frac{e^{U_{im}}}{\sum_{s} e^{U_{is}}} \tag{8.21}$$

非随机部分的效益U_{im}中的系数是由极大似然估计得出，有关 Logit 模型中的参数估计与极大似然估计方面的内容，感兴趣的读者可以参考文献［5］。

8.4.2.2 Logit 模型例题

例 8.8 交通方式划分预测

某出行目的的出行方式有私人小汽车（DL），拼车（SR）和公交车（B），效益函数建立如下：

$$U_{DL} = 2.5 - 0.2(c_{DL}) - 0.05(t_{DL})$$
$$U_{SR} = 1.0 - 0.2(c_{SR}) - 0.05(t_{RL})$$
$$U_{B} = -0.2(c_{B}) - 0.01(t_{B})$$

式中：

c——花费（元）；

t——时间（分钟）。

从住宅区到工业区复合体，在高峰时段内有 5 000 名员工离开家去上班。驾驶一辆汽车需要花费 5.00 元，行程时间为 20 min；乘坐公交车需要 1 元，行程时间为 25 min；如果拼车，假设拼车的两名出行者花费相同，使用 Logit 模型计算每一种出行方式各有多少名员工选择。

解： 注意固定效益函数系数显示当花费和行程时间增长时，模型效益减小，并且选择该模型的概率性也因此减小。将花费和行程时间的取值代入效应表达式得到：

$$U_{DL}=2.5-0.2(5)-0.05(20)=0.5$$

$$U_{SR}=1.0-0.2(2.5)-0.05(20)=-0.5$$

$$U_{B}=-0.2(1.0)-0.01(25)=-0.45$$

使用 Logit 模型计算得到：

$$P_{DL}=\frac{e^{0.5}}{e^{0.5}+e^{-0.5}+e^{-0.45}}=\frac{1.649}{1.649+0.607+0.638}=\frac{1.649}{2.893}=0.57$$

$$P_{SR}=\frac{0.368}{2.893}=0.21$$

$$P_{B}=\frac{0.638}{2.893}=0.22$$

将 5 000 名员工（高峰时段离开家去工作的人员总数）乘以这些概率得到：

5 000 名×0.57 = 2850 名

5 000 名×0.21 = 1050 名

5 000 名×0.22 = 1100 名

即有 2 850 名员工独自驾驶汽车，1 050 名员工拼车，1 100 名员工乘坐公交车。

例 8.9　交通设施建设对交通方式划分的影响

根据例题 8.8 中描述的交通环境，政府为了提高上下班出行时使用公交车的人数，建设了一条公交专用车道，使公交车交通时间减少到 15 min。使用 Logit 模型：（1）计算在公交专用车道修建以后，出行的模型分配人数；（2）如果拼车的机动车也允许使用公交专用车道，且公交车和拼车方式的行程时间都是 15 min，计算出行的模型分配人数；（3）已知条件与问题（2）中描述相同，如果公交公司提供免费的公交车服务，计算模型分配人数。

解：（1）在公交专用车道建设以后，从例题 8.8 中可知独自驾驶和拼车的模型效益量不变，然而公交车效应量变成：

$$U_{\mathrm{B}}=-0.2(1.0)-0.01(15)=-0.35$$

$$P_{\mathrm{DL}}=\frac{e^{0.5}}{e^{0.5}+e^{-0.5}+e^{-0.35}}=\frac{1.649}{2.960}=0.557$$

则：5 000 名×0.557=2 785 名

$$P_{\mathrm{SR}}=\frac{0.607}{2.960}=0.205$$

则：5 000 名×0.205=1 025 名

$$P_{\mathrm{B}}=\frac{0.705}{2.960}=0.238$$

则：5 000 名×0.238=1 190 名

即可以得到：相比例题 8.8 中预测的乘坐公交车的乘客数量增长 90 名。

（2）由于公交专用车道向拼车车辆开放，相对于问题（1）中仅拼车的模型效益值发生改变，得到：

$$U_{\mathrm{SR}}=1.0-0.2(2.5)-0.05(15)=-0.25$$

$$P_{\mathrm{DL}}=\frac{e^{0.5}}{e^{0.5}+e^{-0.25}+e^{-0.35}}=\frac{1.649}{3.132}=0.526$$

则：5 000 名×0.526=2 630 名

$$P_{\mathrm{SR}}=\frac{0.779}{3.132}=0.249$$

则：5 000 名×0.249=1 245 名

$$P_{\mathrm{B}}=\frac{0.704}{3.132}=0.225$$

则：5 000 名×0.225=1 125 名

即可以得到：相比问题（1），预测的乘坐公交车的乘客数量减少 65 名，拼车人数增加 220 名。

（3）随着公交车免费提供服务，公交车模型效益值变成（相比问题（2）中其他效益值未改变）：

$$U_{\mathrm{B}}=-0.2(0)-0.01(15)=-0.15$$

$$P_{\mathrm{DL}}=\frac{e^{0.5}}{e^{0.5}+e^{-0.25}+e^{-0.15}}=\frac{1.649}{3.288}=0.501$$

则：5 000 名×0. 501 = 2 505 名

$$P_{SR}=\frac{0.779}{3.288}=0.237$$

则：5 000 名×0. 237 = 1 185 名

$$P_{B}=\frac{0.861}{3.288}=0.262$$

则：5 000 名×0. 262 = 1 310 名

即可以得到：相比问题（2），预测的乘坐公交车的乘客数量增长 185 名。

8.5　交通分配

交通分配是指将各分区之间的出行分布量分配到交通网络中的过程。一般的道路网络中，两点之间（O、D 之间）有很多条路径，如何将 OD 交通量正确合理地分配到 O 与 D 之间各条道路上即是交通流分配要解决的问题。交通分配最终得到的结果即是交通网络中各路段或路径上的预测交通量。交通分配作为交通需求四阶段预测的最后阶段，一直是交通规划与管理理论研究中的重点与难点。

本小节我们将首先介绍交通分配中经常用到的交通阻抗（路阻）的概念，并且重点学习经典的交通分配原则：用户最优与系统最优。感兴趣的读者可以参考文献［3］一书对交通分配进行深入的学习。

8.5.1　路段阻抗函数

交通阻抗是交通流分配中经常提到的概念，也是一项重要指标，它直接影响到路径选择和流量分配。路阻在交通流分配中可以通过路阻函数来描述。所谓路阻函数通常是指路段行驶时间与路段交通负荷的关系。在具体分配过程中，由路段行驶时间及交叉口延误共同组成出行交通阻抗。

经过大量的理论分析和工程实践，人们得出影响路阻的主要因素是时间，通行时间常常被作为计量路阻的主要标准，主要基于以下的原因：早期的理论研究和实际观测，发现行程时间是出行者路径选择考虑的首要指标；其他反映路阻的因素（交通成本、舒适程度、便捷性、准时性等）都与行程时间密切相关，且呈现出与行程时间相同的变化趋势；再者行程时间比其他因素更易于测量，其他影响因素也可由通行时间转换度量。不过随着城市交通问题日益突出，交通出行行为与偏好异质性增强，交通分析与决策的角度也不尽相同，因此除了行程时间以外，也经常需要在路阻函数中考虑其他因素，或是建立多目标的、综合性的路阻函数。

建立路阻函数，首先要了解路段行程时间和交通流量之间的数学关系。一般为了简单描述，假设路阻函数为线性关系，即假设行程时间随着流量的增长而增长，如图 8.4 所示。其中自由流的行程时间是指驾驶者在没有其他车辆影响其驾驶速度下的行程时间，在第五章中我们学习过交通流特性的相关知识，自由流的行程时间通常是以道路中行驶的最高限速来计算。

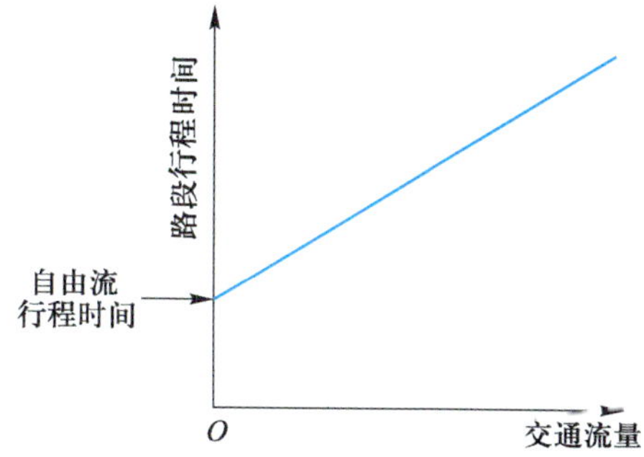

图 8.4　行程时间-交通流量间的线性关系

线性的路阻函数往往与实际交通环境出入较大。真实交通环境下，速度和流量之间一般呈现出抛物线的关系形式，如图 8.5 所示。对于该抛物线型的路阻函数，流量造成的边际效应递增；当交通流量接近道路通行能力（流量饱和）时，交通速度会显著下降，路段行程时间会急剧增长。

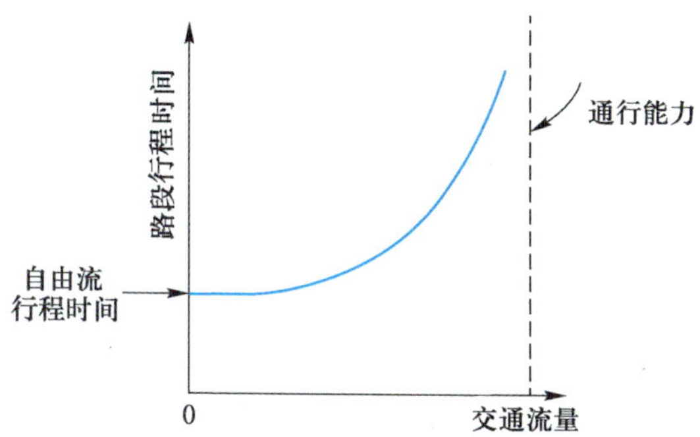

图 8.5　行程时间-交通流量间的非线性关系

对于路阻函数形式的研究，既有通过实测数据进行回归分析的，也有进行理论研究的。其中被广泛应用的是由美国公路局（Bureau of Public Road，BPR）提出的 BPR 函数，其形式如下：

$$t_n = t_{fn}\left[1+\alpha\left(\frac{x_n}{x_{cn}}\right)^{\beta}\right] \tag{8.22}$$

式中：t_n——路段 n 上的交通时间，即阻抗（min）；

t_{fn}——零流阻抗，即路段上的自由流的交通时间（min）；

x_n——路段 n 上的交通流量（pcu/h）；

x_{cn}——路段 n 上的通行能力（pcu/h）；

α,β——阻滞系数，经常随着路段上通行能力和限制速度变化的模型参数。典型的 α,β 值见表 8.14。

表 8.14 美国公路局路阻函数中典型的 α，β 值

路径限制速度 /(km/h)	路径通行能力 /(pcu/h)	路阻函数参数	
		α	β
<50	<250	0.731 2	3.659 6
<50	250~499	0.612 8	3.503 8
<50	500~749	0.877 4	4.461 3
<50	750~999	0.684 6	5.164 4
<50	≥1 000	1.146 5	4.423 9
50~65	<500	0.619 0	3.654 4
50~65	500~749	0.666 2	4.943 2
50~65	750~999	0.622 2	5.140 9
50~65	≥1 000	1.030 0	5.522 6
50~65	<750	0.660 9	5.090 6
50~65	750~999	0.542 3	5.789 4
50~65	≥1 000	1.009 1	6.585 6
>65	<750	0.877 6	4.928 7
>65	750~999	0.769 9	5.344 3
>65	≥1 000	1.149 1	6.867 7

8.5.2 用户平衡分配模型

出行者在进行路径选择的过程中一般会尝试各种线路方案，在多次尝试后可确定一个相对固定的方案。当出行者找不到更好的路线抵达某目的地时，此时对应的路径就反映了一种平衡：出行者已经在最佳路线上出行，这就是网络平衡的概念。

1952 年著名学者 Wardrop 提出了交通网络平衡定义的第一原理：在道

路网的使用者都知道网络的状态并试图选择最短路径时，网络会达到这样一种均衡状态。即每对 OD 点之间各条被使用的路径的行程时间都相等并且等于最小行程时间，而没有被利用的路径的行程时间都大于或等于这个最小行程时间，这种关系叫用户均衡（User Equilibrium，UE）。

用户均衡的一个解法是使得所有使用的路径上行程时间相等，但是这个解法在包含多条选择路径时会很难求解。1956 年 Beckman 等学者提出了一种满足 Wardrop 用户均衡准则的数学规划模型：

$$\min S(x)=\sum_{n}\int_{0}^{x_n} t_n(w)\,\mathrm{d}w \tag{8.23}$$

约束条件：

$$x_n \geqslant 0 \tag{8.24}$$

$$q=\sum_{n} x_n \tag{8.25}$$

式中：n——路径；

$t_n(w)$——路径 n 的路阻函数（w 表示流量x_n）；

q——起点和终点之间的机动车总量。

约束（8.24）和（8.25）分别表示路径上的流量的非负约束以及流量守恒定律（在起点和终点之间的所有路径流量之和等于起点和终点之间的机动车总量）。

为求解此类数学规划模型，较常用的方法为 Frank-Wolfe 算法。这种算法是用线性规划逐步逼近非线性规划模型的方法来求解用户均衡模型的，是一种迭代算法，其主要思路是：从某一初始点出发，进行迭代，每步迭代中，先找到一个最速下降的方向，然后再找到一个最优步长，在最速下降方向上截取最优步长得到下一步迭代起点，重复直到找到最优解。

例 8.10　用户均衡计算示例

某城市和郊区之间有两条路径相连。在早高峰时段，共有 5 000 辆机动车从郊区驶向城市。路径 1 限制速度为 30 km/h，长度为 5 km；路径 2 限制速度为 45 km/h，长度为 3 km。研究表明路径 1 总的行程时间随着机动车每增长 400 辆而增加 2 min。路径 2 增加的行程时间分钟数是机动车数（千辆/小时，kpcu/h）的平方。计算用户均衡时的行程时间。

解：计算自由流行程时间：

路径 1：$(5\div30\times60)\,\mathrm{min}=10\,\mathrm{min}$

路径 2：$(3\div45\times60)\,\mathrm{min}=4\,\mathrm{min}$

假设x_1和x_2为路径 1 和路径 2 上的交通流量，单位为 kpcu/h，建立路阻函数：

$$t_1=10+5x_1$$

$$t_2=4+x_2^2$$

由流量守恒定律可得：

$$x_1+x_2=5$$

首先我们要检验两条路径是否都被使用。

假设所有的交通流量都在路径 1 上，则有

$$t_1=(10+5\times5)\ \text{min}=35\ \text{min}$$

$$t_2=(4+0)\ \text{min}=4\ \text{min}$$

假设所有的交通流量都在路径 2 上，则有：

$$t_1=(10+0)\ \text{min}=10\ \text{min}$$

$$t_2=(4+5^2)\ \text{min}=29\ \text{min}$$

因为$t_1(5)>t_2(0)$以及$t_2(5)>t_1(0)$，由 Wardrop 对用户均衡的定义可知两条路径都会被使用且$t_1=t_2$，即

$$10+5x_1=4+x_2^2$$

由流量守恒，$x_1+x_2=5$，代入等式，得到：

$$10+5(5-x_2)=4+x_2^2$$

$$x_2=3.6033$$

$$x_1=5-x_2=5-3.6033$$

$$x_1=1.3967$$

代入路阻函数：

$$t_1=(10+5\times1.3967)\ \text{min}=17.0\ \text{min}$$

$$t_2=(4+(3.6033)^2)\ \text{min}=17.0\ \text{min}$$

由此得到用户均衡情况下路径行程时间为 17.0 min。

例 8.11　用户均衡：通行能力对交通分配的影响

假设在高峰时段某 OD 之间最初的交通需求量是 4 000 辆机动车（标准车）。连接 OD 的两条路径的路阻函数分别为：$t_1=4+3\left(\frac{x_1}{c_1}\right)$ 以及$t_2=3+2\left(\frac{x_2}{c_2}\right)$，其中 t 是交通时间，单位为 min；x 为高峰时段交通量，单位为 kpcu；c 是高峰时段路径通行能力，单位为 kpch/h。路径 1 和路径 2 的通行能力分别为3 000 pcu/h 和 4 000 pcu/h。由于道路维护，导致路径 2 的通行能力减小到 2 500 pcu/h。假设在维护前和维护中的交通分配满足用户均衡，需要减少多少该 OD 间的交通流量才能保证维护时的总行程时间与维护前相等（所有 x_at_a，式中 a 表示路径）？

解：首先，计算道路维护前的道路交通，检查给定的两条路径是否都会使用。

假设所有的交通流量都在路径 1 上：

$$t_1=(4+3\times(4\div3))\ \text{min}=8\ \text{min}$$

$$t_2=(3+0)\ \text{min}=3\ \text{min}$$

假设所有的交通流量都在路径 2 上：

$$t_1=(4+0)\ \text{min}=4\ \text{min}$$

$$t_2=(3+2\times4\div4)\ \text{min}=5\ \text{min}$$

其中，$t_1(4)>t_2(0)$，$t_2(4)>t_1(0)$，表明两条路径都会被使用。令路径交通时间相等：

$$4+\frac{3}{3}(x_1)=3+\frac{2}{4}(x_2)$$

由流量守衡，$x_2=4-x_1$，因此

$$4+x_1=3+0.5(4-x_1)$$

解方程，得到$x_1=0.667$ 以及$x_2=4-0.667=3.333$。对于行程时间，

$$t_1=[4+1(0.667)]\ \text{min}=4.667\ \text{min}$$

$$t_2=[3+0.5(3.333)]\ \text{min}=4.667\ \text{min}$$

在维护前高峰时段总的行程时间为：

$$4.667\times4\,000\ \text{min}=18\,668\ \text{min}$$

在维护中，路径 1 的路阻函数未改变，路径 2 的路阻函数变为：

$$t_2=3+2\left(\frac{x_2}{2.5}\right)=3+0.8\,x_2$$

如果假设两条路径都被使用，$t_1=t_2$。而且已知总的行程时间是：

$$t_1q=t_2q=18\,668\ \text{min}$$

使用路径 2 的路阻函数，可得：

$$(3+0.8\,x_2)q=18.668$$

$$q=\frac{18.668}{3+0.8\,x_2}$$

从$t_1=t_2$，以及$x_1=q-x_2$，得到：

$$4+x_1=3+0.8\,x_2$$

$$4+(q-x_2)=3+0.8\,x_2$$

$$q=1.8\,x_2-1$$

让上述关于 q 的两个等式相等，得到：

$$1.8\,x_2-1=\frac{18.668}{3+0.8\,x_2}$$

解方程，求出：

$$x_2 = 2.598\ \text{kpcu}$$
$$q = (-1+1.8\times 2.598)\ \text{kpcu} = 3.676\ \text{kpcu}$$
$$x_1 = (3.6764-2.598)\ \text{kpcu} = 1.078\ \text{kpcu}$$
$$(4\,000-3\,676)\ \text{pcu} = 324\ \text{pcu}$$

因此在高峰时段为保证总的行程时间相等需要减少 324 辆标准车。

例 8.12　用户平衡：数学规划求解方法

使用数学规划的方法求解例 8.10。

解： 由例 8.10，路阻函数为：

$$t_1 = 10+5\,x_1$$
$$t_2 = 4+x_2^2$$

代入等式（8.23）得到

$$\min S(x) = \int_0^{x_1}(10+5w)\,\mathrm{d}w + \int_0^{x_2}(4+w^2)\,\mathrm{d}w$$

根据流量守恒定律，$x_1 = 5-x_2$，则可得到：

$$\min S(x) = \int_0^{5-x_2}(10+5w)\,\mathrm{d}w + \int_0^{x_2}(4+w^2)\,\mathrm{d}w$$
$$= (10w+2.5\,w^2)\Big|_0^{5-x_2} + \left(4w+\frac{w^3}{3}\right)\Bigg|_0^{x_2}$$
$$= 50-10x_2+62.5-25x_2+2.5x_2^2+4x_2+\frac{x_2^3}{3}$$

为达到最小值，令一阶导数为 0，得到：

$$\frac{\mathrm{d}S(x)}{\mathrm{d}\,x_2} = x_2^2+5\,x_2-31 = 0$$

由此得到$x_2 = 3.6033$，与例 8.10 中求得结果相同。

8.5.3　系统最优分配模型

上一小节介绍的模型算法都是建立在 Wardrop 第一原理即用户均衡原理的基础上。Wardrop 还同时提出了第二原理：系统均衡状态下，拥挤的道路网上交通流应该按照某种方式分配，使网络中总阻抗即总行程时间最小。Wardrop 第二原理在实际交通流分配中也称为系统最优原理（System Optimal，SO）。从一定意义上来讲，第一原理更能真实地反映交通网络中用户的实际选择出行路径的行为，而第二原理反映的则是道路系统管理者的主观意愿，以系统最优作为分配原则，在交通管理领域得到广泛应用。

系统最优原理比较容易用数学模型来表述，其目标函数是网络中所有用户总的出行成本最小，约束条件和用户均衡分配模型一样。因此，系统最优分配模型表示为：

$$\min S(x)=\sum_{n} x_n t_n(x_n) \tag{8.26}$$

约束条件：

$$x_n \geqslant 0 \tag{8.27}$$

$$q=\sum_{n} x_n \tag{8.28}$$

式中：n——路径；

$t_n(x_n)$——路径 n 的路阻函数；

q——起点和终点之间的机动车总量。

例 8.13　系统最优

计算例 8.10 中系统最优的行程时间。

解： 使用系统最优模型可得：

$$S(x)=x_1(10+5x_1)+x_2(4+x_2^2)$$
$$=10x_1+5x_1^2+4x_2+x_2^3$$

由流量守恒可得$x_1=5-x_2$，由此，

$$S(x)=10(5-x_2)+5(5-x_2)^2+4x_2+x_2^3$$
$$=x_2^3+5x_2^2-56x_2+175$$

为求出最小值，令其一阶导数为 0，得到：

$$\frac{\mathrm{d}S(x)}{\mathrm{d}x_2}=3x_2^2+10x_2-56=0$$

由此得到$x_2=2.964$ 以及$x_1=5-2.964=2.036$；系统最优行程时间为：

$$t_1=(10+5\times2.036)\ \text{min}=20.18\ \text{min}$$

$$t_2=[4+(2.964)^2]\ \text{min}=12.79\ \text{min}$$

在例 8.10 中，总的用户均衡行程时间计算为：

$$(5\,000\times17.0\div60)\ \text{h}=1\,416.7\ \text{h}$$

由系统优化总的行程时间为：

$$[(2\,036\times20.18+2\,964\times12.79)\div60]\ \text{h}=1316.6\ \text{h}$$

由此，系统最优解在总行程时间上节约 100.1 h。

例 8.14　系统最优——最小个人时间

在高峰时段，一条城市高速公路段有 4 000 pcu/h 的交通流量（其中 2500 辆机动车单人驾驶，另外 1500 辆为双人驾驶）。高速公路有 5 车道，其中 4 条车道是不受限制的（不考虑汽车上的人数，对所有车辆开放）以

及 1 条车道仅供双人驾驶机动车使用。高速公路段不受限制车道的路阻函数是$t_u=4+0.5x_u$，限制车道的路阻函数为$t_r=4+2x_r$（其中 t 是行程时间，单位为 min；x 为高峰时段每小时交通量，单位为 kpcu）。计算使个人行程时间最小条件下各车道上的交通量，并计算相比于用户均衡，系统最优时个人行程时间的节省量（假设都完全遵守规则，没有违规使用限制车道的情况）。

解： 如问题所述，2 500 辆单人驾驶车辆必须使用非限制车道。首先计算总的个人时间将最小化时的交通分配量。使用下标 r 表示限制车道，u1 表示单人驾驶车辆使用非限制车道，u2 为双人驾驶车辆使用非限制车道，总的个人时间可写成：

$$S(x)=x_rt_r\times2+x_{u2}t_u\times2+x_{u1}t_u\times1$$

式中：x_r——限制车道（仅双人驾驶车辆）交通流量；

t_r——限制车道行程时间；

x_{u2}——双人驾驶车辆在非限制车道上的交通流量；

t_u——非限制车道行程时间；

x_{u1}——单人驾驶车辆在非限制车道上的交通流量。

已知$t_u=4+0.5x_u$，其中$x_u=x_{u1}+x_{u2}$；且因为$x_{u1}=2.5$，$t_u=4+0.5(2.5+x_{u2})$；代入上式，得到：

$$\begin{aligned}S(x)&=2x_r(4+2x_r)+2x_{u2}(4+0.5(2.5+x_{u2}))+2.5(4+0.5(2.5+x_{u2}))\\&=8x_r+4x_r^2+11.75x_{u2}+x_{u2}^2+13.125\end{aligned}$$

双人驾驶车辆的总数是 1 500，则有$x_r+x_{u2}=1.5$，代入上式：

$$\begin{aligned}S(x)&=8(1.5-x_{u2})+4(1.5-x_{u2})^2+11.75x_{u2}+x_{u2}{}^2+13.125\\&=5x_{u2}{}^2-8.25x_{u2}+34.125\end{aligned}$$

令一阶导数为 0，得到：

$$\frac{\mathrm{d}S(x)}{\mathrm{d}x_{u2}}=10x_{u2}-8.25=0$$

得到$x_{u2}=0.825$，因此$x_r=1.5-0.825=0.675$。由此可得：

$$t_r=(4+2\times0.675)\ \text{min}=5.35\ \text{min}$$

$$t_u=(4+0.5\times3.325)\ \text{min}=5.662\ 5\ \text{min}$$

总的个人小时数为：

$$(2\times5.35\times675+2\times5.662\ 5\times825+5.662\ 5\times2\ 500)\ \text{min}=30\ 721.875\ \text{min}=512.03\ \text{h}$$

由用户均衡解决方案，2 500 辆机动车行驶在非限制车道，t_u可以写成：

$$t_u=4+0.5(2.5+x_{u2})=5.25+0.5x_{u2}$$

首先检查是否两条车道都被双人驾驶机动车选择使用，易证得两条车道都会被双人驾驶机动车选择使用。令行程时间相等（$t_u=t_r$），得到：

$$5.25+0.5x_{u2}=4+2x_r$$

且由$x_r=1.5-x_{u2}$，得到：

$$5.25+0.5x_{u2}=4+2(1.5-x_{u2})$$

求方程得到$x_{u2}=0.7$以及$x_r=1.5-0.7=0.8$。用户均衡行程时间：

$$t_u=t_r=5.6\ \text{min}$$

因此用户均衡求解方案下总的个人时间为：

$$(2\times1\,500\times5.6+2\,500\times5.6)\ \text{min}=30\,800\ \text{min}=513.33\ \text{h}$$

$$(513.33-512.03)\ \text{h}=1.3\ \text{h}$$

相比于用户均衡，系统最优时个人旅行时间节省1.3 h。

习　题

第八章
习题解答

8.1　某大型住宅区有1 400户家庭，平均家庭收入为40 000元，每个家庭平均有4.8个人，平均有1.5名工作人员。如果该地区的就业率提高20%、家庭收入增加15%，使用例8.2中描述的模型（使用平均值进行估算）预测高峰时段社交娱乐出行次数的变化。

8.2　假设一个家庭有五个成员，年收入15万元，社区就业人数有300人。利用例8.4中的泊松出行生成模型，预测高峰时段购物旅行出行量并计算该家庭在高峰不止一次购物出行的概率是多少？

8.3　假设一个家庭有五名成员（其中三名是工作人员），家庭年收入为100 000元。利用泊松分布模型来估计高峰时段社交娱乐出行的预期数量是多少？家庭不在高峰时段社交娱乐出行的概率是多少？估计参数为$BZ_i=0.75+0.025z_1+0.008z_2+0.1z_4$，其中$z_1$为家庭规模；$z_2$为家庭年收入，单位千元；$z_4$为无工作家庭成员人数，单位人。

8.4　已知3个交通小区的现状OD表和规划年各小区的产生量和吸引量，试用平均增长系数法求解规划年OD矩阵。设定收敛标准为5%。

现状OD矩阵及未来发生、吸引量

O \ D	1	2	3	合计	预测值
1	18	8	4	30	40
2	8	36	7	51	90
3	4	6	18	28	39
合计	30	50	29	109	
预测值	41	90	38		169

8.5 某区域有3个交通小区，现状各小区交通产生量和吸引量表和规划年各小区的产生量预测值如下表所示，试用常增长系数法求解规划年OD矩阵。设定收敛标准为3%。

现状OD矩阵及未来发生量预测值

O \ D	1	2	3	合计	预测值
1	5	3	3	11	22
2	3	9	5	17	34
3	3	5	5	11	39

8.6 某区域有3个交通小区，现状OD表及通过预测获得的未来年发生量和吸引量以及未来各交通小区间的行程时间，试用例8.7中的无约束重力模型法确定出行分布。设定收敛标准为5%，若不满足精度要求则用平均增长系数法进行修正。

现状OD矩阵及未来发生、吸引量

O \ D	1	2	3	合计	预测值
1	4	2	2	8	16
2	2	8	4	14	28
3	2	4	4	10	40
合计	8	14	10	32	
预测值	16	28	40		84

未来各交通小区间的行程时间　min

O \ D	1	2	3
1	2	4	4
2	4	1	2
3	4	2	2

8.7 已知现状OD表和将来小区间行驶时间，用例8.7中的无约束重力模型预测将来出行分布表，设定收敛标准为10%，如果不满足精度要求则用平均增长系数法进行修正。

现状 OD 矩阵及未来发生、吸引量

O \ D	1	2	3	合计	预测值
1	17	7	4	28	38.6
2	7	38	6	51	91.9
3	4	5	17	26	36.0
合计	8	50	27	105	
预测值	39.3	90.3	36.9		166.5

未来各交通小区间的行程时间　　min

O \ D	1	2	3
1	4	9	11
2	9	8	12
3	11	12	4

8.8　某 OD 之间有两条路径，流量为 16 000 pcu/h。路径 1 的路阻函数为$t_1=4+3x_1$，路径 2 的路阻函数为$t_2=b+6x_2$，其中 x 的单位为 h/kpcu，t 的单位为 min。(1) 如果路线 1 上的用户均衡流量为 9 700 pcu/h，请确定路线 2 上的自由流行驶时间和用户均衡的行程时间。(2) 如果 OD 间总的交通量减少到 7 000 pcu/h，计算用户均衡条件下的行程时间和流量。

8.9　某 OD 之间的两条路径的路阻函数分别为$t_1=8+x_1$和$t_2=1+2x_2$（x 单位为 kpcu/h，t 单位为 min）。如果 OD 间流量为 4 500 pcu/h，请确定用户均衡和系统最优条件下的路段行程时间、总的行程时间以及各路径上的流量。

8.10　已知甲乙两地有公交和地铁两种出行方式，其固定效益函数如下：

$$U_{公交}=-0.05t-0.03c$$

$$U_{地铁}=0.2-0.04t-0.08c$$

其中，t 表示运行时间（min），c 表示票价（元），若地铁的行程时间为 20 min，票价 10 元；公交的行程时间为 40 min，票价 2 元，求公交和地铁的分担率。

8.11　根据例 8.11 所描述的情况，假设在维护之前和维护期间采用系统最优解决方案，需要怎样减少高峰时段的交通需求才能确保车辆总的行程时间不变？

8.12　某OD之间的三条路径的路阻函数分别为$t_1=8+0.5x_1$，$t_2=1+2x_2$和$t_3=3+0.75x_3$，x单位为kpcu/h，t单位为min。如果高峰时段的交通需求为3 400辆，请确定用户均衡交通流量。

8.13　某公路有两条北向车道，其通行能力都为2 000 pcu/h。目前，北向的交通流组成为：3 100辆车搭载1位乘客，600辆车搭载2位乘客，400辆车搭载3位乘客，20辆大巴各搭载50位乘客。公路的功能函数为：$t=t_0[1+1.5(x/c)^{6.87}]$（t为路径行程时间，单位为min；t_0为15 min；x为通行量，单位为kpcu/h；c为通行能力，单位为pcu/h）。目前需要增加一个车道（通行能力仍为2 000 pcu/h），分别计算在以下几种情况下的总的行程时间：(1) 新增道路适用于所有车辆；(2) 适用于乘客大于或等于2的车辆；(3) 新增道路只适用于乘客大于等于3的车辆（假定符合条件的车辆只使用新的车道，不符合的车辆不使用新车道）。

8.14　某OD间有两条路径。其路阻函数分别为$t_1=5+3x_1$和$t_2=7+x_2$，（t单位为min，x单位为kpcu/h），从起点到终点的高峰小时交通量为7 500 pcu/h，计算用户平衡配流和最理想路径配流下总行程时间。

8.15　一条高速公路有6条车道，其中四条适用于所有车辆，两条车道适用于乘客人数大于等于2的车辆。公路的功能函数为$t=12+\left(\frac{2}{NL}\right)x$（$t$的单位为min，$NL$为车道数，$x$的单位为kpcu/h）。高峰小时期间，有3 000辆一位乘客的车辆和4 000辆两位乘客的车辆从起点出发，求个人行程时间最少、系统最优时，有限制车道和无限制车道的交通量分布。

参考文献

[1] MANNERING F L, WASHBURN S S. Principles of Highway Engineering and Traffic Analysis [M]. 5th ed. New Jersey: John Wiley & Sons, 2013.

[2] GARBER N J, HOEL L A. Traffic and Highway Engineering [M]. 5th ed. Boston: Cengage Learning Int, 2014.

[3] SHEFFI, YOSEF. Urban transportation networks: Equilibrium analysis with mathematical programming methods [M]. New Jersey: Prentice－Hall, 1985.

[4] THAKURIAH P. Urban Transportation Planning: A Decision-Oriented

Approach [M]. New York: McGraw-Hill, 2001.

[5] WASHINGTON S P, KARLAFTIS M G, MANNERING F. Statistical and Econometric Methods for Transportation Data Analysis [M]. New York: Chapman and Hall/CRC, 2010.

[6] 邵春福. 交通规划原理 [M]. 北京：中国铁道出版社, 2004.

[7] DE DIOS ORTUZAR J, WILLUMSEN L G. Modelling Transport [M]. New Jersey: John Wiley & Sons, 2011.

[8] WEISBERG S. 应用线性回归 [M]. 王静龙，梁小筠，李宝慧，译. 北京：中国统计出版社, 1998.

郑重声明

高等教育出版社依法对本书享有专有出版权。任何未经许可的复制、销售行为均违反《中华人民共和国著作权法》，其行为人将承担相应的民事责任和行政责任；构成犯罪的，将被依法追究刑事责任。为了维护市场秩序，保护读者的合法权益，避免读者误用盗版书造成不良后果，我社将配合行政执法部门和司法机关对违法犯罪的单位和个人进行严厉打击。社会各界人士如发现上述侵权行为，希望及时举报，我社将奖励举报有功人员。

反盗版举报电话　(010) 58581999　58582371

反盗版举报邮箱　dd@hep.com.cn

通信地址　北京市西城区德外大街4号　高等教育出版社法律事务部

邮政编码　100120

防伪查询说明

用户购书后刮开封底防伪涂层，使用手机微信等软件扫描二维码，会跳转至防伪查询网页，获得所购图书详细信息。

防伪客服电话　(010) 58582300

网络增值服务使用说明

一、注册/登录

访问http://abook.hep.com.cn/，点击“注册”，在注册页面输入用户名、密码及常用的邮箱进行注册。已注册的用户直接输入用户名和密码登录即可进入“我的课程”页面。

二、课程绑定

点击“我的课程”页面右上方“绑定课程”，正确输入教材封底防伪标签上的20位密码，点击“确定”完成课程绑定。

三、访问课程

在“正在学习”列表中选择已绑定的课程，点击“进入课程”即可浏览或下载与本书配套的课程资源。刚绑定的课程请在“申请学习”列表中选择相应课程并点击“进入课程”。

如有账号问题，请发邮件至：abook@hep.com.cn。